W0171328

Heiner Feldhoff

Die Sonntage von Duisburg-Beeck

Eine Jugend

Edition Schrittmacher Band 35
RHEIN-MOSEL-VERLAG

Was reif in diesen Zeilen steht,
Was lächelnd winkt und sinnend fleht,
Das soll kein Kind betrüben,

Die Einfalt hat es ausgesäet,
Die Schwermuth hat hindurchgeweht,
Die Sehnsucht hat's getrieben;

Und ist das Feld einst abgemäht,
Die Armut durch die Stoppeln geht,
Sucht Ähren, die geblieben,

Sucht Lieb', die für sie untergeht,
Sucht Lieb', die mit ihr aufersteht,
Sucht Lieb', die sie kann lieben,

Und hat sie einsam und verschmäht
Die Nacht durch dankend in Gebet
Die Körner ausgerieben,

Liest sie, als früh der Hahn gekräht,
Was Lieb' erhielt, was Leid verweht,
Ans Feldkreuz angeschrieben,

O Stern und Blume, Geist und Kleid,
Lieb', Leid und Zeit und Ewigkeit!

Clemens Brentano

In Duisburg mein Kind
In Duisburg habe ich Theater gespielt

Thomas Bernhard, Einfach kompliziert

INHALT

Der Vorort

Auf der Bierflasche, wo immer ich sie öffne, der Name meines Heimatorts: Duisburg-Beeck.

Ein Vorort, der mir in meiner Lebensgeschichte wie ein Vorwort erscheint, reichhaltiger, gewitzter, irritierender als der ordentliche Hauptteil.

Mein Kind, wir waren Kinder, Verwirrte im Sonntagsstaat, Kinder Gottes mit weißen Kniestrümpfen und Klämmerchen im Haar.

Hüpften über die Friedrich-Ebert-Straße, Adolf-Hitler-Straße hatten die Alten noch wenige Jahre zuvor gesagt, liefen über die ampelfreie Kreuzung am leeren Denkmalsockel vorbei zum Kindergottesdienst, zur Sonntagsschule, sagten die Alten, fröhlich soll mein Herze springen: taten wir singen.

Fröhlicher sangen wir an freieren Tagen, wenn wir uns tummelten in den Ruinen, Trümmern und Bruchbuden, im CVJM-Heim *chinesisch* um die Tischtennisplatte herumliefen, mit dem Rad zum Rhein fuhren, wo das Internationale gemächlich entlangtuckerte, zur Vogelwiese, zum Baggerloch, in die Schrebergärten, im Frühtau zu den Kaulquappen, Salamandern, den wilden Brombeeren, die heute wilder

wachsen denn je in den verlassenen Gärten am Fuße der Schla-
ckenberge, in den Emscherwiesen.

In den Altbauten werkelten die Schuhmacher, Sattler, Schneider, mit dicken Armen putzmuntere Heißmangelfrauen, über
den Kopfstein rumpelte der Pferdewagen des Kohlenhänd-
lers, auf dem Wochenmarkt lockte die Gratisprobe knorriger
Ochsenschwanzsuppe, der Geruch von Anisbonbons kitzelte
unsere Rotznasen, Marktschreier priesen ihre Ofenplattenrei-
nigungspasten, die beinamputierten Schnürsenkelverkäufer
schwiegen.

Sankt Martin trabte hoch zu Roß über die Karl-Albert-Stra-
ße bis zur uralten Adler-Apotheke der Caecilie Hufnagel am
Marktplatz, vom Balkon des wundersamen Gebäudes schnei-
te es Süßigkeiten herunter in die frierenden Hände der Mar-
tinszugkinder, in den Laternen zitterten die Wachskerzen,
Stutenkerlen wurde im Schutze der Dunkelheit der Kopf abgerissen, an der Tonpfeife klebte der Teig, Russisch Brot gab's bei
Schätzlein, Seifen-Schätzlein, sagten die Alten manchmal noch,
Kieler Sprotten bei Quindeau, Kwindo, sagten wir.

Wir waren Blaßfinken und hatten das Schießpulver auch
nicht erfunden. Wir standen rum wie Falschgeld oder saßen
da wie Ölgötzen.

Im Kindergottesdienst verteilten die Kindergottesdiensthelfer ein frommes Blatt, *Der Kinderbote*, auf seiner Rückseite das
Suchbild: Wo hat sich der Matrose, der Schornsteinfeger, der
Hund versteckt? Ach, wenn man ihn einmal gefunden hatte,
konnte man ihn nicht mehr ungesehen machen, las ich später
bei jemandem, der Bescheid wußte.

Mein nicht enden wollendes Suchbild Beeck, immer wieder
erscheint ein neuer Kinderbote, immer wieder öffnet sich eine
andere Rückseite. Beeck: so lange Beeck ausrufen, bis das Wort
leer gesprochen ist: Beeck, meine lebenslange Beeckzehrung,

Fisternöllekes, Victoria Beeck! Hat das alles noch einen Sinn, einen Wert, Beecker Werth?

Vergessene Dichter bewachen die alten, jetzt PS-wuchernden Straßen, das Wort Pferdestärke ist out wie ein Heimatdichter-, ein Heimatdenkerlaut, Leibniz, Fontane, Beeckbürger, Beeckburger, sprich: -börger, unser Beeck soll Döner werden, herrschaftszeitennochmal, wo ist der Halt?, wo der Halt Beeck Bürgermeisteramt geblieben? Heute vom Automatikband der Straßenbahn 901, der Elektrischen, sagten die Alten, ruft eine Frauenstimme in ahnungsloser Trauer: Brauerei.

Im Haus gegenüber war die Stadtbücherei untergebracht, auf dem Weg passierte man die Polizeiwache in jenen Zeiten von Schokoladenzigaretten, Negergeld, Akim, Fix und Foxi, Gondel, von Halbstarken mit dem imponierenden Klack-Klack der Eisenplättchen unter den Schuhabsätzen, in jenen Jahren erster Bücher, immer neuer Bücher aus der guten alten Bücherei. Ihr schönen, fleckig gelesenen Bücher! Du mir erhaltenes Bibliobeeck.

Wo mir Mark Twains *Prinz und Bettelknabe* in die Hände fiel, ab 11 Jahre, hieß es eingangs darin, war das richtig?, doch was er im Vorwort schrieb, daß es nämlich egal sei, ob sich die Geschichte so zugetragen habe oder nicht, leuchtete mir sofort ein; *es hätte so sein können*, darauf kam es an. Und abenteuerlich durfte, mußte es schon sein, der Vaterbruder Dieter überließ mir sein zerlesenes Exemplar von Albert Sixtus' *Die wilden Jungen von der Feuerburg*, in der ein unheimlicher Dr. Teufel vorkam und ein uralter Schatz entdeckt wurde. In einer verstaubten Truhe auf dem Dachboden fand ich die Bildergeschichten von Ferdinand Barlog, ohne Text, ohne Sprechblasen, waren die nicht viel lustiger, fantasievoller als die Micky-Maus-Hefte? Das querformatige Großbuch *Die 5 Schreckensteiner* ließ in einem Schloß fünf Gemäldefiguren in der Geisterstunde aus ihren Rahmen heraustreten und die komischsten Streiche verüben, drei Brüder, zwei dicke, davon einer mit getollter ausladender Halskrause, und ein langer dünner, karnevalistisch gewandet wie ein Musketier, dazu ein hübsches Burgfräulein, das zur nächtlichen Stunde in der einen oder anderen Episode seine körperlichen Reize herzeigt, und ein fröhlicher Knabe mit einem Piepmatz auf dem Handrücken.

Und dann *Schloß Wildenstein* von Johanna Spyri: wie es den Kindern, dem Mäzli, dem Lippo, der Leonore gelingt, in das alte, föhrenumrauschte, von einem finsteren Kastellan bewachte Spukschloß zu gelangen, wo der zurückgekehrte vereinsamte Baron Bruno am Ende doch noch so etwas wie Lebensfreude wiederfindet – ach ja, das nahm mein junges Leserherz gefangen. Prinz oder Bettelknabe oder das holde Bescheiden in der Mitten? Abzählverse halfen fürs erste weiter: Kaiser, König, Edelmann, / Bürger, Bauer, Bettelmann, / Schuster, Schneider, Leineweber, / Bäcker, Kaufmann, Totengräber. Den Bettelmann sprachen wir Bedelmann aus, der Bedelmann trug uns dank seiner lustigen Mitlauterweichung locker über das offene Grab hinweg, das dem Kaufmann bevorstand. Auch der edle Odysseus kam in Bettlergestalt zu uns ins Haus, von seinen Irrfahrten erzählte das Tchibo-Magazin, das den Kaffeesendungen beilag, echten Bohnenkaffee bestellten die Eltern, bestellte man damals per Post.

Schon bald aber lernte ich ein Bettelweib kennen, hinter dem sich kein edles Fräulein verbarg und welches der Dichter zum Tode verurteilt, mußte das sein?, hatte er's denn nicht in der Hand?, ausgerechnet in einem Schloß, ein Dichter namens Heinrich, ausgerechnet Heinrich, Heinrich von Kleist, man weiß es längst, und ihnen ist es hernach übel ergangen, dem Schloßherrn wie dem Dichter. Just jene Schriftsteller, die als die großen, die bedeutenden galten, schienen eigentümlich versessen darauf, gottähnlich in ihren Werken die Menschen sterben zu lassen, nur viel schneller als im wirklichen Leben, am Ende weniger Lesestunden waren die Hütten und Paläste ihrer Helden niedergebrannt, ihre Tempel und Türme eingestürzt, ihre Schiffe in Meeresstürmen untergegangen, und auch Vrenchen und Sali, als *Romeo und Julia auf dem Dorfe,* suchten im Wasser den Tod.

Aber die Dichter erfanden doch immer auch Sonntagsgeschichten, in denen die Taugenichtse ihr Glück machen, wußten immer wieder diese Welt zu verwandeln mit Hilfe magischer Wörter wie *Mutabor,* oder ihr zu trotzen: *Bassa Teremtetem,* und dann blieb mir immer noch der einzigartige Johann Peter Hebel. In seinem *Schatzkästlein des Rheinischen Hausfreundes* erzählt er nach einer wahren Begebenheit, unvergeßlich und auf ewig weiterklingend im Chor der Toten, von einem Bergmann, der in Falun, und es hätte auch wenige Meter von meinem Elternhaus entfernt im Schacht 3/7 passieren können, kurz vor seiner Hochzeit verschüttet wird unter Tage, und wie es dann nach fünfzig Jahren zu einem unverhofften Wiedersehen mit der Witwe kommt und die Gemüter aller Umstehenden von Wehmut und Tränen ergriffen werden.

So kam ich unter die Bücher.

Der breite und der schmale Weg

Letzthin hat mich mein Bruder besucht. Wie es seine Art ist, aber nach längerer Autofahrt auch verständlich, ist er zunächst unruhig durchs Haus gelaufen und hat sich umgeschaut, fortwährend den Kopf schüttelnd, nicht wirklich, aber innerlich, nicht sichtbar, aber unübersehbar, im Grunde fassungslos darüber wie man seit vierzig Jahren in dieser Einöde hat zubringen können, in dieser Zivilisationswüste, in der es weit und breit keinen zu Fuß erreichbaren Gasthof gibt, keinen Lebensmittelladen, keine Kirche, keine Postagentur, keinen Arzt, und dieses Urteil dann auch noch bestätigt bekommt vom eigenen Bruder, der immer wieder davon anfing, wie verhaßt ihm mittlerweile diese Lärmhölle sei, in jeder städtischen Seitenstraße könne man friedlicher, ruhiger, idyllischer, bürgerlich-freundlicher wohnen als in diesem industrialisierten Landrevier, in welchem es vor lauter Lärmmaschinen, nie abreißendem Lastwagenverkehr, stumpfsinnigster Autodröhnmusik et cetera, vom Rasenmähen, Motocross quer durch den Wald, Traktorengetöse alle Tage, vom Tontaubenschießen und Drohnenflug am Sonntagmorgen ganz zu schweigen, nicht mehr zum Aushalten sei. Andererseits gebe es immer noch Ruhenischen, gebe es die geduldigen Bäume, den Rauhreif, den Nebel, die Linien der hügeligen Landschaft, den Buntspecht, den Rotmilan und drei, vier Leute, mit denen ein menschliches Wort möglich sei. Aber einen Landwirt suchst du hier vergeblich, rief ich, es gibt hier keinen Bauer mehr, nicht einen einzigen, kein Schwein grunzt dich an.

Der Bruder schaute in alle Ecken, sah hier die Risse in der Fertighauswand, da den aufgequollenen Teppichboden, unter dem sich der billige alte Klebstoff gelöst hatte, und in meiner Schreibstube entdeckte er auf einem Bücherstapel tatsächlich seine alte Kinderbibel, die Heilige Schrift in farbigen Bildern, nach Holzschnitten des Julius Schnorr von Carolsfeld, die ich mir wohl einmal von ihm ausgeliehen und, wie in solchen Fällen üblich, nicht mehr zurückgegeben hatte. Beinahe gerührt schlug er sie auf und las auf dem Vorsatzblatt die Widmung unseres Großvaters, der, in seiner schönen, besonders bei den Großbuchstaben kunstvollen Handschrift hineingeschrieben hatte, dies sei ein Geschenk der Großmutter, zu Ostern 1960, da war mein Bruder gerade sieben Jahre alt.

Die Bilder hätten ihn damals stark beeindruckt, sagte er, und auch mein Kinderauge, erinnere ich mich jetzt, konnte sich damals an den Abbildungen in dem eigenen Exemplar, welches aber verloren gegangen ist, nicht satt sehen. Es zeigte sogar, was doch eigentlich gemäß dem zweiten Gebot verboten ist, gleich auf der zweiten Seite ein Bildnis des himmlischen Vaters, eines vollbärtigen älteren Herrn, der sich aus rauchumfangenem Gewölk dem gottesfürchtigen, lammfrommen Abel zuwendet und dessen Brandopfer mit ausgestreckten Armen willkommen heißt. Zur Rechten wie zur Linken der steinernen Feuerstelle sieht man zwei halbe Schafe herniedersinken, deren Hinterteile bereits in lodernden Flammen brutzeln. Kain blickt scheel zu seinem Bruder herüber, sein Gesicht hat sich verfinstert. Mein Bruder blätterte noch immer in dem Bilderbuch, verweilte bei dem Schreckensbild von Lot, der mit seinen Töchtern aus dem brennenden Sodom flieht. Die eine Tochter zeigt ihr nacktes fleischiges Bein, die andere, die ein verschnürtes Gepäckstück im Nacken trägt und es mit beiden Armen über dem Kopf festhält, so daß eine Achselhöhle sichtbar wird, ihr schönes langes goldenes Haar, ihr wallendes Gewand zielt im Schwung des Davoneilens in die Körpermitte des Vaters, der in ihrem Schatten voranstrebt, auffällig, wie der Zeichner den väterlichen dunklen Fuß mit dem der Tochter zusammenführt.

Dahinter in einem letzten Aufbäumen, schon wie verkohlt wirkend, Lots Frau, deren hochgereckte Arme in das Flammenmeer Sodoms zu greifen scheinen, moderne, dem Untergang geweihte Hochhäuser, ganz so wie auf dem bei den Stillen im Lande so beliebten Bild vom breiten und schmalen Weg, sagte mein Bruder. Ich sagte, ich erinnerte mich vor allem an die Geschichte von jenem Sohn Davids mit dem absonderlichen Namen Absalom, dem sein schönes langes Haar zum Verhängnis geworden sei, als er, auch er auf der Flucht, in einem Baumgeäst hängenblieb, das stolze königliche Pferd ohne den Reiter davonsprengte und die Häscher ihn erschlugen.

16

Der Bruder setzte sich an das alte Klavier, das, seit Jahren verstimmt, nur mehr als vertrautes Möbelstück dasteht und auf welchem die kleinen Kinder aus der Nachbarschaft, verschlägt es sie für kurze Zeit in unsere dunklen Räume, herumklimpern und ihre Dreizehn-Ton-Musik einüben. Ich zeigte dem Bruder ein altes Foto des wunderbaren Fotografen Rudolf Holtappel, auf dem zwei Mädchen auf einen Schrebergarten zulaufen, oder wohnten da Leute?, just unterhalb einer Grenzmauer zum Gelände der August-Thyssen-Hütte, Industriedampf steigt auf, die Mädchen mit Zöpfen, in taillierten Kleidern, in Knie-strümpfen, die freien Arme wie Flügel ausgestreckt, sie tragen, jedes eine Hand am Henkel, eine Tasche herbei, sie haben es eilig, andere Kinder kommen ihnen entgegen, ein Junge auf einem Roller, im Hintergrund eine Mutter, sie hängt Wäsche auf die Leine. Hörst du nicht auch aus der Tiefe des Gartens die rauchige Stimme von Rocco Granata? fragte ich den Bruder.

Umgekehrt setze ich mich einmal im Monat in den Zug und fahre gut hundert Kilometer durchs Rheinland unserer Mut-ter entgegen. In dem sogenannten Regionalexpreß kommt mir immer wieder eine andere Eisenbahn in den Sinn, die mir seit der Kindheit in Erinnerung geblieben ist: ein als unauffälliges Detail in ein seltsames Bild hineingemalter Personenzug, der, von einer Dampflok angetrieben, scheinbar friedlich an hoch-hausbestandenen Hügeln vorüberfährt, während im Hinter-grund eine gewaltige Feuersbrunst wütet und die ersten Wol-kenkratzer einstürzen. Die unsichtbaren Fahrgäste, so sie aus dem Fenster schauen, können einen prächtigen Regenbogen sehen, der sich über den Erdendunst wölbt. Dieses Gemälde mit dem Titel *Der breite und der schmale Weg*, das, ich sagte es, auch meinem Bruder noch heute im Kopf herumspukt, hatte die Gründerin der Stuttgarter Diakonissen-Anstalt, Charlotte

Reihlen, Mitte des 19. Jahrhunderts entworfen und in Auftrag gegeben, wie ich heute weiß.

Während ich in dem Großraumwagen sitze, in der unteren Etage, um den lauten Jugendlichen zu entgehen, die sich naturgemäß in die obere begeben, denke ich an dieses letzten Endes schreckliche und abstoßende Bild, auf dessen linker Hälfte der breite Weg mit fröhlich flanierenden Menschen, einem Tanzpalast, einem Spielcasino und dem Gasthof *Weltsinn* dargestellt wird und der am oberen linken Bildrand in die ewige Verdammnis führt, eine Apokalypse, um welche die kleine Eisenbahn, eine weiße Rauchfahne hinter sich herziehend, einen Bogen zu machen scheint, tuut-tuut-tuut, als wüßte sie einen Ausweg, so deute ich es mir heute, wenn ich mir die Abbildung ansehe. Über das in Gut und Böse geteilte Land blickt ein eigentümlich gleichgültiges und starres Gottesauge hinweg, das sein dreifaltiges Himmelslicht auf die unsichtbaren Reisenden wirft, so daß der Eindruck entsteht, gerade sie kämen von allen Lebewesen, die der Zeichenstift erfaßt hat, dem Allerhöchsten am nächsten.

Die Mutter hat längst auf das Eisenbahnfahren verzichtet, aber natürlich nicht aus religiösen Vorbehalten, sondern aus der Besorgnis, die den meisten Hochbetagten eigen ist, ihre altersgemäße Unbeholfenheit lasse sie beim Ein- und Aussteigen, bei der Platzsuche, beim Aufsuchen der unhygienischen Zugtoiletten in unerträgliche Komplikationen geraten. Die schmalen Gänge in den Waggons, durch die sich die Bahnreisenden mühselig und beladen hindurchquälen, erinnern mich auf Schritt und Tritt an den von der Pietistin aus Stuttgart empfohlenen schmalen Weg, von dem es heißt, daß er zum Leben führe, und von dem meiner Mutter und mir von Kindesbeinen an gesagt ward, daß nur wenige ihrer seien, die ihn fänden. Jüngst beim Nachdenken auf meinem zweitklassigen Sitzplatz

belustigte mich im Geiste die konjunktivische Wiedergabe des lutherischen Wortlauts.

Meine aufmerksame Frau hatte mir geraten, so zu tun, als würde ich meiner Mutter aus eigenem Antrieb einen Strauß Blumen schenken. Rund oder strukturiert? hatte die Verkäuferin gefragt. Wie bitte? fragte ich irritiert zurück. Das Runde war mir spontan angenehmer, strukturiert hörte sich so künstlich an, übertrieben manipuliert. Was sie unter rund verstünde, fragte ich. Na ja, knubbelig, sagte die Verkäuferin. Jetzt war die Entscheidung einfach: etwas Knubbeliges wollte ich nicht in die Hand nehmen, wie modern klang dagegen strukturiert, künstlerisch geradezu, frische florale Gestaltungsharmonie verkündend. Ich zahlte zwanzig Euro, eine runde Summe.

Auf den runden Geburtstagen der Mutter habe ich zu ihren Ehren immer etwas zum besten gegeben, und ich ertappe mich inzwischen dabei, daß ich mir Gedanken darüber mache, was ich bei ihrer Beerdigung auf der Nachfeier sagen könnte. Ihr wäre gewiß daran sehr gelegen, da sie auch sonst hinter dem Niveau, dem Glanz der Familienfeste ihrer Schwestern nicht zurückstehen mag, obwohl sie selbst niemals das Wort ergreift, mit einer Ausnahme: sie spricht ein kurzes Tischgebet. Auch in Restaurants senkt sie zu Beginn der Mahlzeit die Augen und betet im Stillen. Bin ich zugegen, kann ich das Gefühl einer gewissen Peinlichkeit nicht leugnen.

Die Mutter hat nun für immer die Augen geschlossen, werde ich auf der Nachfeier sagen und an eine ganz besondere Eigenart der Mutter erinnern, die sie uns Kindern gerne vorführte, sie vermochte nämlich ein einziges Auge so glatt zu schließen, wie man sonst nur beide Augen zumachen kann, niemandem gelang es, ihr das nachzumachen, wir kamen über ein Zwinkern und Blinzeln nicht hinaus. Ein merkwürdiger, unheimlicher Anblick, dieses halbwache, halbverschlafene Gesicht, ein lebendes Picasso-Bild, nein: ein sybillinisches! Sie war darauf stolz wie auch auf ihre Gelenkigkeit, bis ins hohe Alter konnte sie ihre Hände bei durchgedrückten Beinen flach auf den Boden legen.

Die Mutter wohnt nicht in einer Gasse, an einem schmalen Weg, sie lebt in der dritten Etage eines Mietshauses auf der Gerhart-Hauptmann-Straße. Alle Tage muß sie diesen Dichternamen lesen, ihr und den anderen Anwohnern und Benutzern dieser Straße wird von unverantwortlichen Stadtvätern eine literarische Berühmtheit aufgezwungen, so denke ich. Und sie lesen deren Dichtung trotzdem nicht! Du selbst wohnst auf einer Waldstraße. Das ist keine Totengedächtnis-Adresse! Ja, auch der Wald stirbt, aber ich sehe nichts davon, ich rieche und höre das Gegenteil. Von den Linden am Straßenrand der Gerhart-Hauptmann-Straße sickert bisweilen Klebriges auf die unter ihnen parkenden Pkws. Im November das Heulen der Laubsauger vor und hinter den Häusern, eingesackter Herbst; die gebrechlichen Witwen schieben ihre Gehhilfe über letzte Lindenblätter. Hier stürzte die Mutter, hier kam sie zu Fall, hier schlug sie zu Boden, hier half ein Fremder ihr auf. Wenn ich dereinst, aber es kann natürlich alles ganz anders kommen, über ihre Straße gehe, wird mich kein Gerhart Hauptmann dabei stören, und ich werde die Straße umtaufen in Meine-Mutter-Straße, werde zu ihrer Wohnung hinaufschauen und den hochgewachsenen Baum betrachten, dessen Zweige die Fenster ihrer alten Wohnung zu berühren scheinen.

In der Klebrigkeit des Zuges sah ich, was eine verwegene Hand in die Fensterscheiben eingeritzt hatte, und dachte mit Widerwillen – denn wie hemmend sind oft all diese unangemeldet sich in die Darstellung hineindrängenden ärgerlichen Beifügungen – an die Strophe aus einem Kirchenlied, in der es heißt: An dir wir kleben / in Tod und Leben. Allerdings ist mir das mitunter Angenehme des Klebrigen immer schon aufgefallen, dabei denke ich zum Beispiel an die Firnis auf den reifen Zwetschgen, an den türkischen Honig auf der Kirmes am Schwarzen Weg, wohin wir Kinder, vom Weltsinn verführt, uns heimlich in den letzten Augusttagen fortstahlen, oder an den frisch aus der Uhu-Tube herausgedrückten Klebefluß, dessen künstlicher Geruch uns das verhaßte Basteln versüßte. Auf dem

Hinweg zur Mutter, wobei ich mich immer wieder frage, ob ich mich nicht in Wahrheit auf dem Rückweg befinde, ich also das Billett für die sogenannte einfache Fahrt bereits als Rückfahrkarte begreifen kann, erschien mir auf einmal der von mir und meinen Geschwistern in der Kindheit verabscheute schmale Weg, auf dem, jedenfalls auf jenem uns schon früh vertrauten Bild, ein paar Einzelgänger, wie es schien, dumpf und trübsinnig, Mütter mit ihrem Kind an der Hand sittsam bergan spazieren und auch der am Brunnen sich labende Knabe nicht fehlt – kurz, plötzlich und unerwartet erschien mir jener langweilige schmale Tugendpfad als verlockender Rettungsweg, wo nichts als ein köstliches Flüstern aus geheimen Gründen vernehmbar wäre. Das fromme Gemälde wurde mir zu meinem eigenen Erstaunen zum Suchbild, auf dem ich selbst das muntre, angstfrei äsende Rehlein, das gewißlich in eine vorhimmlische Idylle gehört, auf unerwartet hintersinnige Weise entdeckte: als Anagramm im Namen der Charlotte Reihlen!

Entdeckungen dieser Art muß ich indes vor der Mutter geheimhalten. Meine Mutter, ich muß es hier gestehen, traut ohnehin ihrem Sohn hinsichtlich seiner von ihm behaupteten christlichen Rückbesinnung nicht über den Weg. Die Mutter sieht in meinen theologischen Anmerkungen Beweise einer geistlichen Lauheit, die von dem wahren Glauben noch himmelweit entfernt ist, sie vermutet, vermute ich, daß meine zur Schau gestellte Annäherung an ein ernsthaftes Christsein nur ihr zuliebe stattfindet, damit sie sich auf ihre alten Tage mit dem Gedanken trösten solle, daß das Erbe der Väter weitergereicht wird. Andererseits ahnt sie wohl, daß ich, indem ich so tue als ob, mich ähnlich verhalte, wie sie selbst es jahrzehntelang getan hat: wenn nur lange genug an der Oberfläche der fromme Schein gewahrt bleibt, sind am Ende Tiefe und Ernst erreicht. Geheimnis des Glaubens. Vielleicht schaffen das aber nur Frauen, nur Mütter, und ich muß das Ziel verfehlen.

Meine Mutter, ich habe übrigens immer nur Mutter zu ihr gesagt, aber lassen wir das, meine Mutter singt mit ihren Schwestern, wenn sie zusammenkommen, ihr Kränzchen-Lied: *Ich singe dir mit Herz und Mund / Herr, meines Herzens Lust; / ich sing und mach auf Erden kund, was mir von dir bewußt.* Diese Schwestern haben meine Mutter, es ist so, eine solche Koinzidenz kann ich hier nicht auch noch verschweigen, ich verschweige ohnehin fast alles, immer Rehlein genannt und nennen sie, drei der sieben Schwestern leben noch, manchmal heute noch Rehlein.

Der überfüllte Zug hielt auf freier Strecke, der Zugführer meldete sich über Lautsprecher, er wisse auch nicht, warum wir hier hielten und wie lange es dauere, jedenfalls stünden wir erst einmal auf einem Abstellgleis.

Im Bunker des Mutterleibs

Ich öffnete den sogenannten Schreibsekretär meiner Mutter, denn zuweilen bin ich in persona ihr Schreibsekretär, der – neben dem Bruder – für sie den Papierkram erledigt, der Formulare ausfüllt für die Krankenversicherung, Anträge auf Verhinderungspflege stellt, auf Blindengeld, auf Kostenübernahme für den Hausnotruf, oder die Patientenverfügung erneuert. In dem völlig ungeordneten Stapel buchstäblich von Altpapier und verjährten Schriftwechseln, Reklamebroschüren und widerwärtigen Bettelbriefen vermeintlich wohltätiger Einrichtungen fiel mir auf einmal ein tatsächlich uraltes, aber für mich hochaktuelles Blatt in die Hände, ein als Entwurf abgestempeltes, mit der Schreibmaschine geschriebenes Schreiben, welches mein Vater, als er noch nicht mein Vater gewesen ist, im Mai 1943 in Ludwigsburg als Obergefreiter bei den Panzergrenadieren im Ersatz-Bataillon 86 in seiner Schreibstube aufgesetzt hat. Es enthält in einer Kürzestfassung seinen Lebenslauf, seinen Werdegang bis zu diesem Schreibplatz in Ludwigsburg. Er war vom Feldheer in Frankreich zur Ersatztruppe versetzt worden, mit dem Un-Tauglichkeitsgrad »dauernd av« oder auch »gv«, arbeits-, beziehungsweise garnisonsverwendungsfähig, wohl wegen seiner psychopathischen Herzstörungen, die ihn von Kindesbeinen in Intervallen heimsuchten, wir sprachen später vom Herzklabastern, bei mir selbst hieß das *noch* später im Internisten-Undeutsch *hyperkinetisches Herzsyndrom*.

Das Schreiben richtete sich an die berühmte Maschinenfabrik Demag in Duisburg, adressiert an einen Herrn Buschkönig dort, dessen Name, als er mir aus dem Schreibsekretär entgegenflatterte, mich sogleich in besonderer Weise ansprach, mitten im Kriegsgeschehen ein lächelnder poetischer Wink, ein Anruf aus der siegesgewissen Natur, an Busch und Tal und Glanz und Stille erinnernd und daran, daß wir alle zuallererst und letztlich Königskinder sind. In seinem Schreiben nimmt der mit deutschem Gruß Endunterzeichnende Bezug auf ein Gespräch seines Vaters mit eben diesem Herrn Buschkönig, offenkundig dem Leiter der Personalabteilung bei der Demag, ausdrücklich verweist mein Vater auf seine Ludwigsburger Verwendung im Geschäftszimmerdienst, aus welchem er so ohne weiteres nicht entlassen werden könne, es sei denn auf der Basis einer regulären Tauschaktion gemäß der Vorschrift Rü-43, derzufolge ein kv-Kandidat, der bisher noch in der Rüstungsindustrie tätig war, als kriegsverwendungsfähiger Wehrpflichtiger dem Feldheer zur Verfügung zu stellen sei.

Neben dem Schreiben an den Herrn Buschkönig fand sich im Schreibsekretär der Mutter eine sogenannte Kennkarte des Vaters vom Deutschen Reich ausgestellt am 19. Juni 1939, aus jenem grauen Leinen wie später mein Führerschein, auf der Vorderseite im Eichenlaubkranz unter dem Reichsadler das Hakenkreuz. Auf dem von der Duisburger Behörde oben und unten in den Ausweis genieteten Foto trägt der Vater eine randlose Brille, angedeutet der Scheitel auf der rechten Seite im überkorrekt frisierten schwarzen Haar, sein mir fremder, mich jetzt erstaunender Blick, so ernst und entschlossen und doch, als sähe er etwas Entsetzliches voraus, ach nein, es war wohl nichts weiter als die ihm angewiesene Pose, die deutsche Haltung! Eine Lochniete zerstört am Revers den hellen Anzug, in der anderen Fotoecke krümmt sich einer der vier auf die Innenseiten wie im freien Spiel verteilten Dienststempel über den feinen Glencheck, war der maßgeschneidert?

Daneben die Fingerabdrücke des Kennkarteninhabers vom rechten und linken Zeigefinger, stempelkissenfarben. Auf einmal, während ich das Foto genauer betrachte und die inzwischen rostigen Löcher betaste, fällt mir aus dem Rücken des

Fotos ein anderes, kleineres Foto entgegen – das einer jungen Frau, ja, der jungen Mutter, der Mutter als mädchenhaft junge Frau, aus einem größeren Bild herausgerissen, die hübsche sehr schlanke Bille seitlich im Profil mit einem auffälligen offenen Hut und einer lustigen Schleife obenauf, sie lächelt jemanden an, der sich im unsichtbaren Restbild befindet. Wäre ich ein Erzähler wie der außerordentliche W.G. Sebald, würde ich es hier, zwischen den Zeilen, als Abbildung einfügen.

Und auch ein anderes Foto aus jenen im Bauch des Schreibsekretärs geborgenen Zeiten, eines auf der Rückseite als Postkarte gestaltetes, das auf den ersten Blick eine depersonalisierte, etwa 250 Mann umfassende Kompanie zeigt; bei näherem Hinsehen mit der Lupe sieht man in der ersten Reihe die sitzenden Offiziere, in der Mitte der Kompaniechef als einziger mit überkreuzten Beinen, merkwürdig sein kurzer entblößter Unterschenkel, der da ins Leere baumelt, eine Prothese, sage ich mir, die er offen als Ehrenzeichen herzeigt, und dann, ich bin überrascht, entdecke ich auf Anhieb in der zweiten Reihe

26

der sich hinter den Vorgesetzten aufbauenden einfachen Gefreiten den Vater. Er selbst hat quasi als Legende für sein Erinnerungsalbum in das Textfeld der nicht abgeschickten Postkarte notiert: 1. Kompanie, Schützen-Ersatzbataillon 39, Düsseldorf, Ludendorffkaserne. Der Gefreite H.B. Feldhoff trägt, wie jedermann neben und über ihm, eine graue Feldmütze, das sogenannte Schiffchen.

Auf dem Kasernenhof zu Füßen der Offiziere Schlaglöcher, Regenpfützen. In einer der vorderen Wasserlachen spiegelt sich das Holzbein des Kommandanten. Auf einem anderen Foto aus der Vielzahl der Schwarz-Weiß-Aufnahmen in seinem von mir aus dem mütterlichen Bestand übernommenen Album »Meine Kriegserinnerungen«, das freilich zum Ende hin nur mehr dunkelgraue leere Seiten enthält, ist an einem Gebäudeeingang der umkränzte Spruch *Durch Härte und Opfer zum Sieg* zu lesen.

Der Vater, auf findige Weise nach Duisburg zurückgekehrt, war dort seiner Geliebten nahe, militärisch uk-gestellt, unabkömmlich im »Reichsverteidigungsinteresse«, näher aber auch der tödlichen Bedrohung durch das immer heftigere Bombardement durch die RAF, die Royal Air Force. Und doch, denke ich mir, hat manch einer in Duisburg ihn eine gewisse moralische Geringschätzung spüren lassen und auf den heldenhaften Kampf der Kameraden verwiesen, die an der Front ihre vaterländische Pflicht erfüllten. Auch die Mutter, gelernte Textilverkäuferin und in einem Schnellkurs zur Kontoristin ausgebildet, war zur Arbeit in einem kriegswichtigen Betrieb dienstverpflichtet worden, der Schiffsmotorenfabrik Liesen in Ruhrort; bei Bombenalarm eilte sie mit der Schreibmaschine in den Bunker.

Ja, ich überlebte im Bunker des Mutterleibs. Über viele Jahre hin habe ich mein Geburtsdatum kaum beachtet. Dabei hätte mich beinahe die Nabelschnur erdrosselt, die sich um meinen Hals gewickelt hatte. Jetzt, da das Todesdatum unausweichlich näherrückt, bin ich fast ein wenig stolz auf diese biographische Vorgabe: totale Unschuld und vollendete Zeugenschaft des Gezeugten im Untergang; Auftauchen und Taufe im Frieden. September 1944: da bist du gezeugt worden, zu einem Zeitpunkt, als zahllose Menschen auf das schrecklichste umkamen, hingemordet wurden. Es ist ja unsinnig, daß ich mich frage, und warum tue ich es dennoch, was sich meine Eltern dabei *gedacht* haben, als sie mich zeugten, praktisch im Bombenhagel, daß sie sich nicht *schützten*, wie hier angemerkt werden kann, daß sie es darauf ankommen ließen, daß sie sich liebten nach der Moral Luthers, auch wenn die Welt morgen unterginge, ein Apfelbäumchen pflanzen zu wollen, noch lag ihre Heimatwelt nicht total in Trümmern, das Inferno vom 14. Oktober stand noch bevor, die Alliierten waren indes auf dem Vormarsch, für jeden Verständigen, sofern ihn des Tages Jammer (zu niedlich gesagt) überhaupt noch klarsichtig die nationale Katastrophe überblicken ließ, war der Krieg verloren, aber Glaube, Hoffnung, Liebe waren den Eltern keine Fremdwörter, und die Rechnung ging ja am Ende auf, wenn auch nur ganz knapp, so Gott will und wir leben, war der Spruch der Frommen in diesen finsteren wie später auch in besseren Zeiten, die Hilflosigkeit auch in der Sprache der Ohrenzeugen in den Bunkern, die vom Heulen, Zischen, Niederprasseln der Brandbomben erzählten oder auch für Abwesende schriftlich festhielten, als handelte es sich um ein Feuerwerk.

In der Hochzeitsnacht mußten Heinrich und Sybille dreimal runter in den Keller, die Leute grienten anzüglich, so nahe Liebe und Tod, die Mutter hat ihr Beisammensein nie als ein gefährliches bezeichnet, sondern als ein glückliches, und immer hervorgehoben, daß es sich um ein eheliches gehandelt habe, nach

einer Haustrauung, der sie den Vorzug gegeben hätten, so die
Mutter nach Jahr und Tag, wegen der vielen abwesenden oder
gar gefallenen Männer, rein rechnerisch der christlich-bürger-
lichen Ordnung gemäß, freilich mit der Zugabe, daß ich ein
Achtmonatskind gewesen sei, eine Version, der ich als Erzähler nur zu gerne folge.

Meine Zeugung in einer Nachsommernacht 1944, in jener
Endzeit vor der Kapitulation – ich sehe sie im Zusammenhang
kollektiver Strömungen, wenn am Heimatort Unabkömmli-
che, wenn Urlauber von der Front ihre Nachkommenschaft
in Angriff nahmen, ein individuelles Zueinanderdrängen am
Vorabend der Katastrophe, die dann auch über Duisburg her-
einbrach, in jenen Monaten des Untergangs der deutschen Städ-
te. Ein im Zeitbunker verschanzter Erzähler könnte die Insel
einer Liebesnacht leichthin, leichtfertig verknüpfen mit dem
großen Sterben im rauchenden Häusermeer. Und er müßte den
Trauspruch der Jungverheirateten einfügen, aus Nahum eins,
sieben, der besagt, daß der Herr gütig sei und eine Feste zur
Zeit der Not und die kenne, die auf ihn trauen.

In jüngster Zeit tauchen wieder verstärkt Fliegerbomben aus dem Zweiten Weltkrieg auf, die entschärft werden müssen, sogenannte Blindgänger, deren unförmige plumpe Körper an einen kopf- und beinlosen Menschenrumpf erinnern. Ich werde den Eindruck nicht los beim Lesen dieser Berichte, beim Betrachten der Fernsehbilder aus ganz Deutschland, aus Braunschweig, Koblenz, Neuwied und eben auch aus Duisburg, daß diese neue Welle der Entschärfung die letzte, die endgültige sein wird und mit dem Wegsterben auch der letzten Überlebenden, der letzten Zeitzeugen quasi eine Erlösung von dem Bösen der braunen Vergangenheit stattfindet. Andererseits kam mir diese lange als Vergangenheitsbewältigung bezeichnete Beschäftigung mit dem Dritten Reich schon immer wie eine Entschärfung des schrecklichen Geschehens vor, während unterirdisch die Zeitbombe weitertickte.

Diese von den Alliierten, von den Engländern und Amerikanern betriebene Vernichtung nicht nur der Industrieanlagen, sondern systematisch und flächendeckend, wie es in neutralisierender Ratio-Sprache heißt, bevorzugt auch der Wohngebiete, Wohnhäuser, Menschenorte, der Menschen, der Frauen, Männer und Kinder, hat über Jahrzehnte, über die Gedenktage und diesbezüglichen Publikationen hinweg die Weiter- und Nachlebenden kaum je aus der Ruhe bringen können, wie jetzt in ganz anderer Ausdrucksweise gesagt werden könnte. Welche Wortwahl aber auch immer getroffen wird, die wissenschaftliche, die dokumentarische, die feierlich-gedenkende, die historisch-anklagende, die ästhetisch-literarische – es ist die falsche. Von diesen Verfälschungen und Entschärfungen ist mir das letzten Endes nicht weniger zynische, beschönigende Erzählen die liebste, die mir naheliegende Weise des zu Tage Beförderns, was da immer noch verschüttet und vergraben ist.

Warum gibt es keine Gedenktafeln an den tristen Nachkriegs-häusern, die auf die bei den verheerenden drei Angriffswel-len vom 14. und 15. Oktober 1944 umgekommenen Beecker, Laarer, Ruhrorter, Meidericher, Duisburger hinweisen? Ste-hengeblieben sind aber, vorsorglich oder aus Kostengründen, nicht wenige jener massiven *unkaputtbaren* Bunker, Hochbun-ker, Stollenbunker, Tiefbunker, umgewidmet hier und da in Kulturbunker. Da meine Mutter naturgemäß kein Bier im Haus hat, habe ich mir vorhin zwei Flaschen Pils an der Bunkerbu-de besorgt, Zieglerstraße 66. Ein besonders häßliches Monu-ment, dieser Bunker, oder nein, im Gegenteil, ein besonders schönes Andenken, vor allem dank der friedlichen Nutzung im Erdgeschoß.

Und jetzt muß ich an den Honigbunker denken, schreibt der Sekretär, die Bunkeranlage im Schlackenberg an der Honig-straße zwischen Beeck und Meiderich, mein Schulweg einst, mein Fahrradweg sommertags zum Gymnasium. Heute stro-mern hier die modernen Underground-Junkies auf der Suche nach unheimlichen, verbotenen Lost Places; sogenannte Urban Explorer stellen schaurig faszinierende Fotos und Videos ins Netz von diesen Nazihöhlen, auch vom Honigbunker, wie sie ihn nennen, Höhlenbilder einer farbigen Lust am Unterge-gangenen, einer fatalen Prächtigkeit von Verfall, Rost, Beton, toter Apparatur.

Hier im eisenschlackesicheren Honigbunker gab's ein provi-sorisches Hospital, wo die Schwerverletzten, so sie nach Brand- und Sprengbomben aus dem Feuersturm der Königlichen Luftwaffe, aus den einstürzenden Häusern hatten geborgen werden können, eine Erstversorgung bekamen, wie auch mein 56jähriger Großvater, der in einem dem Bunker gegenüberlie-genden provisorischen *Gasentgiftungspark* dienstverpflichtet war.

Gegen neun Uhr am Morgen waren die ersten britischen Bomben niedergegangen, die Familie F. nebst Angestellten hockte zitternd im Keller des schwankenden Hauses, als sie heraustraten, sahen sie, wie die Flammen vom Nachbarhaus auf ihr Geschäftshaus übergriffen, vergeblich versuchte der Großvater, vom Dach aus den Brand zu löschen, die Großmutter warf Oberbetten aus dem Fenster – meine Mutter meint, diesen dramatischen Anblick durch Rauch und Staub und Aschewolken hindurch noch mitgekriegt zu haben, als sie aus dem ebenfalls schwerstgeschädigten Ruhrort zurück nach Beeck gefunden hatte – und auch ich rede mir das heute ein, als pränatal hochempfindlich Beteiligter – dann aber mußten sie schleunigst durchs Treppenhaus herunter, mußten vor dem hochmodernen Wohn- und Geschäftshaus hilflos mitansehen, wie alles zusammenbrach, alles verbrannte.

Orkanartig brausten die Hitzeströme durch die Straßen. Gegenüber dem geborstenen Feldhoffschen Anwesen neigte sich auf einmal der 65 Meter hohe Turm der katholischen Laurentius-Kirche, stürzte mitsamt den glühenden, geschmolzenen Kupferplatten, glücklich am Kirchdach vorbei, in die Tiefe, der Kaplan, heißt es in einem Augenzeugenbericht, beobachtete das grausige Geschehen von einem im Pfarrgarten ausgehobenen Erdloch aus.

In der Nacht erfolgt ein zweiter Angriff, ohne Warnung, die Sirenen sind ausgefallen, überrascht die Ahnungslosen, auch den schlafenden Großvater in seiner Giftgasvorsorgeunterkunft, er wird durch die Luft geschleudert und bleibt wie leblos liegen; Schädelbasisbruch, Verlust eines Augenlichts. Man transportiert ihn auf einer ausgehängten Zimmertüre in ein Krankenhaus im entfernten Dinslaken. Beeck brennt, ein dritter Angriff vollendet das Vernichtungswerk. Anderntags, an den Trümmern vorbei, rollen unentwegt leichenbeladene Lastwagen, Handkarren vor die Friedhöfe … Nach diesen drei Angriffen mache ich hier einen Punkt, einen zweiten, einen dritten; vielleicht ist es das *angeborene* Entsetzen, das mich hindert, das Schreckliche weiter auszumalen, die unauslöschliche innerste Erinnerung an diese Auslöschung der Außenwelt – wie auch zu sprechen von einer unverdienten wunderbaren Bewahrung, welche die Großmutter väterlicherseits immer wieder formelhaft in die Worte kleidete, es sei »noch gnädig gutgegangen«.

Der Vater hat meines Wissens kein einziges Mal von Bombennächten im Keller und anderen schockierenden Kriegserlebnissen erzählt, als habe er sich auch im nachhinein in einen Schutzraum begeben, in den der Amnesie. Aber habe ich ihn, den dann so früh in den Tiefen des westdeutschen Friedens Verstorbenen, jemals danach gefragt? Und seither befindet er sich in jenem unantastbaren Schutzraum, in den zu gelangen er sich so sehr gefürchtet hat, daß er sich selbst zuletzt als sogenannter Hilfsprediger immer wieder von der Aussicht auf das himmlische Endziel hat überzeugen wollen, denn dort, so die Verheißung des Vaterunsers, war das Reich und die Kraft und die Herrlichkeit. Gibt es nicht aber doch eine metaphysische Brücke zu den Toten? Mir ist, als geisterten sie noch herum, nicht sie selbst, wohl aber ihre Schatten. Wie die Sterne, nachdem sie erloschen sind, ihr Licht noch aussenden über die Zeiten hin, so die Toten ihre Schatten oft noch eine lange Weile, lassen sich sehen bald auf zufällig dir begegnenden Schwarz-Weiß-Fotos, bald in Gestalt von Wiedergängern im Gedränge von fremden Menschen oder in Träumen. Und immer ist es ein unverhofftes Wiedersehen der nunmehr Alterslosen.

Die Kristallnacht

In seinem Schreiben vom 4. Mai 1943 an die Deutsche Maschi-
nenbau-Aktiengesellschaft in Duisburg, mit welchem er, wie
anzunehmen ist, einen kriegstauglichen Mitarbeiter der Demag
aus dem zuvor unabkömmlichen Dienst im Heimatort ver-
drängte, weist der Obergefreite Heinrich F. seinen von ihm
selbst als *kurzen Lebenslauf* bezeichneten Werdegang nach.
Darin ist nach Realschule und Höherer Handelsschule von
einer Lehrzeit bei der Firma Berger & Lindner in Mülheim an
der Ruhr die Rede, die er mit der Kaufmannsgehilfenprüfung
vor der Industrie- und Handelskammer Duisburg abgeschlossen habe. Diese Lehrzeit muß nach meiner mit meinen zehn
Fingern nachgeprüften Rechnung noch bis ins Jahr 1938 ange-
dauert haben. Die von mir befragte Mutter wußte hierzu nichts
Genaueres zu sagen; vielleicht grollte sie mir auch, daß ich in
ihren Augen wieder nichts Besseres zu tun hatte, als sie mit
Fragen nach der Vergangenheit unserer Familie im Hitlerreich
zu belästigen. Ganz anders reagierte der jüngste noch lebende
Bruder meines Vaters, der noch kürzlich, im hohen Alter (Jahrgang 1934), aus einer Kleinstadt im Regierungsbezirk Münster
in das hauptstadtnahe Oranienburg gezogen ist, nach Lehnitz,
genauer gesagt. Über viele Jahre hat sich dieser Dietrich F. in
seiner freien Zeit mit Goethe befaßt und als Leiter einer westfälischen Kreisbildstelle alle möglichen relevanten Goetheana
zusammengetragen und hatte auch mich mit seinem Goethe-
Furor angesteckt, so daß ich am Ende einen Goethe-Minimal-
test anfertigte, der meinen Schülern ein Goethe-Grundwissen
abverlangte, zu dem auch Fragen nach Goethes Geliebten
gehörten, nach Käthchen, Friederike, Charlotte, Lili, Christia-
ne, Marianne und Ulrike, um nur die bekanntesten zu nennen,
welche Namen wie auch die um diese Damen sich rankenden

Gedichte und Geschichten meine Schüler, insbesondere meine Schülerinnen, mit Leichtigkeit sich zu merken wußten, während ihnen, wie sie freimütig und objektiv gefahrlos verkündeten, ein Stück wie *Götz von Berlichingen* am Arsch vorbeiging. Auf einmal ist dieser Dieter, wie ich ihn immer habe nennen dürfen, ohne den im Ruhrgebiet üblichen Onkel-Titel, seines eigenen Goethe-Kults überdrüssig geworden und hat sich fortan geradezu leidenschaftlich dem Gedenken der aus seinem Wohnort B. während des Dritten Reichs verschwundenen jüdischen Mitbürger gewidmet, vielleicht angeregt durch die fatale Nachbarschaft der Goethestadt Weimar und des Konzentrationslagers Buchenwald, wohin neben Dachau und Sachsenhausen tausende Juden gleich nach der sogenannten Reichskristallnacht verschleppt und in den Folgewochen von der SS auf das barbarischste mißhandelt, gequält und zu Aberhunderten ermordet worden sind. Wer Wochen danach entlassen wurde, kehrte als gebrochener Mensch zurück, abgemagert, kurzgeschoren, wollte und durfte nichts von dem sagen, was er hatte erleben müssen.

Daß die tödliche Brutalität des Bösen spätestens in jener Nacht vom 9. auf den 10. November 1938 für einen jeden, der Augen im Kopf hatte, im Deutschen Reich spektakulär offenbar wurde, ja buchstäblich sich herauskristallisierte, davon hat dieser Vaterbruder Dieter einen merkwürdigen Eindruck zurückbehalten, möglicherweise eine seiner frühesten Erinnerungen. Dabei blieb Dieter diesesmal ausgesprochen ernst, während er doch sonst beinahe alle seine Aussagen mit Lachsalven begleitet, und erzählte mir, es ist schon einige Jahre her, oder schrieb er es mir, so daß ich von der Stille des Geschriebenen diesen ernsten Eindruck zurückbehalten habe, jedenfalls sprach er von der eigenartigen Stimmung, die in der Straßenbahn geherrscht habe, als er als Vierjähriger mit den Eltern unterwegs gewesen sei zur Bibelstunde nach Dinslaken. Während sie in Marxloh über die Hauptstraße Richtung Vierlinden an den schönen Bürgerhäusern vorbeifuhren, hätten sie das eine oder andere demolierte Geschäftshaus gesehen, dessen Schaufenster geborsten, eingeworfen, eingeschlagen waren, wie auch die Fenster in den Wohnungen darüber, Vorhänge und Gardinen wehten heraus. Im Straßenbahnwagen sei es schlagartig still geworden, die Leute blickten alle aus den Fenstern der Bahn, sagten aber nichts, sagte der vierundsiebzigjährige Dieter, sage ich hier, mich undeutlich erinnernd. Eine große Peinlichkeit, ein peinliches Berührtsein, betretenes feiges Schweigen, oder auch beredtes, mitschuldbewußtes Schweigen unter den sogenannten Erwachsenen, ein Totschweigen, den Tod Herbeischweigen, oder auch ein klammheimliches Gutheißen bei dem einen oder anderen Fahrgast – so deuteten wir, der Dieter und ich, uns das Nacherzählte, wir konnten es uns gefahrlos erlauben, etwas Falsches zu sagen, den Mund nicht geschlossen zu halten. In der Bibelstunde soll aber darüber gesprochen worden sein.

Die hier versammelten Frommen waren sich in der Nachfolge ihres pietistischen Meisters Gerhard Tersteegen darin einig, daß das auserwählte Volk Gottes, wie dies auch schon der frühe Luther gelehrt hatte, unter dem Zorn des Allmächtigen stehe, weil es den in den heiligen Schriften geweissagten Jesus nicht als Messias anerkenne, dennoch aber der liebevollen Zuwendung der Christen bedürfe in der Hoffnung, die Botschaft des Evangeliums werde sich auch den Juden offenbaren und sie aus ihrer Verblendung erlösen. Tersteegen selbst habe an die Erweckung des Volkes Israel geglaubt und, so die Überlieferung, den auch zu seiner Zeit oft geschmähten unfreien jüdischen Mitbürgern in seinem Wohnort Mülheim an der Ruhr nicht zuletzt als allerseits geschätzter Heilpraktiker Zuspruch und Hilfe zukommen lassen. Und als er selbst einmal schwerkrank darniederlag, ergänzte Dietrich F. noch dieser Tage an seinem Lehnitzer Telefon, gemäß diesem Dieter also, den mit einem Demonstrativpronomen auszustatten mir hier seltsam behagt, hätte die Jüdische Kultusgemeinde in Mülheim eigens für ihn, Tersteegen, eine Gebetsstunde abgehalten.

Ganz anders, so Dieter weiter, der Reformator in seinen späten Jahren. Nicht länger habe der sich gedulden wollen, bis den Juden endlich die *Decke Mosis* von ihren Augen, von ihren Herzen genommen werde, sondern in geradezu teuflischer Wut schließlich das Niederbrennen von Synagogen und die Zerstörung jüdischer Häuser propagiert. Der Dieter lachte, als er von der Decke Mosis sprach, als wollte er zu verstehen geben, daß der alte Genitiv den Namen selbst möglicherweise zudecke. In der Bibelstunde am Sonntag nach der Kristallnacht, dies habe ihm sein Bruder Bernhard erzählt, nicht also dein Vater, so Dieter, sei übrigens ein Wort des Propheten Sacharja zitiert worden, der Gott zu seinem Volk habe sagen lassen: »Wer euch antastet, der tastet meinen Augapfel an.«

Während der kleine Dieter das Geschehen damals naturgemäß nicht hat durchschauen können, dürfte aber sein Bruder Heinrich, 1919 geboren, im November 1938 immerhin 19 Jahre alt, etwas von den Hintergründen jener antijüdischen Übergriffe verstanden haben, sagte ich dem Dieter in einem unserer in Briefen, Telefonaten oder persönlichen Begegnungen immer wiederaufgenommenen Gespräche über diese fatalen zwölf Jahre, wobei mein rückbezügliches Erschrecken darüber, in welch unfaßbar kurzer Zeit das Entsetzliche sich hat entwickeln und zum Inferno steigern können, immer wieder aufflackerte, ja sogar aufloderte, wenn in den Monaten, während derer ich das alles hier aufschreibe, immer wieder, das heißt beinahe täglich, ein Flüchtlingsheim in Brand gesteckt wurde. Andererseits wird dieses historische und aktuelle Entsetzen immer wieder abgelöscht, abgelöst von den geschäftigen Erfordernissen des Tages und den Mißlichkeiten der eigenen zu Ende gehenden Lebensgeschichte.

Daß das Kaufhaus, in welchem mein Vater seine Lehrzeit absolvierte, noch wenige Jahre zuvor jüdische Vorbesitzer hatte und *arisiert* worden war, mag dem schüchternen, schmalen bebrillten Lehrbub Heini, wie ihn die Familie nannte, ziemlich schnuppe gewesen sein, Plakate mit Boykottaufrufen wie *Deutsche! Kauft nicht bei Juden!*, SA-Uniformen, Hakenkreuz und Hitlergruß mit erhobenem rechtem Arm werden für ihn zum vertrauten Straßenbild gehört haben. In einem naturgemäß nur in englischer Sprache im sogenannten Netz auffindbaren Dokument berichtet der Enkel des damaligen Inhabers Karl Pless, die Nazis hätten 1933 den Boykott des Kaufhauses betrieben, indem sie nach der Machtergreifung sechs Monate lang am Eingang uniformierte Parteimitglieder in Braunhemden postierten; bereits im Oktober sei Karl Pless zwangsenteignet worden, *Pless was forced to transfer ownership to Aryan owners, Berger & Lindner*. In dem Artikel des Enkels Pless heißt es weiter, die drei Söhne von Karl und Martha Pless hätten Deutschland rechtzeitig nach Palästina beziehungsweise nach Südafrika verlassen können, während der Vater zwischenzeitlich in Berlin ein neues Textilgeschäft, Pless & Löwenthal, aufbaute, *before he was commandeered to work in a Nazi munitions factory*. Aus solchen und anderen Gründen verzögerte sich das in gewisser Weise noch immer freiwillige Verlassen Deutschlands der Eltern, doch nach dem Ausbruch des Zweiten Weltkriegs war die schon gebuchte Ausreise nicht mehr möglich; *the tragic irony is that the lift with their furniture arrived in Palestine but not them*. Im Januar 1942 wurden sie nach Riga deportiert und in dem dortigen Waldgebiet ermordet.

Mit einem anderen, mir persönlich vertrauten Kaufhaus-namen bin ich insofern quasi hautnah noch neulich in Berüh-rung gekommen, als ich, nur einen Steinwurf von der Woh-nung meiner Mutter entfernt, auf meinem Fußweg über die Gerhart-Hauptmann-Straße zur Straßenbahnhaltestelle Luther-platz an der noch heute durchaus auffälligen Villa Prinz-Al-brecht-Straße 1 vorbeigekommen bin, die in jener hier erinner-ten Zeit der jüdische Eigentümer Ernst Lauter auf den, wie es unisono in Würdigungen immer wieder heißt, umtriebigen, damals 27jährigen Mitarbeiter Helmut Horten des von Ernst Lauter und Hermann Strauß betriebenen Duisburger Kauf-hauses Alsberg de facto hatte überschreiben müssen. Dank der Unterstützung NS-naher Bankiers hatte Helmut Horten das in der Stadtmitte gelegene Kaufhaus, welches wie auch jenes von Berger & Lindner in Mülheim bis dato unter dem Konzerndach der Gebrüder Alsberg geführt wurde, in seinen Besitz bringen können, der Kaufpreis war nach wochenlanger Bedrohung von Angestellten und Kunden und dem damit ver-bundenen Umsatzrückgang in eine groteske Tiefe gesunken. Der sogenannten Entjudung des exquisiten Einkaufsviertels rund um die Beekstraße, welcher Name nicht mit dem meines Kindheitsvororts zu verwechseln ist, der ja ein zusätzliches c enthält, fiel auch das Kaufhaus Cohen & Epstein zum Opfer.

Ich sagte zu meiner Mutter, nachdem ich auf meinem Rück-weg noch einmal einen Blick auf die frühere, inzwischen wohl doch ein wenig heruntergekommene Residenz des Kaufhaus-königs Horten eingangs der Prinz-Albrecht-Straße geworfen hatte, dieser Ernst Lauter habe rechtzeitig fliehen können, sei-ne Mutter dagegen, nachdem sie wie viele ältere Juden zu lan-ge gehofft hatte, der Nazi-Spuk werde bald vorüber sein, sei Ende Juli 1942 nach Theresienstadt deportiert und nur zwei Monate später in Treblinka ums Leben gekommen. Ich sah der

Mutter an, daß sie das alles gar nicht so genau wissen wollte, wohl aber doch erstaunt war über das, was ich ihr aus ihrer persönlichen Nachbarschaft nahebrachte. Wir schwiegen eine Weile, bis sich der mobile Pflegedienst an der Wohnungstüre zu schaffen machte und ins Zimmer trat. Wollte und will ich selbst denn das alles so genau wissen? Ich merkte auf einmal, wie ähnlich ich auch in diesem Punkt meiner Mutter war, auch ich vertrage es einfach nicht, wenn mir schreckliche Einzelheiten aus den Vernichtungslagern zu Ohren oder vor die Augen kommen, aus Oswiecim, Terezin, Sobibor, von den Massengräbern aus dem Wald von Bikernieki. Ein Konzentrationslager, ein Massenmord ist für mich real nicht faßbar, aber auch als Literatur nicht, dachte ich, denke ich, so wie es eine überirdische Herrlichkeit und Helligkeit gibt, von der sich das menschliche Auge abwendet (oder sich schützt dank der Decke Mosis), so sehr meidet manch mütterliches Auge (und auch meines) den Blick in die Dunkelheit der schwärzesten Schwärze.

Doch den dieserhalb niedergeschlagenen Augen entgeht auf den Straßen der Stolperstein nicht, goldfarben, beschriftet blickt er zu dir herauf, seit einigen Jahren nun schon, da magst du nicht wegschauen, auch in Duisburg-Beeck, meinem Kindheitsvorort, ist ein solcher Gedenkstein ins Trottoir eingelassen, als einziger in Beeck, er erinnert an Ida Garenfeld, Marktplatz 4, deportiert am 24. Juli 1942, umgekommen 1943 im Alter von 76 Jahren in Theresienstadt. Marktplatz 4, wo Ida Garenfeld, geborene Mendel, drei Jahrzehnte gelebt hatte, war auch die Adresse des Kaufhauses Carl Herz, das der jüdische Kaufmann Harry S. Friedländer übernommen und inzwischen seinerseits unter dem nationalsozialistisch gesteuerten Verkaufsdruck einem arischen Nachbesitzer überlassen hatte, offenbar noch zu fairen Konditionen, wie Friedländer, dem dann rechtzeitig die Auswanderung nach Südafrika gelang, dem neuen

Geschäftsinhaber Werner Hoff in einem langjährigen Brief-
wechsel mehrfach bestätigt hat, wovon ich mich selbst habe
überzeugen können, denn Werner Hoff junior hat die von ihm
aufbewahrten Dokumente in seiner Überraschung, daß der
gleichaltrige andere Beecker Textilhaussohn Heinrich Feldhoff
junior sich auf einmal für die Geschichte seines Elternhauses
zu interessieren schien, aufs bereitwilligste vorgelegt. Auch
meine Mutter erwachte, als ich ihr davon berichtete, zu einer
frischen Neugier, was damit zusammenhängen mochte, daß
in diesem nach dem Krieg fortgesetzten Beecker Besitzerwech-
selreigen die zunächst weiterbestehende, inzwischen wieder
in andere Hände übergegangene Firma Hoff in den achtziger
Jahren eines der beiden Feldhoffschen Geschäftshäuser erworben hatte, wo eine Zeitlang ein Internetcafé untergebracht war,
das jetzt aber offenbar leersteht, im Internet findet sich kein
entsprechender Eintrag, während im Hoffschen Stammhaus
der Drogeriekönig Rossmann eine Filiale eröffnet hat. Bei Rossmann, vormals Hoff, vormals Friedländer, vormals Herz, wo
die Ida Garenfeld in einer Etagenwohnung über dem Ladenlo-

kal dreißig Jahre gelebt hat, bevor sie mit einem sogenannten Evakuierungstransport für immer aus Beeck entfernt worden ist, kann man heute, wie ich weiß, zum Beispiel Wellness & Beauty-Produkte kaufen, auch Rundum-Sorglos-Pakete oder einen Notfallkoffer für unterwegs.

Während meine Mutter sich nach ihrem pürierten Mittagsmahl ausruhte, die fünfundneunzigjährigen, nun schon seit Monaten nicht mehr geschäftstüchtigen Augen geschlossen, und sich auf ihrem grünen Ohrensessel in einen Wachschlummer fallenließ, traten mir die schönen Photographien vor Augen aus der Zeit des alten Beeck, als die Hauptstraße noch Kaiserstraße hieß, mit ihren erkergeschmückten Häusern und den Türmchen und Säulen über den Dachgeschossen, auf den Treppenstufen zum stattlichen Bürgermeisteramt ist ein Schutzmann postiert, darüber steil aufgerichtet die Reihe nackter Fahnenstangen, Mädchen, die ihr Schwesterchen an der Hand halten, Knaben mit den Schülermützen auf dem Kopf, Männer mit Spazierstöckchen, da: die Dame in langem Kleid, sie trägt gegen das Sonnenlicht einen dunklen Schirm, dort: ein Bierkutscher, andere Pferdefuhrwerke rumpeln heran – welch ein (scheinbar) friedliches, bürgerlich geordnetes Leben, im Schrittempo (scheinbar) die Elektrische, zwanglos und ungefährdet laufen die Menschen auf den Bildern über die Straße, (scheinbar) sorglos flanieren sie daher, wie gemächlich diese hier naturgemäß stummen, längst nicht mehr lebenden Beecker auf das ihnen noch unbekannte Grauen zugehen, Statisten in einer kleinstädtischen Filmidylle, möchte man meinen, in der Realität wenig später dann Täter und Opfer, vater-, mutter-, kinderlandverschickt, weiß der Himmel, weiß die Hölle.

Aber ich bin hier zu schnell bei den Endsätzen, ich hatte den Vater ins Gespräch bringen wollen, bevor das alles so richtig *losging*, von dem aber so gut wie nichts zu erfahren gewesen

war über jene Nazinovembernacht in Beeck, dafür half mir
sein Bruder aus der Erinnerungsklemme, welcher sich seinerseits auf einen erst vor wenigen Tagen verstorbenen Schwager
berief, der sich, da er damals in der HJ gewesen sei, lebhaft daran erinnern konnte, wie ein kleines Wäschegeschäft nahe dem
Bürgermeisteramt von unbekannten SA-Männern in Räuber-
zivil und gewichsten Schaftstiefeln gestürmt worden sei, die
örtliche Hitlerjugend war eigens dorthin bestellt worden, um
sich das von einem berechtigten Volkszorn, wie es dann heißen sollte, ausgelöste Schauspiel der Verwüstung anzusehen,
die zumeist alkoholisierten Täter seien dann auch in die oberen Wohnungsräume eingedrungen, hätten Bücher, Geschirr,
Kleidungsstücke aus dem Fenster geworfen und das Mobiliar
kurz und klein geschlagen. Kein Polizist habe sich schützend
vor die Überfallenen gestellt, im Gegenteil hätten die sogenannten Ordnungshüter das in seine Bestandteile zerlegte,
zerbrochene, zersplitterte Inventar ordnungsgemäß vor wei-
tergehender Plünderung gesichert und sich um den weiteren
Verbleib des jüdischen Eigentums gekümmert, sagte der Dieter

Beeck — Kaiserstrasse mit dem Bürgermeister-Amt

in der damaligen Sprechweise. Ob es hier auch zur Brandstiftung gekommen ist, konnte der Schwager Wilhelm, sagte der Vaterbruder Dieter am Telefon, nicht mehr sagen, jedenfalls sei der jüdische Hausherr aus dem Haus gezerrt worden, unter dem Gejohle der Gaffer habe man ihn über die Adolf-Hitler-Straße geschleift bis zum Marktplatz und hier das Horst-Wessel-Lied angestimmt, dabei den Juden beständig tretend und schmähend, bis er nur mehr in Unterhosen dagestanden habe, und ihn gezwungen, ununterbrochen den Arm zum Hitlergruß hochzuhalten, ihn dann weiter vor sich her getrieben über die Marktstraße, wo er im Keller des Kaiserhofs, eines berüchtigten SA-Lokals, verschwunden sei.

Erst nach dem Krieg habe ich erfahren, sagte der Schwager Wilhelm, sagte der Dieter, daß der Jude, an dessen Namen ich mich sich partout nicht mehr erinnern kann, in diesem Keller erschlagen worden ist. Übrigens, sagte der Dieter am Fernsprecher, gilt als mutmaßlicher Haupttäter und Totschläger der Bruder eines Zuschneiders, der im Geschäft deines Großvaters gearbeitet hat, er habe in Götteswickerhamm gelebt, Dieter nannte mir seinen Namen, und sei kurz nach dem Krieg verstorben, der ganze Vorgang sei niemals aufgeklärt worden. Ich sagte dem Dieter, wie schlimm ich das empfände, den Erschlagenen namenlos zu lassen, nachdem man ihm damals Hab und Gut und auch das Leben geraubt habe, müsse er wenigstens seinen Namen zurückbekommen, und wenn ich einen erfinde, rief ich, einen dieser schönen jüdischen Familiennamen, denk an Herz oder Friedländer, das soll ein sehr freundlicher Mann gewesen sein, Schwager Wilhelm hat dir doch erzählt, wie bereitwillig er eine Spende gab für die Winterhilfe, für die sie, dein Bruder Bernhard und er, der Schwager, als Pimpfe gesammelt haben, der unbekannte Jude habe sie sogar mit der Sammelbüchse ins Haus hineingebeten. Ob sich denn einer seiner Nachkommen für das Thema interessiere, fragte ich den Dieter, nein, sagte er und lachte nicht, niemand, von zwei Töchtern hat er zehn Kindeskinder, vier von der einen, sechs von der anderen, von dem einen Sohn Enkel elf und zwölf, ich war, wortloser Subtext, ein wenig stolz, daß meine beiden Enkelkinder mich schon oft nach der Herkunft ihres Vaters gefragt haben, wohl auch beeindruckt davon, daß da noch eine Urgroßmutter ist und aus uralter dunkler Vorzeit in ihr junges Leben hineinreicht.

Wie kann es sein, rief ich, daß eine solche Beecker Schandtat nicht längst von einem Duisburger Geschichtsverein oder einer sogenannten Zeitzeugenbörse aufgedeckt worden ist, das ist doch kein bloßes Gerücht, in der Verwandtschaft des Totschlägers hat man von dessen Täterschaft gewußt, wir schulden dem unbekannten Kaufmann von Beeck ein Grabmal in Buchstaben, auf daß er kein vergessener Luftmensch sei, sein Name nicht länger Schall und Rauch. Dieters zwölftes Kindeskind, Pauline, zwölf Jahre alt, kam just zur Türe herein, so daß Lehnitzer Lebenslärm zu mir in den Westerwald schallte. Wir unterbrachen unsere Rückrufe des Gewesenen, dank Pauline, ich erfuhr, daß sie manchmal Gedichte schreibt, eines handelt von einem Fußballspiel bei der WM, als Deutschland Weltmeister wird, es fällt ein Tor, und alles schreit und jubelt, nur ich nicht, weil ich weitergucken will, denn es ist ja schon spät, schreibt die lyrische Pauline, die Lehrerin hat die Zeilen ins Netz gestellt. In dieser paulinischen Pause dachte ich, wie schön Poesie und Pädagogik sich zusammentun können mit dem Ziel, eine besänftigende Sprache zu finden, wachsam und witzig genug, dem, was geschehen ist und was geschieht, Paroli zu bieten. Pauline selbst spielt nicht Fußball, sondern Handball beim Oranienburger HC.

Der Dieter, als wir uns wieder in Gedanken und Worten in unsere Duisburger Heimat begaben, sprach jetzt von einem jüdischen Friedhof im alten Beecker Stadtteil Stockum, von dessen Existenz ich lange gar nichts oder so gut wie nichts gewußt hatte, die jüdische Gemeinde in Ruhrort habe das Gelände nahe der Helmholtzstraße im Jahre 1890 erworben und es bis 1942 als Friedhof genutzt. Oft genug bin ich während meiner Gymnasialzeit auf meinem Schulweg nach Meiderich an diesem Friedhof mit dem Rad vorbeigefahren, aber von jüdischer Vergangenheit hier vor Ort, von jüdischer Kultur, jüdischer Begräbniskultur, jüdischem Sterben war nichts in meinem Kopf, fast nichts hatte ich von den Lehrern hierzu gehört, nahezu nichts, wie gesagt, auch von Verwandten. Die Ruhrorter Synagoge sei in der Reichskristallnacht vollständig niedergebrannt worden; zuvor habe man den Lehrer Fritz Kaiser mit Stroh umwickelt und ihn in der Synagoge bei lebendigem Leibe verbrennen wollen, was von beherzten nichtjüdischen Freunden, so die Überlieferung, zum Glück in letzter Minute hat verhindert werden können. Die Feuerwehr sei ebenfalls rechtzeitig, rechtzeitig in Anführungszeichen, ergänzte der Dieter, leicht auflachend, am Brandherd gewesen, habe sogar Wasserschläuche ausgelegt zur Vorsorge, damit das Feuer nicht etwa auf die anliegenden Bürgerhäuser übergreife. Die kleine Leichenhalle des Friedhofs in Beeck sei in der Folgenacht, also nach der Pogromnacht, wenn du das aufschreibst, mach hier ein Ausrufezeichen, ergänzte der Dieter, einer Brandstiftung zum Opfer gefallen, und nach der Bombardierung Beecks im Krieg total zerstört gewesen, so daß man sie hernach abgetragen und gänzlich beseitigt habe und heute niemand mehr wisse, wo genau sie gestanden hat.

Die Stunde Null

Gleich zu Beginn des Krieges, schreibt der Familiensekretär, den ich hin und wieder zur Unordnung rufen muß, damit das heillose Durcheinander als solches erhalten bleibt und nicht zur Schönschrift verkommt, hatte das Familienunternehmen kleinere Warenbestände, persönliche Kleidung sowie das wuchtige Eheschlafzimmer nach Usseln, einem für die feindliche Luftwaffe kriegsstrategisch unwichtigen Luftkurort im Sauerland, fortschaffen lassen, auch die polierten Möbel, welche die Mutter, die aus weniger begüterten Verhältnissen stammte, noch nach Jahrzehnten bewundernd erwähnt – die hatten es ihr besonders angetan. Im November 1944 folgten die jüngeren Geschwister des Vaters, Helmi und Dieter, wenige Wochen nach der vernichtenden *Operation Hurricane* flohen auch die Großeltern nach Usseln. Der Vater selbst blieb in Beeck, die werdende Mutter fand Unterschlupf bei Verwandten am Niederrhein, in Voerde-Holthausen, gleich hinter der Chaussee, der Hindenburgstraße, welcher Name noch kürzlich, zwei Jahre vor dieser Niederschrift, in einer historischen Säuberungsaktion um ein Haar getilgt worden wäre. Wenn die Geschwader Richtung Dinslaken, Oberhausen und Duisburg heranbrummten, ging die Mutter sicherheitshalber in den kleinen Keller des Bauernhauses der Tante Hermine, denn immer wieder warfen die feindlichen Piloten wahllos restliche Bomben beim Rückflug einfach ab, sagte die Mutter noch kürzlich, als ich sie wieder einmal nach den Umständen meines Lebensanfangs befragte.

Am Ende kam das Kind aber doch nicht am Niederrhein zur Welt. Noch einmal machte sich die Mutter auf den Weg, nun an einen entfernteren, von den Kriegswirren weitgehend verschonten Ort im Ostwestfälischen, wo sie mich gebären sollte, dann schon im Frieden, im westfälischen Frieden. Und sie hat mich unter Scherzen geboren, richtig gelesen. Auf der Feier eines ihrer hohen Geburtstage habe ich dieses Ereignis einmal als Zeitungsmeldung formuliert und ihr vorgegaukelt, ich hätte diese Notiz im Kreisarchiv Höxter entdeckt:

Das Leben geht weiter

Steinheim. 28. Mai. Einen gesunden Jungen brachte am gestrigen Sonntagmorgen die 24jährige Sybille F. zur Welt. Die junge Mutter, mit der eigenen Mutter und fünf Schwestern aus dem Ruhrgebiet evakuiert, war am Vorabend ins St.-Rochus-Hospital eingeliefert worden. Der gegen 8.15 Uhr herbeigerufene Arzt konnte nur noch die glückliche Geburt feststellen. Die Hebamme hatte ihn mit den Worten begrüßt: »Ach, Herr Doktor, die Frau F. läßt sich ja so viel Zeit!«
Als der Arzt die Bettdecke hochhob, brachen drei Frauen in ein fröhliches Gelächter aus: die Hebamme, die den Neugeborenen von der doppelt um seinen Hals gewickelten Nabelschnur befreit hatte, die Großmutter, welche die ganze Nacht am Bett der Gebärenden gewacht hatte, und die junge Mutter, im jungen Frieden ein Sonntagskind im Arm.

Die Mutter nebst anderen Angehörigen der Großfamilie Prüßmann war im nahen Dörfchen Wöbbel untergebracht. War Usseln väterlicherseits der Überlebensort, so Wöbbel mütterlicherseits. Hatte dieser Ortsname vielleicht den alternativen Mädchennamen Bärbel angeregt, den sie für mich vorsah? Doch dann war es ein Stammhalter; geboren in Steinheim in Westfalen, erhielt er die amtlichen Vornamen Heinrich und Bernhard, dieselben wie die des Vaters, die schrieben sich bedeutend würdiger ins Stammbuch, mit ihren betonten schweren Silben, auch die zweiten -rich und -hard, auch das -heim, während am Heimatort kein Stein auf dem anderen liegen blieb und sich die Überlebenden ans Steinekloppen machten. Das Stabile und Sichere im Wort Steinheim.

Der Bruder des Barons, Dr. Volkmar von Donop aus dem Schloß Wöbbel, habe sie persönlich nach Steinheim kutschiert, sagt die Mutter, standesgemäß also – von jeher hat sie etwas von einem Comtesschen an sich gehabt, das Feine, Gutbetuchte buchstäblich gesucht und gefunden, hat sie nicht eigenmächtig ihrem Vornamen Sybille das etymologisch bedeutungsschwangere Ypsilon eingefügt an Stelle des schlichten i?

Der geheime Familiensekretär möchte hier unbedingt seine eigene, offenkundig ererbte Sehnsucht nach aristokratischer Nähe zur Sprache bringen, ihm ist das verwunschene, heute verschlossene Schloß Wöbbel in seiner Schlichtheit und Verlassenheit das liebste der ihm aus eigener Anschauung bekannten, vor allem aber dem eigenen Leben zugehörigen Schloßanlagen, spätestens seitdem er, auf den Spuren seiner Herkunft hier verweilend für wenige *moments de grâce*, hinter den hohen Fenstern, die auf einmal wie von Wunderhand

geöffnet waren, ein gnädiges Fräulein geheimnisvoll hat wispern hören und, Himmel, eine andere edle Demoiselle sich gar verlockend lächelnd mit listig fragenden Augen vom Balkone zu ihm, der bezaubert auf dem gepflasterten Schloßhof stand, hat hinunterschauen sehen, so daß eine große Bangigkeit sein altes Herz überflog und er in tiefe Gedanken versank.

Ziere dich nicht und zitiere hier den schönen Satz aus ihrem ersten Brief nach meiner Geburt, den die Mutter wie immer in jenen Monaten über private Boten, Männer also, die sich oft abenteuerlich, teils zu Fuß oder mit dem Rad von der Heimat zu den Auswärtigen durchschlugen, ihrem Heinrich überbringen läßt; über meinen Geburtstag schreibt sie: »Ich fühlte gar keine Schmerzen mehr, war nur wunderbar müde und glücklich.« Sie war im Schreiben geübt, schrieb Gedichte zu Familien-und Firmenanlässen, auch eines im Februar 1945 zur *Lage der Nation*, genauer: zur Nieder-Lage, reimt darin Luft auf Gruft, Beschwerden auf Erden – und verweigert, sie hätte ihn ohne Not gefunden, den Reim auf Tod. Von April an bis in den Mai hinein führt sie im geheimen ein gottesfürchtiges Kriegstagebuch, als ein Geschenk an den Geliebten, um das Getrenntsein aufzuheben, auf zwölf beidseitig erst mit Tinte, dann mit Bleistift engbeschriebenen, karierten Seiten. Wort für Wort schreibt sie den Frieden herbei.

Ziere dich nicht und zitiere hier auch das unschöne Wort des Vaters, das die Mutter am Ende ihres ersten Briefes nach meiner Geburt, geschrieben am ersten Pfingsttag, ins Friedliche abzumildern sucht, auf blauem Briefpapier, mit aufgedrucktem Namen in schwungvollen Lettern, ihr Sybille-S läßt an einen Schwan denken. Nun werde er gewiß ein richtiger Pappi, schreibt sie, sie glaube, er könne gar nicht streng zu ihrem Kind sein, wenn er auch schon mal von *Schläge vom ersten Tag an* rede, in Wirklichkeit denke er doch anders.

Noch im August 1944 wurde bei einem Besuch des Reichs-
organisationsleiters Robert Ley die Schloßbibliothek Wöbbel
als kriegswichtiger Betrieb eingestuft. Wie meine Sonderfor-
schungen ergeben haben, waren wesentliche Bestände des
Stadtarchivs Münster, verpackt in zweihundert sogenannten
Flakkisten, hierher ausgelagert worden, die berühmte Wand-
verkleidung des Friedenssaales und nicht zuletzt die im nationalsozialistischen Geist betriebene *Sonderforschungsstelle* des
Gauleiters und Gauarchivars Eduard Schulte, der im Hinblick
auf die geplante 300-Jahr-Feier Westfälischer Friede eine damit
verbundene große Reichsausstellung vorbereitete.

Die Wochen vor der Niederkunft: ein seltsam unwirklicher
Vorfrieden, milde Apriltage, in denen der Alptraum des Krieges
sich aufzulösen beginnt. Alle Zeugnisse von damals erwähnen
die Schönheit dieses Frühjahrs, hochpoetisch, *aus dem Bauch
heraus*, auch die Hochschwangere: »Wie entzückt verweilt
unser Auge auf den knospenden Wundern in der Natur.« Auch
Schloß Wöbbel, in welchem eine der Schwestern untergekom-
men ist, kollaboriert bereits mit dem Frühling, Kletterpflanzen
ranken sich an den Seitenflügeln vom ebenerdigen Kellerge-
schoß unaufhaltsam zum imposanten Walmdach hoch. Bange
Stunden dann beim Näherrücken des Feindes, auch in Wöbbel
wird noch »zurückgeschossen«, zwei, drei Tote am Straßenrand, die Frauen sind mit den Kindern zum Schloß gelaufen,
auf dem Gutshof ist das Hühnerhaus abgebrannt (schreibt die
Mutter in Klammern), sie bleiben zur Sicherheit im Keller des
Schlosses, essen gemeinsam aus einem großen Topf Erbsensuppe, lauschen erwartungsvoll auf den Einzug der Amerikaner,
auf das Rasseln ihrer Panzer, das Knattern der fremden Mili-
tärwagen und Motorräder.

Erster persönlicher Kontakt mit den Feinden, zwei aus New
York, wie nett die sind, einer ist Friseur, schneidet einem Büb-

chen gleich die Haare, es gibt Schokolade, Rauchwaren, Bohnenkaffee, die Amis fragen nach Schnaps, zufällig sind zwei
Flaschen im Haus, sie geben ihnen die kleinere, »Hitler in Berlin im Kampf gegen die Russen gefallen«, schreibt die Mutter.
Sie sieht das Kriegsende als Strafe Gottes für ein Land, das sich
vom himmlischen Vater abgewandt hat, als Tage des Gerichts:
»Wir können nichts anderes tun, als uns willig darunter zu
beugen und sprechen zu lernen, wenn auch mit blutendem
Herzen: Herr, dein Wille geschehe.«

Nach dem grausigen Kriegsgetöse schwiegen schluß!endlich!
die Waffen, *all forces on land, sea, and in the air*, alle unter deutschem Befehl stehenden Streitkräfte zu Lande, zu Wasser und
in der Luft hatten sich dem Obersten Befehlshaber der Alliierten Expeditions-Streitkräfte und dem Oberkommando der
Roten Armee ergeben, es herrschte eine schier unfaßbare Stille, und der Neugeborene wurde zu allem Überfluß von seiner
selig lächelnden Mutter gestillt, aus Platzmangel, alles hockte
eng aufeinander, der Säugling nicht ins Abseits, in eine stille
Kammer abgeschoben, wie sonst üblich in der überkommenen
Erziehung und Pflege des Kleinkinds.

Wie mag es ihrem Mann gehen im zerbombten Beeck, ihrem
Vater im zerbombten Meiderich, den Lieben in Usseln, dem
zuletzt an die Front geworfenen so jungen Schwager Johannes, ihr eigener einziger Bruder ist schon zwei Jahre zuvor bei
Stalingrad gefallen, sie betet schriftlich in Versen aus einem
Kirchenlied: »Mach's, wie du willst, ich bin's zufrieden. / Nur
daß wir bleiben ungeschieden«. Ein unerwarteter Brief vom
»liebsten Pappi« läßt sie aufjubeln: »Lobe den Herrn, meine
Seele!« Ihre Seele – von unendlicher Zärtlichkeit überflutet.
Der Vater schreibt, er habe zur Zeit eine Bleibe im stehenge-
bliebenen Hausteil seiner Tante Margarethe auf der Weststraße gefunden; bei der Tante Hermine in Voerde seien freigelas-

sene polnische Zwangsarbeiter eingebrochen, sie hätten den zerschnittenen Mantel mitgehen lassen und auch das schöne Porzellan zerdeppert, aber sonst sei alles in Ordnung. Das große Radio sei auch fort, aber es gebe in Holthausen vorerst ja doch keinen Strom.

Scherben im Beinah-Idyllischen, keine zwei Fahrradstunden vom verwüsteten Beeck entfernt. Bisweilen mit einem Leichtmotorrad, das er sich vom Schwiegervater aus Meiderich auslieh, pendelte der Vater in dreißig Minuten zwischen Stadt und Land, zwischen den Scherben des jungen Glücks an der Hindenburgstraße und den Schuttbergen der Adolf-Hitler-Straße. Wir sind damals, dies ist mir erst heute mit größter Klarheit bewußt geworden, als wir im Sommer 1945 nach dem Untergang des Dritten Reiches von unserem Überlebensort im Westfälischen nicht sogleich ins Feldhoff-Zuhause zurückkehrten, wo ja alles vernichtet war, sondern an diesen dritten, Mutter und Kind schon vertrauten provisorischen Ort am Niederrhein, in gewisser und, wie sich herausgestellt hat, doch wohl erträglicher Weise zunächst Flüchtlinge und dann Heimkehrer gewesen. Irrten auf gefährlichen Wegen westwärts durch das zerbombte Land an der praktisch zur Gänze zerstörten Heimatstadt der Eltern vorbei, hier gab's für eine junge Frau mit ihrem Neugeborenen keine Beherbergung, um mich in Windeln zu wickeln, zu stillen, mit mütterlichem Singsang einzulullen – eine solche Obhut war aber möglich im Hause Benninghoff, eines Kleinbauern, eines Onkels meines Vaters, eines Bruders seiner Mutter, der selber in russische Gefangenschaft geraten war, hier gab es Krippe und Stall, Kuh, Gans und Schwein, Kartoffeln und Äpfel.

Meine Mutter ist *zwischen den Jahren* bei uns, Mutter, wie war das vor siebzig Jahren auf dem Bauernhof in Voerde, beim ersten Weihnachtsfest nach Kriegsende? Auf dem Kornspeicher, erzählt sie, tanzten die Ratten; als die Männer – welche Männer? – Zwiebeln holen gingen, starrten sie die satten Tiere an – wer jetzt wen? –, sie stiegen eilig wieder hinab, beschafften sich Holzknüppel, banden die Hosenbeine zusammen und wurden zu Totschlägern. Wegen der glatten Wände gab es für die Ratten kein Entkommen. Die Mutter hatte eine eigene Kuh, ein Geschenk der Schwiegereltern, die lieferte sechs, sieben Liter Milch am Tag. Fünf Liter gab die Mutter davon ab, brachte sie in der Kanne zur Chaussee, wo sie mit Pferd und Wagen abgeholt wurde. Einmal in der Woche lag dann in der leeren Kanne ein halbes Pfund Butter, die behördlich angeordnete Zuteilung für sie und ihr Kind.

Auf einem jener alten Fotos mit gezacktem weißem Rand trage ich eine weiße Wollmütze. Mutter melkt die gefleckte Kuh, sitzt auf einem dreibeinigen Schemel, mein Kopf reicht bis zur mittleren Holzstange des Weidengatters, mein kleiner Schatten kriecht ein Stück unterm Zaun hindurch. Einmal fraß die Kuh den Ärmel eines der Kinderhemdchen, die an

der Wäscheleine hingen. Aus dem verbliebenen langen Arm machte die Weißschneiderin aus Hiesfeld zwei Halbarme. Auch stickte sie, schwärmt die Mutter, die schönsten Monogramme in Nachthemden und Überschlaglaken. Damit man mit den Eiern nicht durcheinanderkam und es mit der ruppigen, strengen, hinkenden Tante Hermine nicht verdarb, hielt sich die Mutter ein paar Zwerghühner, die kleinere Eier legten. Die Küchlein, die Tippkes im Hühnerstall. Oder die Gänse: Kaum hatten sie sich fettgefressen, wurden sie gestohlen.

Die Armut durch die Stoppeln ging. Von Zeit zu Zeit kam auch ihr Vater Michael vorbei, auf seiner Fünfhunderter Zündapp. Fuhr dann mit einem Sack Kartoffeln wieder nach Hause. Die Kartoffeln las er vom Feld auf, wo sie die großzügigen, an Nahrungsmitteln nicht darbenden Bauern hatten liegen lassen. Das Hausschwein, die Ferkel im Benninghoffschen Stall, praktisch im selben Gebäude, Mirabellen, Reineclauden in den Obstgärten. Der Sohn der Tante Hermine hat mir immer wieder erzählt, wie er mich als Knäblein zart im Garten eine hohe Leiter hat hinaufklettern sehen und ich dann oben im Pflaumenbaum zu schreien begonnen habe, weil ich mich, wie eine junge Katze, vor dem Abstieg gefürchtet hätte – und wir alle dann noch einmal mit dem Schrecken davongekommen sind (dies Kind soll unverletzt sein) – nicht so das andere Söhnchen der Tante, dessen frühen Tod sie lebenslang betrauerte, kein Kriegsopfer, sondern *totgeblieben* auf der Chaussee, von einem Lkw erfaßt, als sie mit dem Fahrrad über die Hindenburgstraße fuhr. Nein, sie wollte und konnte danach nicht mehr getröstet werden, da mochten die Stundenleute in der Versammlung oder die kirchlichen Prediger in den Formeln ihrer Agende noch so sehr die Grundgüte des himmlischen Vaters preisen, welcher während des kurzen Erdenlebens des entschlafenen Kindes seine Barmherzigkeit und Treue niemals habe fahren lassen und es als Kind Gottes zum Erben des ewigen Lebens angenommen habe. Seit diesem Unfall hinkte Hermine, hinkte ihre Seele. Vergrößerte mein Überleben, mein täglicher Anblick ihren Schmerz?

Noch rechtzeitig hat Helmut Benninghoff, der Sohn der Tante Hermine, als wir uns jüngst auf einer Beerdigung wiedersahen, richtiggestellt, daß es sich um einen Birnbaum gehandelt habe, nicht um einen Pflaumenbaum, Birnbäume erreichten eine viel größere Höhe als Pflaumenbäume, und den Birnbaum vor ihrem Haus habe er als besonders hoch in Erinnerung. Außerdem, ergänzte er, und mir war es, als sei ihm dieses Vergangenheitsbild das wesentliche, das unser beider Leben für alle Zeiten miteinander verband, habe mich niemand oben im Baum abgeholt, auch er nicht, er sei ja selbst damals noch ein kleiner Junge gewesen, auch meine herbeigeeilte Mutter, alarmiert vom Geschrei ihres Söhnchens, das nicht mehr gewußt habe, wie herunterkommen, habe nicht selber hinaufklettern können, sie sei ja damals wieder schwanger gewesen, aber sie habe mich mit heller, sicherer Stimme angeleitet, wie ich, rückwärts absteigend, Füßchen für Füßchen vorsichtig, ganz langsam aufsetzte, Sprosse für Sprosse, an der jeweils höheren mich festhaltend, so daß ich, sagte Helmut auf der Nachfeier, glücklich wieder unten angelangt sei, wo die Mutter mich in ihre Arme genommen und wieder und wieder geherzt habe.

Sybille F., die Greisin, die bei dem letzten Geleit für den ebenfalls uralt gewordenen Verwandten nicht hat dabei sein können, fügte meinem Funeralbericht, der sie erkennbar aus ihrem allnachmittäglichen telefonischen Klagen und Stöhnen herausholte, ein wichtiges Detail hinzu: sie sei ja damals bereits im achten Monat gewesen, dann war das also im September 1947, rief ich, und die gelben Birnen hatten mich angelockt, den Baum hinaufgelockt. Etwa zur gleichen Zeit, rief jetzt die

Mutter in den Hörer, hätte ich ein weiteres Mal für Aufregung gesorgt, sei ich vom Grundstück auf einmal verschwunden gewesen, sei weggelaufen, sagte sie, durch ein Loch in der Hecke, wie sich hinterher herausstellte, entwischt, bis hinauf zur Chaussee, doch an diesem Tage herrschte auf der Landstraße gottlob ein nahezu unbedeutender Verkehr.

Die Mutter wußte nicht mehr zu sagen, warum sie dem zweitgeborenen Kind, das am zehnten Zehnten zur Welt kam, warum sie der Tochter jetzt nicht den für mich vorgesehenen alternativen Namen Barbara mit der Kurzform Bärbel gaben. Vielleicht mißfiel ihnen inzwischen das Barbarische darin, das Heidnische also, und sie entschieden sich für einen christlichen Namen, angeregt von der Liebesgeschichte der alttestamentarischen Ruth, die als Ährenleserin auf den Feldern des Grundbesitzers Boas tätig war. Die Armut durch die Stoppeln ging. Und Boas gab ihr am Morgen danach sechs Maß Gerste und nahm die junge Witwe, nahm die Fremde zur Frau. Immer wieder wurde in der Familie ein Satz der frommen Ruth zitiert, die Treueformel: Wo du hingehst, da will auch ich hingehen. Zum Schluß der von ihm so wunderbar nacherzählten Geschichte schreibt der gottesfürchtige und zugleich schelmische Johann Peter Hebel von dieser Ruth: Aus einem ihrer Nachkommen wird noch etwas.

Straßen

Daß ich mich nie so recht für einen sogenannten Neubau habe begeistern können, für ein Eigenheim lange gar nicht, und nur aus Gründen praktischer Vernunft, muß mit den Trümmergrundstücken zusammenhängen, die mein Stadtbild in der Kindheit geprägt haben. Wohnen, lernte ich, war ein provisorischer Aufenthaltsort, ein Anfang aus Schutt und Wiederverwerten der alten Steine, kein Fremdkörper war mir der Hammer zum Entmörteln von Trümmerziegeln. So hat der Schriftsteller Uwe Timm das bezeichnet, was bei uns einfach Steinekloppen hieß. Verbogen, verborgen die Eisenträger. Auch wir Kinder waren Eisenträger, trugen Eisenteile zum Schrotthändler, zum Klüngelskerl in der Welkenbergstraße.

Ein schöner Straßenname, verglichen etwa mit der Goeckingstraße, den konnte man ja nur falsch schreiben, widerwärtig auch die Krummbeeckstraße, aber der immer wiederkehren-

de Gebrauch machte auch das Seltsamste vertraut, ließ alle Abneigung oder Komik verschwinden, freilich auch die Bedeutung von Namen wie Schleiermacher oder Fontane; daß der eine ein Dichter, der andere ein Denker war, wußte ich lange nicht, außerdem waren das vornehme, ruhige, also langweilige Nebenstraßen für einen Jungen von der Hauptstraße, wo die Hausfrauen hoch oben im dritten Stockwerk die Scheiben der Oberlichter putzten, mit einem Bein außen auf der Fensterbank. Ich war umhüllt von einem Schleier der Naivität, bin ich's nicht noch immer?, der mir lange eine fromme Unschuld bewahrte, mich aber zugleich in Unmündigkeit und Ängsten gefangenhielt, niemals kam mir der Gedanke an Aufbegehren, Fortlaufen, Abenteuer, Aufbrechen in die Fremde. Und nach kürzester Umstellung auf eine eigenverantwortliche Existenz stülpte ich mir den Staatsschleier über, als Beamter auf Lebenszeit. Und bin dann als Poet von der Waldstraße kaum über ein paar Freiübungen auf dem Papier hinausgekommen. Im Rahmen des Schleierhaften.

Es wimmelte in Beeck, in ganz Duisburg nur so von Kaisern und Königen und Prinzen. Prinz-Friedrich-Karl-Straße, Kaiser-Wilhelm-Straße, König-Heinrich-Platz: Straßen und Plätze verkündeten eine alte Geschichtsbuchordnung, König und Heinrich wurden mir zu Eigennamen und blieben mir doch merkwürdig fremd. Vom soeben Geschehenen erzählten die Älteren aber so gut wie nichts, Jugenderinnerungen ja, aber keine Judenerinnerungen. Oder doch? Aber dann so, daß ich rasch an etwas anderes dachte, an viel Wichtigeres, und weghörte. Denn in einem Atemzug wurde ja in meiner frommen Familie der liebe Gott gepriesen, der Vater im Himmel, der mich auf Adelers Fittichen sicher behütete. Fittiche waren mir zwar unbekannt und Adeler auch, aber auch ich lobte den *Herren*, denn der war ein mächtiger König, wenn er sich auch etwas schräg auf *Ehren* reimte. Aber dieser Herr, der *meinen Stand sichtbar gesegnet*, wirkte, so glaubte ich, in allen meinen Taten, wirkte lebendiger als die geschichtstoten Straßenkönige. Immerfort könnte ich hier erzählen von den sprechenden Namen für die Dinge und Menschen aus den frühen Jahren. Rätselhaft, warum die Wörter mich schwärmerisch umsummten und auch zustachen und auf der Haut anschwollen. Dieses Bild blieb mir, wenn es hieß, jemand redete geschwollen. Das geschwollene Reden war das bessere, besser jedenfalls als knappes Grunzen und Nuscheln. Ich spürte die Wörter körperlich, sie konnten mich verletzen, abschrecken oder beglücken, ich neigte zum Erröten. Ich begriff früh, warum man vom Wortschatz sprach. Ausgesuchte Wörter wurden mir teuer, mit dem Freund Ernst von der Flottenstraße 9 tauschte ich mich aus über seltsame Floskeln, zum Beispiel *Je nun*, oder das Wort *Rohling*. Und auch über Zahlen, über die Zahl 9, ihre tiefere Symbolik, wir philosophierten, ohne dieses Tätigkeitwort zu kennen, über die Verneunung der Welt. Und darüber, daß meine hohe Hausnummer 334 auch als Quersumme die Neun knapp verfehlte.

Neulich, an seinem runden Geburtstag, Ende Januar, also in eisiger Kälte, ist der gleichaltrige Freund mit einem Gleitschirm durch den Himmel über dem Kleinwalsertal geflogen. Über Email schickte er mir, dem Verfrorenen, seinen Jubelruf, frei wie ein Adler, schrieb er, habe er sich gefühlt, ganz sanft sei er im hohen Schnee gelandet. Am selben Tag hatte ich, gleichfalls per Email, Fotos der ausgebombten Straße bekommen, wo er, als nach dem Krieg alles, nein, vieles, wiederaufgebaut war, seine Jugend verbracht hat, Flottenstraße 9. Unser Leben währt siebzig Jahre; und wenn's hoch kommt, ist es ein unendlich leises Gleiten über weites, leuchtendes Weiß, wie köstlich: *leuchtenden Auges gleiten in ein unendlich sanftes Weiß.*

Oder die Neanderstraße. Auch der Liederdichter Joachim Neander besang einen Wunderbaren König, den Herrscher von uns allen, den Herrn Zebaoth, wirf dich in den Staub darnieder, heißt es in einer Strophe, doch wenn wir Kinder das taten, gab's Ärger. Gleich hinter der Neanderstraße lag der Bahnhof Beeck, wo ich mit dem Rad Textilpakete abholte, oft eine Tortur, selbstbewußt unterschrieb ich unter dem ironischen Blick des Schalterbeamten den Expreßgutzettel. Schon lange ist dieser Bahnhof geschlossen, sein Eingang zugemauert.

Und die Windmühlenstraße, wo es seit Menschengedenken keine Windmühlen mehr gibt. Hat mir nicht der Großvater, dessen Kindheit ja zurückreicht in die Windmühlenzeit, von den Windmühlen erzählt, deren weiße Flügel sich damals gedreht hätten über den Rheinauen? Und von der Windmühle aus dem Ort seiner und unser aller Herkunft, Hiesfeld, wo unsere Urahnen auf dem Veltenshof als Ackerer gelebt haben? Eine jede Windmühle sei einst in der Landschaft gewesen – hat er das wirklich so gesagt oder hab ich's von einem Dichter? – wie ein Glanzlicht in einem gemalten Auge. Dagegen die riesigen Windräder im Westerwald wie überall: Ungetüme in den toten Augen der Gegenden heute, Grablichter in den Lüften, wenn sie blitzen und funkeln in der Dunkelheit.

Duisburg-Beeck: Bindestriche machten von vornherein alles kompliziert. Von der 5. Klasse an, die dann auch nicht Klasse 5 hieß, sondern Sexta, ging ich aufs Max-Planck-Gymnasium, wechselte nicht wie der Vater früher zur namenlosen Knaben-Realschule. Einen Namen haben, ein »Begriff« sein, von Anfang an eingebunden sein, gebunden an einen Ort, ein Vorleben, einen Familienbetrieb: *Herren-, Damen- und Kinderkleidung* stand da öffentlich lesbar geschrieben, unweit der August-Thyssen-Hütte und nahe der König-Brauerei.

Beneidete ich vielleicht doch diejenigen, die in einfachen Orten lebten, in Dinslaken, in Uedem oder, noch schöner, in Götteswickerhamm, auf einfachen Straßen mit niedrigen Hausnummern, oder wenn doch in Duisburg, im Stillen Winkel wie einer meiner Deutschlehrer, oder wenn doch in Beeck, auf der Coupettestraße? Ich lauschte dem französischen Klang dieses Namens hinterher, wie ich heimlich dem schönen Mädchen hinterherlief, das hier wohnte, nach dem Konfirmandenunterricht ging ich ihr nach, ihre edlen Gesichtszüge, besonders ihre schmalen dunklen Augen hatten es mir angetan. Warum hast du denn nichts gesagt, sagte sie, als ich ihr nach Jahrzehnten gestand, daß ich mich damals in sie verguckt hätte und ihr nachgegangen, um ihr graues Siedlungshaus geschlichen sei, um zu sehen, wo sie wohne. Obwohl ich hernach eine andere liebte, bewahrte ich ihren Namen in meinem Herzen und verrate ihn auch hier nicht. Aber ich bin glücklich, seltsam auch dies, daß sie nun endlich Bescheid weiß. Sie war auch jetzt, als ältere Dame, eine Schönheit, strahlte Eleganz aus und ein Format, das zeigte, wie weit sie sich vom Niveau des Arbeiterviertels, aus dem wir herstammten, entfernt hatte, und doch schrieb sie mir einen langen Brief, wie unglücklich ihr Leben verlaufen war an der Seite eines alkoholabhängigen Mannes, ausgesetzt auch der Willkür einer herrischen Schwiegermutter. Mir aber war sie sehr selbstbewußt und beinahe einschüchternd attraktiv erschienen, lebens- und männererfahren, vielleicht war der Blick ihrer dunklen Augen ein wenig zu streng und mißtrauisch, ein wenig müde vom Verbergen des mühsam gebändigten Schmerzes. Aber dann verlor sie sich in ihrem Brief in vielerlei Einzelheiten, so daß ich am Ende ihr Bedauern, sie nur stumm und aus der Ferne verehrt zu haben, nicht zu teilen vermochte, da es mich doch etwas grauste, wie sehr das Lebensprinzip, daß alles dahingeht und scheitert, auch die größte Schönheit in ihren Würgegriff nimmt.

Duisburg Bindestrich Beeck, Friedrich-Ebert-Straße 334. Wenn ich das Treppenhaus im Elternhaus hinabstieg, ging es zunächst ein paar Schritte durchs Schaufensterportal. Dann führte mich, da ich ein Kind war, mein Hauptweg geradewegs über die Hauptstraße zur Bude am Marktplatz, einer sogenannten Trinkhalle, wo es tatsächlich etwas zu trinken gab, für zehn Pfennig aus der Hand des mürrischen Budenmanns ein Glas hellen süßen Sprudel, Sinalco war fünf Pfennig teurer, wo es lose, abgezählte Zoutjes gab, Rumkugeln, Prickel-Pit, Wunder in Tüten, oder Waffelbruch, von dem die Lippen noch eine süße Weile die klebrigen Krümel nachschmeckten.

Wenige Meter in der entgegengesetzten Richtung hatte der Buchdrucker Korbmacher seine Werkstatt, von Zeit zu Zeit brachte ich ihm das Feldhoff-Klischee mit dem schwungvollen großen F – eine Schriftart, wie es sie heute noch gibt im Namenszug der König-Brauerei etwa oder von Coca Cola –, nicht ohne Sorge, der Käthi, seiner geistesgestörten Schwester zu begegnen, denn die spuckte, grunzte, fauchte, oder auch nur der anderen Schwester, deren Geisteszustand zwar unauffällig war, dafür um so mehr ins Auge springend ihre Körpergröße, giraffenähnlich kam sie uns Kindern vor oder wie eine Stelzengängerin, vielleicht wegen ihres Gehstocks, eine auf der Straße dahinhumpelnde, tolpatschige Riesin, die uns alle überragte.

Gegenüber die Konditorei Hartmann, immer seltsam leer, ein Café mit feinen Stühlen und Tischchen, die sich in der Tiefe des dunklen Raumes verloren, in Nischen, abgeschirmt hinter Glas warteten die Sahnetorten auf die Besserverdienenden (heimlich, damit wir Kinder nichts davon mitbekamen, auch meine Eltern); die einfachen Leute holten sich ihre Teilchen beim Bäcker, Berliner Ballen und Rosinenschnecken, Streuselkuchen und etwas, das Mohnzopf hieß. Zur Beecker Kirmes gab es spezielle ölige Krapfen, nach deren Verzehr man aufstieß und mit klebrigen Händen dastand. Üblicher war aber der selbstgebackene Kuchen, Rodon hieß einer, klang französisch, hatte aber rein gar nichts mit der Raffinesse französischer Pâtisserie zu tun, und zur Weihnachtszeit dann das Magendrücken, wenn wir, Allmächtiger!, den schwerlastenden Christstollen verdrückten und das grünliche Zitronat in den Zahnlücken steckte. In der Bäckerei Schäfer die herrische Strenge der bebrillten Chefverkäuferin, vergebens rufe ich mir ein hübsches Gesicht in Erinnerung, die Süße eines Lächelns, hier ging es um das Graubrot des Alltags. Weißbrot und Stuten gab es sonntags zum Frühstück, alltags Stullen und Kniften.

Die glücklichsten Tage waren vielleicht die, die ich später im Dachzimmer des Großelternhauses hinterm Herrenladen zubrachte, einem statisch bedenklichen Anbau, nicht zu heftig auftreten in der Mitte des Raumes, schärfte man mir ein, keine Begeisterungssprünge, gesittete Bewegungen! Und doch, es war mein eigenes Zimmer!, eine Hochburg, nur über eine steile Treppe erreichbar, spartanisch ausgestattet, Schrank, Tisch, Stuhl, Klappbett, ein fadenscheiniger dünner grüner Teppich, an der Fensterwand ein dickrippiger Heizkörper, nur schwer ließ sich dessen schwarzes Ventil in die Plus-Richtung drehen. Zu mir zu gelangen war schön umständlich, niemand konnte mich überraschen, überfallen, mußte erst eine dunkle Stiege hinauf, dann durch die Küche der Großmutter (den Großvater habe ich hier niemals gesehen), die, wenn die Hausangestellte fort war, am Nachmittag an deren Platz saß und ihr wichtige Sätze heiliger Männer in ihrer altdeutschen, kindlich um Sorgfalt bemühten Handschrift in ein Notizbüchlein schrieb, es ist heute in meinem Besitz. Durch diese Küche also, vorbei an der Vorratskammer, dann hinter einer schweren Türe der Aufstieg ins Eigene, mein Schlafgemach, mein Denk- und Tagtraumgemach, meine Schreibstube, mein Krankenzimmer, mein Oberstübchen, dann und wann aufgeschreckt von dem Gebell des Hofhunds oder dem monotonen Geläut der katholischen Kirche, die sich dunkel hinter den Pappeln erhob und mir den Himmel verdeckte.

Ich war glücklich in diesem Versteck, diesem meinem stillen Winkel, da war das Weltabgewandte, das über den Dingen Wohnende, Thronende, das rettende Alleinsein mit mir selbst, von wo ich wieder hinunterstieg in den Hof, am Gemüsegarten der Großmutter vorbei, am Schuppen mit dem Bollerwagen, dem Hühnerstall, vorbei am Steingarten des Großvaters durch den Flur des Neubaus ins Offene, ins Freie, wo alles, trat ich auf die Straße, beisammen war, alles noch menschenfreundlich beisammen war, alle zwölf Minuten die Straßenbahn, die Eins, nach Marxloh fuhr, oder, in die entgegengesetzte Richtung, nach Duisburg, zur Linken, zur Rechten zwischen evangelischer Kirche und Brauerei die Kette der kleinen Geschäfte, darunter zwei Schreibwarenläden, wo es so angenehm nach Papier roch, im Drehgestell beim alten Wirtz, später bei seinem bezopften Töchterlein fischte ich mir die ersten eigenen Taschenbücher heraus, rororo-Bände. Weit im Hintergrund wußte ich den Rhein.

Gegenüber auf der anderen Straßenseite hatten der Schuhmacher Dieter Bleckmann und seine Frau, die Apothekerin Käte, geborene Trachte, ein sogenanntes Reformhaus eröffnet, viele Jahre eine Art Anlaufstelle, wo Familiengeschichten neben gesundheitlichen Ratschlägen ausgetauscht wurden. Tante Käte war immer blaß und ernst und blickte besorgt drein, ihr Mann immer rosig, rundlich, rasch ins Lächeln fallend, im weißen Kittel Optimismus versprühend. Meine Klassenkameraden machten sich über mich lustig, wenn ich mit

Reformhausprodukten zur Schule kam, mit Urkraftschnitten und Knäckebrot, mit weißer Margarine der Firma Eden, als die gute Butter in Verruf kam. Zu Hause waren schon bald Kollath, Bircher, Brecht vertraute Namen, kamen Körner auf den Tisch, die, abends eingeweicht, morgens mit Obst und sogenannter Vorzugsmilch verzehrt wurden, das Wort Müsli war noch nicht in Beeck angekommen. Auch der Joghurt war noch nicht im Umlauf, noch machten wir die dicke Milch selbst. Später sprachen wir den Joghurt, der aus Gläschen gelöffelt wurde, Jochurt aus. Sanddorn. Die Wichtigkeit von Ballaststoffen. Das witzigste Produkt war eine dunkle Aufstrichpaste, die wir aus einer Tube herausdrückten: Vitam R, das so aussah wie später Nutella, aber eben nicht süß schmeckte, sondern eigentümlich pikant und würzig, so daß wir immer wieder Freunde, die mit den teuren Waren aus dem Reformhaus nichts am Hut hatten, reinlegen konnten.

Anfangs schusterte Dieter Bleckmann wohl noch etwas vor sich hin, in Erinnerung sehe ich ihn nur mehr in seinem Laden als Gesundheitsapostel, während nebenan die immer auffällig herausgeputzte, angemalte Anni Voigt ihre Rauchwaren und Zeitungen verkaufte und Lottoscheine annahm, die Anni war vielleicht meines Vaters Hauptziel, auch als Nichtraucher, der Gang ins Reformhaus nur ein Vorwand. Anni war leutselig, wußte mit ihren männlichen Kunden umzugehen, die sich hier ihre Ernte 23, ihre Overstolz besorgten. Hatte sie nicht zuvor irgendwo anders ihr Büdchen? Töchterchen Ingelore war so alt wie meine Schwester Ruth, wenn ich mich recht entsinne, gehörte eine Zeitlang zum engeren Kreis der zusammen spielenden Nachbarschaftskinder, aber irgendwann war damit Schluß, sie war katzig oder eingebildet, eingebildet war das schlimmste, was die Mädchen sich einander nachsagten. So eine war dann bei den meisten *unten durch*, ebenso wer herumprahlte wie ein Sack Seife.

Dieser Tage im Internet eine alte Postkartenansicht von der Pumpstation in Beeck gefunden, die auf mich immer den Eindruck einer großen profanen Tempelanlage machte, zu deren Gelände man keinen Zutritt hatte und wo ich tatsächlich nie einen Menschen gesehen habe; auf dem Photo ein grauer, in ernster Pracht schweigender Kuppelbau, aus dem es unablässig Reminiszenzen hervorpumpt in mir.

Doch es ist nicht einfach, aus der Befangenheit herauszufinden, aus dem Senkungstief des Vergessens heraus die Dinge heute in ein halbwegs ordentliches Gefüge zu bringen. Das Pumpwerk Duisburg-Beeck: *built at the lowest point of the depression cone of the Alte Emscher catchment area in 1914, still in operation. At the time, the roof was the largest suspended concrete dome in Germany after Breslau's Jahrhunderthalle.* Did you know that?

67

In den ersten Beecker Jahren, bevor die Geschäftshäuser wiederaufgebaut waren, wohnten wir gleich nebenan, Weststraße 4, gegenüber der Pumpstation, die kanalisierte Emscher, der Köttelbach, floß noch nicht durch Rohre, sondern stank bei schlechtem Wetter zum Himmel, zumindest aber zur zweiten Etage des Hauses von Tante Gretchen, wo Sybille und Heinrich nebst drei Kindern ihre vorübergehende Bleibe hatten. Einmal, wurde erzählt, wurden wir immer wieder gewarnt, war ein Junge in der Emscher ertrunken, abgerutscht von den glitschigen steilen Betonwänden. Von der Weststraße radelte der Vater zum Laden, manchmal, um ihn anzuschieben, lief unser Laufbursche hinter ihm her, denn es galt als ausgemacht, daß der Heini, wie ihn, gar nicht despektierlich, seine Geschwister nannten, sich wegen seines labilen Herzens schonen mußte – eine Vorsorge mit fatalen Folgen.

Anfangs war auch für mich das Fahrradfahren, schräg im Gestänge des Herrenrads, mühselig, bald aber, als es immer wieder hieß: Bist du aber groß geworden!, lockte mich, wenn das Rad keinen Platten hatte oder die Kette nicht wieder abgesprungen war, die freie Fahrt über freie Straßen, mit Blinklichtern, Speichenleuchten und Fahnenstange, freihändig womöglich, wenn ich nicht doch lieber irgendwo herumlungerte, so das väterliche Schmähwort, als Eckensteher, bevorzugt an der Ecke zur Flottenstraße, am Beecker Theater vor den Kinoschaukästen, oder zum Lehnhof hin, wo ich mit dem Ernst und dem Peter von nebenan aus dem Sarglagerhaus den Mädchen nachschaute, nachstellte, am liebsten in der Abenddämmerung mit ihrer Stimmung eines geheimnisvollen Erwachens, der Verwirrung durch den betörenden Liebreiz einer Bärbel, einer Ulla, einer Waltraud, die so ganz anders dreinblickten und sich bewegten als die eigenen dünnen Schwestern.

Auch in unserem Vorort gab es eine Bar, die *Oase*, ihre gut-proportionierten bunten Damen spazierten, selten genug, in Gruppen über die Hauptstraße, beinahe gleichzeitig läßt mich diese Erinnerung an den Namen Okasa denken, eine Pille, die als Potenzmittel galt und von dem gerüchteweise unter uns *Halbstarken* die Rede war als *Okasa brutal*. Zur Zeit der Beecker Oase gab es in Duisburg die Mon Bijou-Bar, auf einer Fotografie von Rudolf Holtappel sitzen nebeneinander auf Barhockern neun leichtbekleidete junge Frauen, zumeist Blondinen, uniform in dunklen Blusen – sie alle zeigen nack-te lange Beine, die sie übereinandergelegt haben, so daß der linke Oberschenkel vollendet entblößt ist und der Betrachter der Illusion erliegt, ihr gesamter Unterkörper sei textilfrei. Erwartungsvoll blicken sie auf einen Besucher, der fotogra-fisch als Schattenmann, noch im Mantel, vor ihnen steht, als begutachte er das Angebot, von der Statur her könnte es mein Vater sein, natürlich ist er's nicht – ach, wär er's doch gewesen und hätte ausgerufen: Alle Neune! Ein Foto aus jener rüden, prüden, müden Zeit – ihr Reimwörter, verschönert, verderbt nicht schon wieder alles! –, das heute in Kunstausstellungen gezeigt wird, gefördert vom Ministerium für Familie, Kinder, Jugend, Kultur und Sport.

Vorgestern nun fuhr ich zur Zeche Westende. Seit Eintritt in die Sexta 1955, in neun Wintern also, war ich auf dem Schul-weg hier vorbeigekommen. Ich ging auf dem aufgelassenen Werksgelände herum, jemand, der irgendwo in den Ruinen seine Behausung hatte, rief mir zu: Suchen Sie jemanden? Ich winkte jovial ab, ging an den geborstenen Fenstern des Pfört-nerhauses vorbei, vorbei an zertrümmerten Toren und aufge-rissenen Stützmauern, war hier: der Fremde. *Westelend* hatten die Kumpel mit den schwarzen Rändern um die Augen, der Bergmannsbrille, ihre Schachtanlage genannt.

Als ich durch diese von hohen Industriemauern verfinsterte Straßenschlucht, in der noch heute obskure Schienenreste der Linie 11 in dem maroden Pflaster zu sehen sind, zurückfuhr auf Laar zu, sah ich die wie eh und je himmlisch sich zuspitzende katholische Kirche St. Ewaldi. Wird hier noch das *Dominus vobiscum* gesungen? Lastwagen, erinnerte ich mich, versuchten in der engen Spur zwischen Straßenbahnschienen und Bürgersteig die Bahn rechts zu überholen, um sie endlich loszuwerden und nicht an der nächsten Haltestelle wieder halten zu müssen. Ich war froh, wenn die Fensterscheiben beschlagen waren und ich das gefährliche Manöver nicht mitkriegte. Und ich erinnerte mich, daß die Straßenbahnfahrer, wenn es nur einspurig weiterging, anhielten und ausstiegen, um mit Hilfe einer spitzen Eisenstange die Weiche umzulegen.

In Laar, habe ich jetzt sehen können, dominiert der hier heimisch gewordene Islam das Straßen- und Sittenbild, wie auch

in Beeck, in Beeckerwerth, in Bruckhausen, in Marxloh. Auf einmal war mir, es ging auf zwei Uhr zu, als erschienen die Heerscharen der Kumpel zum Schichtwechsel, um in die Grube einzufahren und in der Tiefe aus den in Jahrzehnten vorangetriebenen Stollen und Flözen die Kohle herauszuschlagen im tanzenden Staub des Grubenlampenlichts, wovon ich immerhin vom Hörensagen einiges wußte, nicht zuletzt aber dank der schönen Literatur. Doch bevor es zu einem unverhofften Wiedersehen mit den Müden aus der Frühschicht käme, machte ich kehrt, hielt auch nicht, und war doch hungrig inzwischen, an der Dönerbude Öz Dadas, machte mich über die Emscherhüttenstraße davon.

Auf der Suche nach der verschütt gegangenen Zeit

Von Duisburg gelangt man in gut zwanzig Minuten mit der Straßenbahn nach Beeck. Damals war Beeck einfach Beeck und nicht Duisburg, allenfalls erinnerten sich die Alten, daß die Alten vor ihnen ihre Adresse als Beeck bei Ruhrort angaben. *Zu meiner Zeit* war Duisburg also eine feste Größe auf Abstand, erst seit den siebziger Jahren war die Rede von der Innenstadt, wo es den Gläsernen Hut gab und die Mercatorhalle.

Von der Stadtmitte aus passiert die Straßenbahn die Stationen Schwanentor und Kaßlerfeld, über die Brücken der Ruhrorter Häfen geht's am Tausendfensterhaus, am Zollamt vorbei, dann kurvt sie schön altmodisch umständlich durch enge Ruhrorter Straßen, ruft bei dem Kundigen die Erinnerung an die von törichten Stadtsanierern ohne Not abgerissene Altstadt hervor mit ihren kleinen Häusern, Kaschemmen und Puffs, den Läden

für Schiffsbedarf und Schifferkleidung. Auf der Mühlenweide am Rheinufer hat auch Ruhrort seine Kirmes, die sich aber mit der ruhmreichen Beecker Kirmes wahrlich nicht messen kann.

Dann führt die Bahn, in der wir jetzt sitzen, an der Werksanlage Phönix Rheinrohr vorbei nach Laar, wo wir uns erschrocken umsehen, so fremd erscheint uns hier alles, halten vor dem zugemauerten Beecker Bahnhof und schließlich an der Brauerei, der alten Haltestelle Beeck Bürgermeisteramt, wo ich wohl tausendmal ein- oder ausgestiegen bin vor Jahrzehnten. Fahren dann aber – und werfen im Vorbeifahren einen beklommenen Blick auf die dahingleitenden Häuser, insbesondere auf jenes, das noch immer in orangefarbenen Lettern den alten Geschäfts- und Familiennamen herzeigt, als wolle es mich heimrufen – eine Station weiter bis Beeck Denkmal, eine meine Kindheit prägende Kreuzung, wo der Weg den Jungen zur Kirche führte oder ins Kino, zum Friseur oder zur Eisdiele, zur Kirmes oder zur Schule. Oder sollte er doch lieber das Rad holen und nach Lust und Laune sich treiben lassen über die Lange Kamp, den Schwarzen Weg hinunter, am Schwarzen Diamanten vorbei zum Alsumer Tunnel?

In den ich mich aber nicht hineintraute. Alsum, das war ein magischer Un-Ort schon in Kindheitstagen, von der Industrie größtenteils ausgelöscht, der vierhundert Meter lange unheimliche Tunnel führte von der Matenastraße in einen sterbenden Ort, und schon bald in ein Niemandsland, abgesunken, zugeschüttet, noch 1957 läutete auf einem Stahlturm die Glocke der Notkirche, lebten hier über tausend Menschen und binnen weniger Jahre keiner mehr.

Dann hat der Vater mich geholt, sagte die Großmutter, wenn sie auf ihre schamhafte Weise zusammenfaßte, wie sie den Großvater kennengelernt hatte, so als habe sie immer schon auf ihn gewartet. Und ich selbst kann diesen Satz ganz einfach nachsprechen, denn nach der Währungsreform hat der Vater mich geholt, mich und die Mutter und die inzwischen geborene Schwester, von Voerde nach Duisburg, nach Beeck in das Mietshaus der Tante auf der Weststraße. In der Weststraße 4 hatte zuvor eine Familie Fährmann gewohnt, Sohn Willi wurde später ein sehr bekannter Jugendbuchautor. Als wir dort einzogen, wohnte im Erdgeschoß ein Herr Erdmann. Die Weststraße wirkt hier noch immer wie ein Wall am Ende der Welt, wenn auch inzwischen eine Autobahnbrücke den Rhein überspannt. Damals führte eine Schmalspurbahn, die Linie 13, aus dem wiederbelebten Beeck in das unmittelbar hinterm Deich in den Rheinbogen sich kauernde finstere Beeckerwerth.

Heimat im engeren war für mich nicht Duisburg, nicht einmal Beeck, das Zuhause war *in* Beeck, war nach dem Umzug in einen provisorischen Bungalow die Hauptstraße, die Friedrich-Ebert-Straße, hinzu kamen die Nebenstraßen um den

Marktplatz, die Flottenstraße, Heimat in den Grenzen von 57, Ortsteile wie Stockum und Ostacker blieben mir fremd, mich über die Hauptstraße zu entfernen Richtung Bahnhof wurde bereits zu einer Entdeckungstour. Die Fahrt zum Gymnasium nach Meiderich erlebte ich als tägliche Zwangsverschickung ins Uneigentliche, in das Gestöber eines rein maskulin vermittelten künstlichen Pensums aus Vokabeln, Formeln und Präpositionen. Lebte in, an, unter, vor und zwischen all den zerborstenen Häusern, empfand angesichts der buchstäblich mit Händen zu greifenden totalen Zerstörung meines Wohnorts, geschehen, bevor ich zur Welt kam, keinerlei Grauen, ich war da, wuchs auf, nahm zu an Alter und Mißfallen bei den Menschen, aber, glaubte ich, an Wohlgefallen bei Gott, der ja alles sah und lenkte und es so gewollt hatte, so kaputt, soviel Schutt und Schrott, so viele Einbeinige, Einarmige, Einäugige, Versehrte, Verstümmelte: und wir gehörten nun dazu, wir rachitischen Nachgeborenen mit verkümmerten Ärmchen und Rippen. Hörten immer wieder den Ruf des Schrotthändlers: Lumpen, Eisen und Papier! Spielten Kriegsbeschädigt, sprachen das Wort Krieg Kriech aus, ich verband Kriech von Anfang an mit Dreck und Erde und Graben und Keller und »am Boden« und langsamem, ganz langsamem Totgehen. Spielten Eckstein, Eckstein, alles muß versteckt sein, hinter mir, da *gildet* nicht ...

Ich sehe mich als Elfjährigen am Fenster stehen, in den Hinterhof blicken, zum Nachbarhaus armer Leute, sie hießen Hübsch, sahen aber allesamt ziemlich häßlich aus, der gleichaltrige Klaus war schwer von Kapee und kaute Fingernägel, seinem ausgemergelten Vater machte die Staublunge zu schaffen, Karl-Heinz, der andere Sohn, erlitt bei einem Unfall einen doppelten Schädelbasisbruch, ein Wort, das bei uns noch lange die Runde machte, ich hatte immer den Eindruck, diese Leute redeten gerne mit mir, dem Kind, weil meine Eltern *etwas Bes-seres* waren, ich war wohl für sie ansprechbar auf Augenhöhe.

Ich werfe die Erinnerungsangel aus, wie bei dem Kinder-spiel, eine magnetische Angel, mit deren Hilfe ich aus einem Fischteich hinter bunten Kartonwänden mal dicke, mal dün-ne Exemplare herausfische, oft genug werfe ich die Angel ins Leere, bleibe ohne Erinnerungsbeute, ein Menschenfischer, ein Stadt-, Land-, Flußfischer, mein »Mensch-erinnere-dich«-Spiel, wir waren vier Kinder, vier Farben, rot, blau, gelb, grün. Und ich erinnere mich an ein anderes Spiel, an das Erraten von Gegenständen, wenn wir je nach Standort des Suchen-den *kalt* oder gar *eiskalt* riefen, oder, dramatischer schon: *warm*, und besonders lustig war es, wenn wir den zischenden Aus-laut *Heiß*! hervorstießen und *Du verbrennst dich!* hinzusetzten und die so Gewarnten dennoch ahnungslos, wie Blinde, das Gesuchte partout nicht entdecken wollten. Und manchmal, übertragen aufs Erinnern, will ich's wirklich nicht, wird es mir

in der körperlich spürbaren Nähe des Verborgenen *zu heiß* –
und ich breche ab.

Nein, ich fahre fort, denn das Geschriebene ist ja ein anderes
Leben, es ist *das* andere Leben, das es ohne das *falsche* zwar nicht
gäbe, letztlich aber doch eine *Verbesserung* darstellt, obwohl:
wir Kinder machten gar nichts falsch, wir machten höchstens
etwas verkehrt. Zum Beispiel sprachen wir Service Serwie aus,
oder wenn eine Schwester sagte, sie sei die einzigste gewesen,
die …, wurde sie, wohl oft auch von mir, dem Älteren und gymnasialen Bruder, verbessert, der ihr die Fehler, natürlich auch
um sie zu ärgern, unter die Nase rieb, mit jubelndem Entsetzen
strich er auch die Fehler in den Hausheften der Schwestern an,
spielte Lehrer, das Entdecken des Verkehrten war immer ein
Triumph, eine Richtigstellung auf das Vollendete hin, die Fehler
waren autonome Witzbolde, Taugenichtse, Kobolde, die sich
in das Ordentliche oder Gutgemeinte eingeschlichen hatten,
ich war der Entdecker, der Hellsichtige, der die Aufgespießten
hervorzerrte, blutend traten sie hervor, die rote Tinte hatte sie
gebrandmarkt, hatte sie bloßgestellt, oft war die Seite am Ende
ein Schlachtfeld, auf dem selbst die Überlebenden, die Unan-
getasteten, die Unschuldigen, die Korrekten nicht ohne Makel
blieben, mitgetroffen von dem Gemetzel um sie herum, so daß
sie sich nicht länger als sinnvolle Aussageeinheit zu behaupten
wußten, vom Lehrerspielen mit den Geschwistern bin ich hier
unversehens in den späteren Beruf geraten, lustlos und flüchtig fertigten die so besudelten Schüler vermeintlich korrekte
Abschriften ihrer von mir oft über den grünen Klee gelobten
und von mir selbst vorgelesenen Aufsätze an, die aber immer
noch Fehler über Fehler enthielten, so daß ich ihnen die Über-
schrift »Verbesserung« beziehungsweise »Berichtigung« durch-

strich und »Das ist keine …« davorschrieb oder durch »Verschlechterung« ersetzte oder auch »Neuerliche Verfälschung«.

Daß ich mich schreibend verzetteln werde, ist gewiß, daß ich tief hinabsteigen muß in den Papierkeller, den es in unserem Textilhaus gab, um dort das Altpapier zu sichten, bevor es in die Presse geriet, ich selbst habe noch die Kartons plattgetreten und zusammengeschichtet und fortgetragen zum Klüngelskerl, es gab ein paar lächerliche Pfennige. Im Papierkeller stöberte ich nach Briefumschlägen, um die Briefecken mit den Sondermarken abzureißen, spürte dabei keinerlei Fernweh, Absendeorte wie Delmenhorst, Paderborn, Goslar, Gütersloh reizten mich nicht, und Urlaubsansichten aus Metzingen oder Bad Laasphe erst recht nicht. Auch die zu Nordrhein-Westfalen gehörenden Landschaften, deren Namen mir im Diercke-Atlas in bogenförmigem Sperrdruck erst auf den zweiten Blick ins

Auge fielen, wie Weserbergland oder Kölner Bucht, weckten in mir nicht den geringsten Wunsch, irgendwann einmal dort hinzufahren, geschweige denn auf der Stelle. In die Rhön? Nein, danke. Auf den Kahlen Asten? Niemals.

Aber immer öfter sang das Radio von Bella Italia, und schon bald kamen bunte Ansichtskarten aus Capri oder Rimini. Sie landeten nicht im Papierkorb, sondern wurden an eine Wand gesteckt und mochten sich nicht von ihren Briefmarken lösen. Und dann sahen wir sie ja leibhaftig, die Itaker und andere aus der Ferne, so ganz geheuer waren sie uns nicht, es hieß, sie hätten alle ein Messer dabei und pfiffen deutschen Frauen hinterher.

Mit dem Josef von der Bleibtreustraße, der schon früh den Michel-Katalog hatte, tauschte ich eine Briefmarkenserie aus dem Protektorat Böhmen und Mähren. Ich war froh, sie loszuwerden, nahm dafür Josefs blaue französische Sondermarke mit unserem Goethe drauf. Schon bald kamen auch Frankiermaschinen zum Einsatz, die schmucklos nüchterne Umschläge entließen, ich haßte sie, ich haßte den Drucksachen-Stempel, die banalen Massenmarken, den 10-Pfennig-Heuss-Kopf, Umschläge mit einem Fenster sind mir bis heute zuwider, die Adresse ist schlecht lesbar, der Absender winzig, ein Absender, der sich mehr oder weniger verleugnet, Geschäfts- oder Behördenpost, die nach außen unscheinbar auftritt, um dann im Inneren um so mehr aufzutrumpfen mit Rechnungen, Forderungen, Mahnungen. Nahm ich nicht die Taschenlampe, eine Stabtaschenlampe!, mit hinunter in den Papierkeller?

H.F. liebte den Papiergeruch. Inmitten all der Schnipsel und zusammengeknüllter Blätter überkam ihn die Ahnung, daß sich hier ein allzuschnell entsorgtes Leben verbarg oder etwas ganz neu, ganz anders zusammenzusetzen war, ein Kellerbewußtsein, das zusätzlich gespeist wurde durch die Stimmen

von der Straße, die durch den Kellerschacht zu ihm herunter-
wehten, Worte ohne dazugehörige Gesichter, und sich zusam-
menfügten zu einer unterirdischen, noch zu entschlüsselnden
Botschaft. In der Tiefe seiner Empfindungen las er staunend
das vielfach weggeworfene Wort *Hochachtungsvoll.*

Wörter und Bilder vermengen sich seither zu einem Mobile der Reminiszenzen, das sich einer finalen Beruhigung und
gar Deutung verweigert. Muß ein solcher Satz sein? Die ersten
eigenen Schreibhefte mit dem von der Mutter beschrifteten
Namensschild vorne auf dem Deckblatt. Tintenfäßchen, Feder-
halter, Löschblatt. Der Schrecken der Kleckse auf dem weißen
linierten Papier. Wie häßlich das wegradiert Falsche trotzdem
sichtbar blieb. Oder die von der groben blauen Seite des Rat-
zefummels durchsichtig dünn geriebene Stelle, und später der
erste Aufsatz, unvergeßlich mit 1-2 bewertet: Was ich von der
Arbeit meines Vaters weiß. Nicht seine Arbeit hatte es mir angetan, sondern das Aufschreiben dessen, was er tat. Die Lehrerin
hieß Rhensius – mein eigener Name, wenn ich ihn rückwärts
schrieb oder sprach, ergab Renieh, das kam dem Namen der
Lehrerin sehr nahe und natürlich dem vom Vater Rhein. Der
Großbuchstabe F, den das Kind als den eigenen zu schreiben
sich mühte. Meine F-Jugend. Doch in den Fußballverein ließen mich die Eltern nicht. Und verwehrten mir so den Aufstieg
rückwärts im ABC. Ins Zeugnis schrieb Frau Rhensius statt
Versetzt! Steigt auf! Mit beiden Wörtern konnte ich nicht viel
anfangen, wer oder was da versetzt wurde, und wohin, begriff
ich nicht so recht, denn ich blieb ja mit denselben Kameraden
zusammen und neben dem vertrauten Banknachbarn sitzen,
an den ich mich aber heute überhaupt nicht erinnern kann,
war es Edgar oder Karl oder Karl-Heinz oder Arno? Ja, Arno
kann es gewesen sein, ihn kannte ich ja von der Weststraße.

Um die Ecke zur Flottenstraße erstreckte sich das katholische Viertel mit der St. Laurentius-Kirche, dem Pfarrhaus, dem katholischen Kindergarten, dem Altenheim, auf der anderen Seite lagen das Beerdigungsinstitut, das Jugendheim, der Borromäusverein mit seiner Bücherei, dazwischen der Friseur Erwig, wegen seiner kirchlichen Umgebung Ewig genannt, und der Bäcker Stührwald, zu dem mich die Großmutter schickte, um das duftende Steinofenbrot zu holen. Von diesem Brot allein hätte der Mensch in jenen dürftigen Zeiten leben können. Eine mannshohe Mauer entlang den Höfen bildete die Grenze zwischen unseren beiden Häusern und dem katholischen Gelände. Auf der bemoosten Mauerschräge war es rutschig, die Kunst bestand darin, aufrecht voranzukommen und sich nicht an der Oberkante festzuhalten. Einmal sicher obenauf, blieb noch Zeit, einen Blick zu werfen in die verschlafenen Wohnräume gegenüber, auf die Schattenwesen, die in den Treppenhäusern auf- und abstiegen. Oft genug aber glitt ich hinunter ins katholische Unkraut, in katholischen Unrat, auf fremden Grund und Boden, glaubte mich dann auch vom Kaplan beobachtet, der im jenseitigen Nachbarhaus wohnte, aber ich gehörte ja zu den Reformierten, so hatte ich es gelernt, gehörte zu denen, die im Ort seit Jahrhunderten in Glaubensdingen und geschäftlich und überhaupt das Sagen hatten, und zur Beichte gehen mußte ich auch nicht, was mich im übrigen entschädigte für den Vorteil der katholischen Freunde, wenn die ihre Namenstage feiern konnten und hernach über ihre Geschenke prahlten, welche freilich deutlich dürftiger auszufallen schienen als an Geburtstagen, Socken oder Oberhemden imponierten mir nun wirklich nicht, die bekam ich ja von Haus aus nach Bedarf, um nicht zu sagen: nachgeschmissen. Anders war es mit Manschettenknöpfen, deren Glanz und Größe waren mir nicht egal, damit konnte man, also auch ich, also vor allem ich, auffallen, angeben, ein ganz klein wenig angeben, auch wenn sie Gold und Silber nur vortäuschten, aber Krawattennadeln und Strunztüchlein trugen nur die wenigsten, im Grunde waren wir alle froh, als später auch die feinen weißen Hemden einfache Knöpfe hatten und insgesamt das Steife und Sterile des Sonntagsstaats an Bedeutung verlor.

Noch waren die Bürgersteige nicht alle gepflastert, wir drehten, wenn wir Murmeln spielten, wir nannten sie Knicker, mit den Schuhabsätzen ein Loch in den Erdboden, kamen dann mit vom Schnippen geschwärzten Fingern und mit Bauschuhen nach Hause, wie der Großvater Michael sagte, wenn er mittwochs vor der Bibelstunde in der Wohnung des anderen Großvaters bei uns zu Besuch war und in meinen Karl-May-Büchern las; ich begrüßte ihn mit einem Schuß aus meiner Knallpistole, und er ergab sich auf der Stelle. Karl May besorgte ich mir im katholischen Borromäusverein, und bald auch die roten Edgar-Wallace-Bände. Die dann auch als Filme ins Kino kamen. Ich setzte mich allein und heimlich am Nachmittag, wenn die Eltern im Geschäft waren, ins Beecker Theater, hörte im Gasthaus an der Themse das verschwörerische Flüstern der Elisabeth Flickenschildt, sah Werner Peters und die Tausend Augen des Dr. Mabuse, trat dann aus dem Lichtspielhaus heraus in eine verdunkelte Welt, in welcher das Böse, auch wenn es einmal besiegt war, weiterhin lauerte, wie auch der verführerische Reiz schöner Schauspielerinnen, Karin Baal ging mir so schnell nicht aus dem Sinn, oder Debra Paget und ihr Schlangentanz im Indischen Grabmal, ganz zu schweigen, allein von der Vorschau her, Claudia Cardinale.

Den Eintritt werde ich wohl kaum vom Taschengeld bezahlt haben; wie hoch er war, weiß ich nicht mehr, er war also, auch in der Erinnerung, *verschwindend* gering. Der Vater gab mir zwei Mark fürs Autowaschen, vier Mark hätte er der Werkstatt gegeben, Waschanlagen gab es noch nicht. Und ich hatte noch eine andere, eine illegale Geldquelle, ein Taschengeld der speziellen Art: Ich stahl dem Vater den einen oder anderen Groschen oder auch die unauffälligen 50-Pfennig-Stücke aus dem Innentäschchen seines Jacketts, das er in der Mittagspause an die Flurgarderobe hängte, entwickelte mit der Zeit dabei eine routinierte Fingerfertigkeit, wenn ich von oben unter die Taschenklappe griff, nachdem ich mich zuvor durch äußerliches, heuchlerisch unschuldiges Herantasten an der Garderobe entlang vergewissert hatte, ob das Jackett überhaupt einen kleinen klumpigen Vorrat von Münzen enthielt, damit am Ende der Vater keinen Verdacht schöpfen konnte, fünf, sechs Geldstücke mußte ich ihm schon lassen. Aus den im Elternschlafzimmer in den Kleiderschrank gehängten Anzügen konnte ich, wenn sich die Gelegenheit bot, die Münzen auch als Einzelstücke, ein Markstück gar, an mich nehmen, die waren schlicht vergessen und würden ganz sicher nicht vermißt. Hatte der christliche Junge denn kein schlechtes Gewissen? Fehlanzeige!, ich empfand die Niedrigkeit des gewährten Taschengelds, über dessen Verbleib ich auch noch Auskunft geben sollte (oder gar ein Geschenk für die Mutter zusammensparen, einmal war es ein Porzellanhund) als erniedrigend und empörend, empfand meine Übergriffe als Notwehr, ich war nur der verlängerte Arm der Nemesis, der Gottheit einer ausgleichenden Gerechtigkeit, wovon ich in der Höheren Schule gehört hatte, vielleicht bei der Interpretation von Kurzgeschichten wie *Das Trockendock* von Stefan Andres oder *Die Probe* von Hubert Malecha, Geschichten, in denen es um Schuld und Sühne, um Verbrechen und Strafe ging. Meine private Missetat blieb indes unentdeckt und ungesühnt, und ich war mir sicher, daß der oberste Wächter ein Auge zudrückte.

In vielen Filmen, bevor sie anfingen oder wenn sie aufhörten: die Punkte und Kratzer und Flecken und Zahlen, das Schnarren und Rattern des Vorführgeräts, zu Beginn das Geleit der Platzanweiserin mit ihrem Taschenlämpchen, die vorher auch als Eisverkäuferin durch die Reihen ging; in den Nachmittagsveranstaltungen, wenn wir wenigen Zuschauer in diesem großen Kino mit über 500 Plätzen freie Platzwahl hatten und uns nicht ganz vorne auf einem billigen Rasiersitz herumdrücken mußten, fehlte sie.

In Liebesfilme ging ich nicht, mein eigenes Beecker Straßentheater war aufregend genug, denn Elke und Roswitha flanierten von der Flottenstraße zur Hauptstraße, bald schon, war ich vierzehn?, ritzte ich ihre Namen in die Schulbank und blickte stolz auf die unbeschädigte Tischplatte des Nachbarn, Inge, Gisela, ganz normale Namen, viel zu harmlos, um die großen Gefühle wiederzugeben, die auf einmal, und besonders über Nacht, erwacht waren, Namen von Mädchen, mit denen ich Händchen gehalten hatte, *nur* Händchen?, ach, welch dummes abschwächendes Adverb, viel zu geringschätzig für diese erste Zärtlichkeit, für diesen ersten vorsichtigen Körperkontakt, die Hand als pars pro toto, wir spürten, irgendwie hatten wir den anderen in der Hand, das Händchenhalten war nicht Ausdruck einer lächerlichen Niedlichkeit von Schüchternen, die sich nicht trauten, sondern eine Liebkosung, die den gesamten Körper durchströmte und mehr, ja alles versprach, eine Vorfreude, die, das aber lernte ich erst später, zumeist das höchste der Gefühle blieb, denn sie war als Verheißung dauerhafter und spannender als manch ermattendes Glück der Erfüllung hernach.

Ich denke an die kleine Inge, sie war wohl erst zwölf, an das Wippende ihres Pferdeschwanzes, die freien Ohren. Wir trafen uns in den Gärten am Beeckbach an einem großen alten Stein, der von Gestalt wie ein Würfel aussah, dessen Oberfläche, vom vielen Sitzen, Klettern und Befühlen glatt geworden, nur hier und da, ausgespült vom Regenwasser, handschmeichlerisch durchlöchert war. Ein andermal liefen wir, wir hatten endlich ihre dickliche Freundin abgeschüttelt, an der Vogelwiese vorbei zum Rhein, legten uns auf die Uferwiesen, küßten uns unbeholfen und flüchtig und merkten rasch, wir gehörten nicht zusammen. Tage später mit Inge vor ihrem Haus, kam dort ein häßlicher, schmieriger Kerl vorbei, mit dicken Brillengläsern, der warf mir einen anerkennenden Blick zu, das Mädchen huschte verschreckt in den Hausflur, lauschte wohl hinter der Türe, er fragte mich, hast du sie schon mal? … und machte ein unzweideutiges Fingerzeichen, ich sagte, nein, hab sie doch erst grade kennengelernt, ich wußte zwar, was die obszöne Geste bedeutete, aber daß das ganz konkret hätte geschehen können, wäre mir, bei Gott, überhaupt nicht in den Sinn gekommen, doch es war mir schon recht, als einer zu gelten, und wenn auch vor einem so üblen Typen, der die Weiber rumkriegt.

Denn wie erschrak ich bereits, wenn jemand, ein Freund vielleicht oder auch eine der Schwestern, zu mir sagte: Du bist gesehen worden! Verbrenn dir nicht die Finger, sagte mir der Presbyter, der mich am Ausgang nach dem Gottesdienst am Kollektenteller in die Finger kriegte.

Und wie heftig errötete ich, als der Klassenlehrer mich mitten im Unterricht fragte: Heiner, hast du eine schöne Freundin? Er hatte gesehen, wie ich in Meiderich auf offener Straße mit der tatsächlich schönen Marianne Broszius spazierenging, Händchen haltend, woran ich, wie gesagt, vorerst mein Genüge hatte, die Marianne aber wohl nicht.

Der Junge errötete, und auch späterhin sollte ihn bis ins hohe Erwachsenenalter hinein immer wieder diese von den Fachleuten als Erythrophobie bezeichnete Äußerung seiner Überempfindlichkeit heimsuchen, wenn er sich bei einer Ungehörigkeit ertappt fühlte, einer Lüge, der Übertretung eines biblischen oder familiären Gebots, und er errötete selbst dann, wenn er sich nicht das geringste hatte zuschulden kommen lassen, wenn allein der Verdacht, der Vorwurf im Raum stand, ursachelose Gewissensbisse, eine unbewußte Schuldübernahme, um die peinliche Störung der Familien-, der Schul-, der Lebensordnung aus der Welt zu schaffen. Als gar die schönen Mädchen Unruhe in sein Weltbild hineintrugen, war das Erröten an der Tagesordnung; der Anblick der röckeschwingenden Teenager auf der Straße, die Blitze aus ihren unergründlichen Augen, die eigenartigen Ballungen ihrer Pullover, all das verwirrte ihn, trieb ihn in ihre Nähe, trieb ihn an Straßenecken, wo er den Überblick hatte, so daß er an manchen Tagen magisch angezogen auf sie zuging und einen Blick zu erhaschen suchte, während er an anderen Tagen das Rotwerden fürchtete, den Mädchen aus dem Weg ging und sich mit sehnsüchtigen Fernblicken zufrieden gab. Und von den schönsten hieß es, die seien billig, seien Flittchen.

Die christlichen Gruppen gewährten mir Deckung, der Kindergottesdienst, der CVJM, der Filmclub des Pastors, die kirchlichen Freizeiten in den Ferien, das waren Ausflüge in die Freiheit, in die Aura des anderen Geschlechts, denn man sah sich ganze Tage lang, schon in aller Herrgottsfrühe bei der Morgenandacht, scharwenzelte umeinander herum auf den Wanderungen, Heidi Wenzeler war 12, ich 14, wir waren im Jungbauernheim bei Innsbruck untergebracht, nahe Schloß Amras, als ich die Türe zu ihrem Zimmer öffnete, stand sie da in Schlüpfer und BH und rief, da ich, in schockstarrem Erschauern, nicht sogleich Entschuldigung! sagte und mich verdünnisierte: Raus mit dir!, lachend aber und alles andere als empört. Zu solchen Mädchen, die nur halbherzig protestierten, sagten die Großen, das seien Früchtchen, ich ging dann ein, zwei Tage mit ihr, aber es ging nicht zwischen uns.

Die Familie ließ mir keine Luft zum Atmen, hatte mich in ein Korsett geschnürt, aber das ist natürlich das falsche Bild, nahm mich immer wieder in den Schwitzkasten, das stimmt schon eher, denn das kranke Kind bekam Schwitzpackungen, eine entsetzliche Folter, du hattest doch eine doppelte Lungenentzündung, sagte und sagt die Mutter, wie sie auch immer wieder von der doppelt um meinen Hals geschlungenen Nabelschnur erzählt, das Doppelte war mir nicht geheuer, allein das Wort »doppelt« erschien mir widerwärtig, ich weigerte mich, *Das Doppelte Lottchen* zu lesen oder bei einem Spiel wie Doppelkopf mitzumachen, ich schnappte den Satz auf, man müsse im nächsten Monat den Umsatz verdoppeln, der doppelte Mitlaut im Et cetera pp. erinnerte mich an das Geschäftsdeutsch, wer auf der höheren Schule war, dem gab man zu verstehen, daß er auf der Strecke bliebe, wenn er seine Anstrengungen nicht verdoppelte.

Was aber an den Mädchen sich doppelt hervortat, veränderte alles und ließ träumen von einem Leben und Lieben *paarweise*. In einem kleinen roten Taschenkalender führte ich eine Strichliste der nächtlichen Pollutionen, da geschah, unmanipuliert, etwas lustvoll Befremdliches, einmal wohl wurde ich von der Mutter, dem Vater?, darauf angesprochen, da die Hausangestellte Marga mein Bett machte und sich beschwert hatte, ich aber in meiner Unschuld konnte nur auf das Natürliche des Geschehens verweisen, auf höhere Gewalt – vielleicht daß ich hernach rascher die Decke zurückschleuderte und aus dem Bett sprang, die dunkle Holztreppe hinunter ins Bad, um die Spuren der Besudelung zu beseitigen. Von den Frauen hatte ich soviel verstanden, daß auch sie in gewissen zeitlichen Abständen etwas erlebten, das meine Schwestern »Besuch aus Amerika« nannten, und anfangs hielt ich das, was mir da widerfuhr in den Nächten, für »die Tage«, deren Regelmäßigkeit mich schließlich meines Körpers immer sicherer werden ließ. Auf den Gedanken, Tag und Stunde dieses Lustgefühls selbst zu bestimmen, bin ich, unreiner Tor, lange nicht gekommen. Erst nachdem mich ein sogenanntes christliches Aufklärungsbuch auf die üblen Praktiken der Onanie hingewiesen hatte, wußte ich, was zu tun war.

Gleich dreifach versprachen die Losverkäufer auf der Kirmes *GewinneGewineGewinne* und auch ich, junger Mann!, sollte dabei sein, Anteil nehmen und Obacht geben, ich kam aus dem Gottesdienst und hörte auf dem Heimweg bereits die Kirmesorgel, der Kirmesbetrieb hatte schon wieder Fahrt aufgenommen, ich schlenderte über die Nietenteppiche Richtung Raupe, sah, wie das grüne Verdeck sich über die Verliebten, über die, die kreischend das Verliebtsein spielten, herabwölbte, während Elvis ein Lied sang für die schöne Rita in Wagen sieben – wie wohl ward mir, Lachen, Luft und Lärm in Wellen. Aufgefahren in den Himmel, blickte ich vom Riesenrad in die Tiefe, wo die Straßen zu Gassen wurden, der Markt zum Flecken, das Gotteshaus zum Dorfkirchlein. Wie reizend alles! Am Nachmittag dieses Sonntags las der Vater ein Kapitel aus dem Predigtbuch des Schwaben Ludwig Hofacker vor, es mag, aber hat der Vater sich wirklich etwas dabei gedacht?, auch jene Stelle über das Verhalten des jungen Jesus darin vorgekommen sein:

»So wuchs der Heiland auf in Nazareth, so wurde er ein Mann. Hat er wohl da seine einzige Erholung im Umgang mit ausgelassenen Altersgenossen gesucht? Hat er wohl bei den jährlichen Volksbelustigungen sich als den ersten hervorgetan? Darin steht ja der Ruhm der jetzigen Jugend: im Fressen und Saufen, im Tanzen und Springen der Vorzüglichste, in schandbarem Geschwätz und Gesang ein Meister und in gottlosem Leben ein Held zu sein! Man meint, alle jene argen Ausbrüche einer wilden Natur gehören zum Ruhme einer glücklichen Jugend.«

An einer Geburtstagstafel bei der Großmutter mütterlicherseits in Meiderich griff mir die geschwätzige, etwa gleichaltrige Kriemhild unterm Tisch ans Knie, an den Oberschenkel, über den Tisch hin lächelte sie ganz unschuldig, ich war von diesem mir bis dato unbekannten weiblichen Handgriff überrumpelt, wenn Kriemhilds Hand damit eine bestimmte Absicht verfolgte, lag sie völlig daneben, so zielbewußt sie sich auch vortastete, mich verschreckte dieser Gegensatz oben hui und unten ich weiß nicht wie, die Tanten stachen mit ihren Kuchengäbelchen auf mich ein, während Kriemhild das Spiel auf die Spitze trieb und ihr Handwerk ungeniert fortsetzte, mit ihrer heiseren Stimme auf eine ganz andere Person einredend, was mich dann doch verstimmte, ja erboste, so daß ich von ihr

abrückte und mich abrupt erhob, um mir die geschändeten Beine zu vertreten.

Dann, eines Tages im April, schwebte, stöckelte, stiefelte Anne-Marie, über den Hof, ich sah sie vom Küchenfenster aus, in der Wohnung meiner Großeltern, ich mußte ja die Küche durchqueren, wenn ich zu meinem Zimmer hochsteigen wollte, sie ging rasch und zielbewußt auf den Altbau zu, ich sah flüchtig die Grübchen ihrer Wangen, sie holte den Ladenschlüssel, zwei Häuser weiter hielten die Eltern ihren Mittagsschlaf, auch die Großeltern ruhten, die Eltern zogen sich jeden Mittag ins Elternschlafzimmer zurück, sie schliefen oder taten so, als ob sie schliefen, wenn wir sie riefen.

Anne-Marie, der neue Lehrling, lief zweimal am Tag von Bruckhausen nach Beeck und zurück, bis ein Kumpel aus der Nachbarschaft sie auf dem Moped mitnahm, sie klammerte sich an den rothaarigen Kerl, schmiegte sich an ihn, das versetzte mir einen Stich in der Herzgrube. *Sweet little sixteen.*

Auf dem offenen Grundstück neben dem Herrenladen war der Magnolienbaum erblüht.

Die Bibelstunde

An meinem achten Geburtstag schenkte mir mein Großvater ein Neues Testament, versehen mit der biblischen Widmung:

»Die mich frühe suchen, finden mich.«

Dieser Satz hat mich nie losgelassen, die sorgfältige Handschrift eines Älteren mit ihren deutsch und lateinisch wechselnden Lettern ist mir bis heute optisch im Gedächtnis geblieben, die exakte Orts- und Zeitangabe, die Unterschrift »Deine Großeltern«, das Durchschimmern der Spiegelschrift auf der Rückseite, der fatale Hinweis auf viele frühreife Jünger Jesu – trostlos, blutjung stand ich dieser Schar Auserwählter gegenüber und wußte nicht, wie und warum ich mich auf den Weg zu jenem Herrn und Heiland machen sollte. Des Großvaters handschriftliches Bibelzitat wurde zur magischen Formel, die mir weniger zu Nutz und Frommen als zu Trutz und Beklommenheit geriet.

Lange suchte ich die religiöse Absonderlichkeit meiner Familie vor den Freunden zu verbergen, ich getraute mich nicht, etwas von der Zugehörigkeit zu einer pietistischen Vereinigung, einem privatevangelischen Zirkel zu verraten, und erfand immer neue Erklärungen, warum ich an den Sonntagnachmittagen nicht mitkommen konnte: ins Kino, auf den Fußballplatz, zum Schwimmen. Statt dessen verbrachte ich sonntags von vierzehn bis achtzehn Uhr meine Jugendzeit in der Bibelstunde, da umständliche Fahrtvorbereitungen und Rückwege die eigentliche »Stunde« verlängerten. Natürlich war ich von den Eltern gehalten, mich vor den »weltlich Gesinnten« zu bekennen, aber ich schämte mich, wollte diesen meinen dunklen Punkt nicht der Helle freier Öffentlichkeit preisgeben, litt. Wenn kein Platz im Auto war, weil die beinkranke Tante Gretchen mitfuhr, konnte ich mit der Straßenbahn fahren, nach Meiderich oder Dinslaken, durch dunkle Vororte, Pollmannecke umsteigen: wo ich den bunten Menschen begegnete, die ihren irdischen Vergnügungen nachgingen.

Es gehörte zur Pflicht der Frommen, spätestens eine Viertelstunde vor Beginn anzukommen, um zur notwendigen inneren Ruhe zu gelangen oder Mitteilungen, Entschuldigungen Abwesender, von Informierten überbracht, zu bedenken. Als Gruß reichte den Alten meist der Vorname: Didderich, Fritz, Heinrich, Hermann, Hans, Minchen, Änneken, Christine, die alle auf den besseren Stühlen saßen. Wir Jüngeren, das heißt wir Kinder und unsere Eltern, hatten uns mit den härteren, einfachen Holzstühlen zu begnügen. Der alte Maskolus war da, sein Bart schlohweiß, endlich kann ich dieses schmükkende Beiwort einmal anwenden, seine Frau Maria trug eine schlechte Perücke. Auch war da die Frau Gerritzmann von der Honigstraße mit ihren dicken Basedowaugen, vor denen es mich gruselte.

Wenn die alte Standuhr dreimal geschlagen hatte, sagte der Hausvater in das Schweigen, Atmen und leise Stöhnen hinein: »Die Zeit ist da«, ließ eine kleine Pause entstehen, um dann fortzufahren: »laßt uns in des Herrn Jesu Namen anfangen. Wer hat uns einen Vers mitgebracht?« Zwar war der gesamte Ablauf der Stunde einer ungeschriebenen Ordnung unterworfen, die aber dennoch viele innere Freiheiten hatte, Raum für quasi Spontanes, für Improvisationen, nein, besser: Inspirationen, denn die Väter gingen von der Überzeugung aus, daß sie keines liturgischen Schemas, keiner inhaltlichen Planung und Vorbereitung bedurften, sondern ihnen alles von oben zufalle, der Heilige Geist ihnen den Mund öffnen, die rechten Worte schenken würde, wenn sie nur recht darum beteten und flehten. Gesangbücher waren dabei nicht vonnöten, da ein gesegneter Geist alle brauchbaren Lieder speicherte und auf Abruf bereithielt. Wenn also die Aufforderung erging, ein Lied vorzuschlagen, meldete sich alsbald ein zum Sprechen Befugter, junge Leute, Frauen hatten zu schweigen, allenfalls durften von Zuhörerinnen Liedanfänge und Titel genannt werden. Wie viele Verse, Strophen wußte das Oberhaupt unserer Stunde auswendig: der alte Fritz B., Hoherpriester, Beichtvater, biblischer Meister, Patriarch, Eheanbahner, Steuer- und Anlageberater, Erbrechtsachverständiger aller! In wohllautender Sprechmelodie rezitierte er zwei, drei Zeilen, die dann von schwerfälligen, meditativ in die Länge gezogenen, die Vokale ins Inbrünstige zerdehnenden Stundenstimmen in Gesang gekleidet wurden. Da sich die Teilnehmer der Versammlungen in privaten Wohnungen trafen und auf Wohnzimmer, Eßzimmer, Küchen, Vorräume und Flure verteilten, fühlte ich mich oft unwohl bei dem Gedanken, was wohl die jeweiligen Nachbarn in den Mietshäusern über die merkwürdigen Choräle, den seltsamen Wechsel von Stille und Geräuschen, die kuriose Gruppe von Sonderchristen dächten, und legte mir im Geiste immer schon verharmlosende Erläuterungen zurecht, wenn mich einmal ein stutzig gewordener Außenstehender, der mich kennte, ausfragen würde.

Unser Hausheiliger war der niederrheinische Mystiker und Dichter Gerhard Tersteegen. Immer wieder stimmten die Brüder und Schwestern sein Lied an:

Gott ist gegenwärtig; lasset uns anbeten,
Und in Ehrfurcht vor ihn treten!
Gott ist in der Mitte; alles in uns schweige
Und sich innigst vor ihm beuge!

Wir Kinder waren jedoch weit entfernt von dieser Bußfertigkeit, wir sahen nur die Freiheitsberaubung, bekamen ein schlechtes Gewissen, wenn uns die schönen Dinge des Lebens draußen viel verlockender erschienen als die gelassene Freude am Herrn. Wie zuwider wurden mir die strengen Knotenfrisuren der Frauen, ihre geschlossenen Augen, die überkorrekt gekleideten Männer in ihren Anzügen, darunter die zugeknöpften Westen: und ich in Kindertagen mit einem Klämmerchen im angefeuchteten, kurzgeschorenen Haar. Rundschnitt kam später in Mode: So kannst du dich in der Stunde nicht sehen lassen! Comic-Heft? Schund! Skat? Verboten! Kirmes? Teufel! Nietenhosen? Halbstark, Gosse! Mädchen, Sex? Tabu! Tanzschule? Kannst du dir Jesus auf dem Schlußball vorstellen? Während ich an einen Song aus der englischen Hitparade dachte, ging in der Stunde das alte Lied weiter:

Wer ihn kennt, Wer ihn nennt,
Schlagt die Augen nieder
Kommt, ergebt euch wieder!

Nach dem langen, freien Gebet, auf das der Gastgeber das Anrecht hatte, fragte dieser: »Wer schlägt uns denn einen Text vor, den ihm der Herr hat wichtig werden lassen?« Zuvor waren auch die Neuen Testamente verteilt worden, wiewohl selbstverständlich vorausgesetzt wurde, daß ein jeglicher sein eigenes häusliches Exemplar besaß, in dem er fleißig las.

Die Altvorderen taten sich mit der Auswahl des Evangeliums zunehmend schwer, niemand wollte so recht die Verantwortung für den Erbauungserfolg übernehmen, so daß immer häufiger der offizielle Predigttext der evangelischen Kirche gewählt wurde: den Beteiligten ein Indiz dafür, daß die Wirkungen des Heiligen Geistes nachließen. Und doch saßen wir alle über Jahrzehnte hinweg »einmütig beieinander« und lauschten auf das, was uns die alten Männer zu sagen hatten. Ja, manchmal hörten wir Kinder wirklich zu, wenn einmal keine Paraphrasen und christliche Vermahnungen den Raum füllten, sondern Anekdoten aus dem Leben erzählt wurden, zum Beispiel von dem Kohlenhändler Krüßmann aus Götteswickerhamm, mit dem alles angefangen hatte im vorigen Jahrhundert, einem einfältigen, armen »Finnen« (wie die Bekehrten damals in der Zeit der »Erweckungen« genannt wurden), der, durch mancherlei »Anfechtungen geprüft«, zum geistlichen Führer dieser Versammlung heranreifte. Mit Tränen der Rührung wurden Ereignisse aus seinem Leben weitergereicht und aufgenommen, seine Auseinandersetzungen mit der »Welt«, mit dem Militär, mit Geschäftsleuten, mit spöttischen Nachbarn wurden uns vorgestellt als Situationen beispielhafter Bewahrung der Freunde Jesu.

Diese lebendigen Schilderungen waren dem Kinde Glanzpunkte in der Mattigkeit des verlorenen Nachmittags, Quellen der Erquickung in der Dürre der weltabgewandten priesterlichen Verkrampfungen, frischer Odem für den leblosen Jungenkörper, dem das Stillsitzen wider die Natur ging, rettende Strohhalme in dem Sumpf erwachsener Seelensynästhesien; tausend Metaphern reichen nicht aus, um das glückliche Erwachen aus der Lähmung, aus der Fremde zu beschreiben. Und doch: waren hier nicht immer Gelegenheiten zu Tagträumen, zum Fremdgehen mit schönen Madchen, unerreichbar in der Wirklichkeit, zum Spielen mit den abenteuerlichen Figuren aus Büchern, aus dem Kinderfunk, aus Geschichten von Weltmenschen?

Wenn aber der leibliche Bruder des alten Fritz sprach, mit seiner harten, knöchernen Stimme, in störrischer Kopfhaltung, die Augenlider zuckend geschlossen, dann hörte ich wieder

hin, da redete ein Zerknirschter, ich spürte, wie dieser Heinrich um den inneren Frieden rang, um Vergebung, um Erlösung, wie er oft nicht weiterwußte, beschämt verstummte, da
ihm keine Offenbarung zuteil geworden, er über der Woche
der Sünde anheimgefallen sei, der alte Adam wieder von ihm
Besitz ergriffen habe, er wirkte manches Mal fast verstockt und
boshaft, ein Petrustyp, mit dem der milde, mir immer etwas
weichlich-zärtlich vorkommende Herr Jesus seine liebe Mühe
hatte; in autosuggestiver Absicht konnte sich der Widerspensti-
ge zähneknirschend, so daß wir alle seinen Kampf gewahrten,
die dritte Strophe des Tersteegen-Liedes zurufen:

Wir entsagen willig allen Eitelkeiten,
Aller Erdenlust und Freuden;
Da liegt unser Wille, Seele, Leib und Leben
Dir zum Eigentum ergeben.

Kaum hatte sich der cholerische Opponent wieder beruhigt,
kehrte die tödliche Langeweile zurück. Wie mühevoll schlepp-
te sich der schwere Zeiger der Wohnzimmeruhr zur Vier hoch!
Aber wir Kinder hatten doch allerlei Mittel und Wege gefunden,
um die Zeit in der Stunde totzuschlagen, Tötungsstrategien,
Affekthuschereien, ein Überlebenstraining, während dessen
wir uns auf unsere Körper besannen, auf unsere Gliedmaßen,
Gelenke und Muskeln.

Saß beispielsweise eine Schwester in handgreiflicher Nähe,
so reichten wir uns klammheimlich (wir sagten: stikum), vorsichtig hinter den Stuhllehnen, jeder in heuchlerisch-frommer
Absicht, den Nächsten der Liebe zu versichern, die Hände, und
der Stärkere drückte nun zu, bis daß er meinte, der Schmerz-
punkt des anderen, der ja nicht schreien durfte, sei erreicht.
Sein nervöses Schnaufen und Glucksen rief schnell die mißbil-

ligenden Blicke der Älteren hervor, und der Spaß war vorbei. Auch die Füße waren an diesem Gemenge beteiligt, sie schoben sich immer weiter vor, millimeterweise, zunächst unmerklich, bis sie plötzlich auf fremdem Territorium standen und von glänzend geputzten Sonntagsschuhen des Gegners zurückgedrängt werden mußten.

Es kam aber auch zu Kollaborationen. Hatte ein Glücklicher Klümpchen dabei, das heißt Bonbons (die Betonung liegt auf der ersten Silbe), fielen auf ihn so lange begehrliche Seitenblicke, bis er die Süßigkeit auf seinen Schuh legte und wie zufällig das Bein in die Nähe des Zuckersüchtigen stellte; niemals durfte es einer wagen, etwas, das zweifelsfrei niederen leiblichen Genüssen zuzuordnen war, unverfroren weiterzuleiten. Aber noch war das Bonbon nicht im Munde! Welch komplizierter Vorgang, es aus der Papierumhüllung zu lösen, ohne zu rascheln, ohne Tadel und Sanktionen durch Eltern hervorzurufen, ohne den Neid von Vettern und Cousinen zu wecken, wie riskant, den ovalen Lutschkörper unter die Zunge zu befördern, eine Verdickung der Wange hätte sofort allseitigen Argwohn erregt, und wohin mit dem leeren Knisterpapier, das ich doch nicht einfach fallen lassen durfte? Hier lernte ich alle Finessen der Tarnung und Täuschung, der guten Miene zum Spiel des Bösen, in solchen Momenten hellwach, während viele Erwachsene vor sich hindösten oder gar schliefen, zu röcheln begannen, ihre Oberkörper, das Gleichgewicht verlierend, sich lustig krümmten und von feixenden Kinderaugen begafft wurden, bis Erziehungsberechtigte sanfte Rippenstöße verteilten oder die Schläfer, nach Luft schnappend, erwachten. Aber ich lernte auch einzuteilen, aufzuteilen, auszukosten, abzugeben. Unsere Schriftgelehrten verkündeten indessen eine andere Süßigkeit, die ich nicht so recht zu schmecken vermochte; süß war ihnen allein Immanuel, der Gottessohn, der Menschenfreund, das Jesulein, der Schall der Engel Heer', zu Weihnachten der Glocken und der Orgel Klang, das Licht dem, der IHN sucht …

Die Beine schlug ich übereinander nach links, nach rechts und immer so fort, Verspannungen und Verklebungen erduldend oder abschüttelnd, den Unterarm stellte ich auf den Oberschenkel, stützte den Kopf in die Handinnenmulde und sann gebeugt vor mich hin in der beginnenden Dämmerung, die sich sänftigend in die Kammer und ins Herz senkte. Wie nahe war ich hier der mystischen Beschaulichkeit und konnte sie doch nicht wahrnehmen! Hörte und hörte doch nicht, wie einer der schweigsamen Brüder, nach einer guten Stunde innerlich zugerüstet, Tersteegen zu zitieren wagte:

Ins Heiligtum, ins Dunkle, kehr ich ein,
Herr, rede du, laß mich ganz stille sein.

Immer kleiner machten sich die nach lebendigen Wassern Dürstenden, die »dunkle Klarheit« des Herrn leuchtete um sie, und ich fürchtete mehr und mehr, in der Starre dieser ernsten Pracht lebenslang zu verharren, heraus wollte ich, denn ich war ja ein Kind, und während sich die Alten zuriefen: Wenn ihr nicht werdet wie die Kinder … wollte ich wachsen an Alter, Weisheit und Gnade bei den Menschen, glaubte ich, in dem dumpfen Sündersyndikat zu ersticken, konnte ich das penetrante Tantenparfüm nicht mehr ertragen, hielt selbst in diesem asketischen Abtötungsbezirk Ausschau nach Lebenszeichen, blätterte zu diesem Zweck in der Bibel, forschte nach Fingerspuren, Angekreuztem, fehlenden, zerlesenen, vom Speichel Umblätternder angeschimmelten Seiten, nach Fliegendreck, Widmungen, Tränenwellen, Fettflecken, Fettgedrucktem, versuchte, das Impressum zu verstehen, Signete zu deuten, entdeckte im alphabetischen Register am Ende des

Neuen Testaments Reizwörter, die mich beschäftigten: Abba, Fußwaschung, Höllenfahrt, Jungfrauensohn – und verfiel wieder in hoffnungsloses Sekundenzählen, in ein absichtlich uhrloses Einüben des Zeitgefühls.

Die *Stunde* dauerte früher über zwei Zeitstunden, von drei bis viertel nach fünf; anfangs sprachen die Ältesten in großen Predigtblöcken, nach vier Uhr durften sich auch weniger Begnadete, Jüngere, Männer mit schwerer Zunge beteiligen; einer dieser zögernd Denkenden und Redenden sprach sehr oft das Schlußgebet: aber so, als spräche nicht er, sondern als redete es aus ihm heraus, aus seinem Munde kamen Worte der Vollmacht, der Aufrichtigkeit und Schönheit, des Trostes; so unbeholfen er sich noch kurz zuvor in der Textauslegung versucht hatte, so konzentriert, fest und sicher formulierte er seinen Dank und seine Fürbitte, ohne daß seine Stimme an Demut und Bescheidenheit verlor – wohl war da ein stilles Beben des Ergriffenseins. Wir Kinder trauten naturgemäß diesem merkwürdigen Frieden nicht und blinzelten (wir sagten: lünkerten) während der Gebete, um rauszukriegen, ob die erwachsenen Augen, wie es sich gehörte, geschlossen waren. Und wenn die frommen Lider tatsächlich dichthielten, warfen wir uns wildfeixend verwegene Blicke zu.

Bisweilen aber sah sich der Fridderich außerstande, das Schlußgebet zu sprechen. In aller Ruhe warteten die Alten, ob ihm nicht doch noch das rechte Wort geschenkt würde, während die Jüngeren immer ungeduldiger das Ende des einfach nicht rumgehen wollenden Nachmittags herbeisehnten; wer aber aufmerksam blieb, gewahrte das Rucken und Zucken des Friedrich, sein inneres Anlaufnehmen, das wortlose Vorformulieren der Lippen, bis endlich ein erfahrener Alter das Wort ergriff, meist der Fritz, manchmal aber auch der Bruder des Fritz, der das Zögern des Friedrich als indirekte Aufforderung an sich selbst verstand, und seltsam, die Wirkung des einmal ausgebliebenen Friedrich-Gebets war nicht weniger stark, als wenn er es gesprochen hätte, der Routinier betete routiniert, aber das Andere, die Stimme des Heiligen blieb aus.

Die eingangs verteilten Neuen Testamente wurden wieder eingesammelt, die Tassen verteilt, in welche die Erwachsenen ihre Kollekte legten, knisternde Geldscheine und schweres Silbergeld, für die Reichsgotteskasse, ein weiteres Lied folgte, und endlich, endlich der Schlußgesang: Die Gnaa-de unsers Herrn Jesuu Chri-histi und die Lii-ebe Go-hottes und die Gemeinschaft des Heil-gen Ga-heistes sei mit uns allen, mit uns allen, Aah-men. Und unsere vom langen Sitzen gelähmten Füße stolperten die Amen-Treppe hinab nach draußen ins untergehende Sonntagslicht, wir lachten uns an, wir lachten uns aus, wir durften wieder nach Herzenslust Grimassen schneiden, hecheln und hampeln.

Didderich und Lisbeth

Auf Geheiß seines Vaters Heinrich erlernt auch mein Großvater Dietrich das Schneiderhandwerk und besteht 1906 die
Gesellenprüfung mit dem Prädikat »Ausgezeichnet gut«, trotz
eines nicht unerheblichen Handicaps: Noch in der Zeit als
Lehrling sticht er sich mit einer Nähnadel in den linken Daumen, eine Entzündung weitet sich bis zum Knochen aus, und
ihm muß das erste Glied des Daumens abgenommen werden.

Bei Kriegsbeginn soll er sich gemäß der Familiensaga dem
Fronteinsatz dadurch entzogen haben, daß er vor der entschei-
denden Untersuchung mehrfach im Dauerlauf die Treppen im
Kasernengebäude rauf- und runtergerannt sei, so daß ihn der
Militärarzt wegen einer bedenklich hohen Pulsfrequenz für
frontuntauglich erklärt habe. Dagegen müssen oder wollen
Dietrichs Brüder Hermann und Heinrich in den Krieg ziehen,
Heinrich, der Lieblingssohn des gleichnamigen Vaters, fällt
als Kanonier im Oktober 1916 an der Somme. Hundert Jahre

später lese ich seinen letzten Brief, den er, wie er schreibt, in *Ruhestellung* einen Tag vor seinem Tod verfaßt; er beklagt den fürchterlichen Regen, den damit verbundenen Dreck. Aber er habe sich Lederhandschuhe besorgt, und er trage unter dem Tuchrock eine wasserdichte Weste, Wollsocken habe er auch genügend. So könne er wohlgemut in Stellung gehen, keineswegs verhehle er die Gefahr, »aber ich weiß, daß der Herr jeder Kugel den Weg zeigt. Ihr müßt mich der Hand Gottes überlassen, ich könnt mich nicht festhalten.«

Sein Bruder Hermann kommt gleich in den ersten Kriegstagen mit einer Verwundung davon, unter feindlichem Beschuß im Kampfgebiet nahe Laon dringt ihm ein Knopf seiner Uniform tief in den Körper und kann im Feldlazarett und auch später nicht so ohne weiteres herausoperiert werden – so bleibt er lebenslang in seiner Brust. Leidlich wiederhergestellt, geht Hermann als Zivilangestellter zur Verwaltung der Bagdadbahn nach Konstantinopel. Von dieser Eisenbahnstrecke erhoffen sich das Deutsche Reich und das Osmanische Reich als Bündnispartner die militärische Vormacht im Nahen Osten – und die Deutsche Bank als Hauptbetreiber die ökonomische. Ihr Ziel: die mesopotamischen Ölquellen. Weder Kaiser Wilhelm II., glühender Befürworter einer möglichen Verbindung Berlin-Byzanz-Bagdad, der im Oktober 1917 zu einem Staatsbesuch nach Konstantinopel kommt, noch der Bruder meines Großvaters vermag die kriegsbedingte Unterbrechung des gigantischen Eisenbahnprojekts aufzuheben.

In der Familie erhält mein Großonkel in den Jahren der sogenannten Zwischenkriegszeit den Spitznamen Knöpkes-Hermann; ob dieser auf seine Kriegsverletzung zurückzuführen ist oder auf die Kurzwaren, die er später in seinem eigenen Laden anbietet, neben einem Spezialsortiment an Tuchen und Stoffen? Er schneidert dann ja auch selber und gilt bald als Fachmann für das Umnähen der Knöpfe, für Knopflöcher also. Dieser Hermann sollte mir noch aus ganz anderen Gründen in Erinnerung bleiben.

Zurück zu seinem Bruder, meinem Großvater. Didderich arbeitet jetzt in einem Schneidereibetrieb des Heeres und lernt die *beruflose* Bauerntochter Elisabeth Benninghoff aus Voerde kennen; erstmals begegnen sie sich in der Bibelstunde, die an hohen kirchlichen Festtagen auf dem Hofgut ihrer Eltern stattfindet. Die Peinlichkeit einer naturgemäß ungeplanten Schwangerschaft der scheuen Lisbeth hält nicht lange an, da die Braut frühzeitig die Leibesfrucht verliert. Dat Heineken hatte keinen Platz in dieser Welt, sagt sie später. Nun wird aber rasch, noch im Krieg, geheiratet und nach Kriegsende im väterlichen Geschäft fleißig gearbeitet. Didderich zeugt sieben Kinder, einem achten, dem »Ditzken«, sind nur wenige Lebenswochen beschieden, es sei ihr unter den Händen weggestorben, das hat mir die Großmutter, glaube ich mich zu erinnern,

selber gesagt, mit der stillen Stimme einer in die Jahre gekommenen Untröstlichkeit.

Ein altes Foto zeigt den Großvater inmitten seiner Gesellen, an der Wand hängt ein biblischer Spruch: Siehe, ich bin bei euch alle Tage – damit ist nicht nur die Allgegenwart Gottes gemeint, sondern vor allem die Oberaufsicht durch den Meister. Auf einem anderen Bild, das die alte Kaiserstraße in Beeck zeigt, ist in großen schrägen Lettern auf einer Hausfassade zu lesen: DFELDHOFF – MAASSGESCHÄFT – Feine Herrenschneiderei – gegr. 1859. Der Laden läuft, das Unternehmen beschäftigt Verkäuferinnen, Kontoristinnen, Dekorateure, Schneidergesellen, Dienstmägde, Laufburschen. Mitten in der großen Wirtschaftskrise errichtet der Großvater ein dreistöckiges nüchtern-modernes Geschäftshaus mit Werkstätten auf zwei Etagen, Büros und großzügigem Wohnraum.

Zum Komfort gehören ein Eisschrank mit gehacktem Eis aus der König-Brauerei und ein Badezimmer, darin eine Wanne mit Klauenfüßen und ein Heißwasserboiler von Vaillant mit den berühmten Hasenohren über der Öffnung. Manchmal, beim Anzünden mit einem Streichholz, springen die Gasflammen aus dem Loch zischend ins Freie und erschrecken unsere furchtsame Mutter, so der Vaterbruder Dieter.

Auf dem inneren Lichthof des Anwesens steht ein Schweinetrog für Essensreste. Das Zimmer der Urgroßmutter Wilhelmine (»Mina«) hat einen Zugang zur großen sonnigen Veranda, von wo man einen schönen Blick hat über den katholischen Pfarrgarten. In Haus und Hof und Keller viel Raum für die Kinder zum Spielen, Verstecken, Entdecken, zum Fürchten, zum Staunen darüber, was die Schaufenstergestalter aus ihren bunten Fingern hervorzaubern, zum eigenen Werken mit Pappkartons und Seidenpapier.

Bald flattert an festlichen Tagen die Hitlerfahne vorm Haus, der Hausherr tritt, wenn schon nicht der Partei, wenigstens der NSV bei, der Nationalsozialistischen Volkswohlfahrt, und zahlt als ordentliches Mitglied seine Monatsbeiträge. Einmal erscheint auch der Blockwart und überreicht der Großmutter Wilhelmine, die dreizehn Kinder zur Welt gebracht hat, von denen freilich nur sieben überleben, das Mutterkreuz.

Eine starke Stadtfrau offenbar, Tochter eines Stuhldrehers, dank ihrer Autorität taugt sie vorderhand eher als Ahnfrau denn die einfache Lisbeth vom Lande. Diese war mit den vielfältigen Aufgaben, als Frau des Chefs aufzutreten, die Kinder zu erziehen und Hausangestellte anzuleiten und so weiter, heillos überfordert, ein Aufgabenkatalog, der zum Beispiel im Untertitel des sogenannten *Frauenbuchs*, das in der Nazizeit verbreitet war, zum Ausdruck kommt: *Das Weib als Mädchen, Gattin, Mutter, Pflegerin und Erzieherin in gesunden und kranken Tagen.* Neben rassenhygienischen Kapiteln enthielt das Werk

durchaus auch nützliche, aufklärerische Passagen, zudem ein zerlegbares anatomisches Modell des weiblichen Körpers. Es ist anzunehmen, daß weniger die über viele Buchseiten wuchernde NS-Eugenik als die präzisen und enthüllenden Erklärungen mit ihren die christliche Schamhaftigkeit verletzenden Abbildungen der Grund dafür waren, daß das *Frauenbuch* im Hause Feldhoff rasch aus dem Verkehr gezogen wurde.

Wie hatte es überhaupt in dieses keusche Bekleidungshaus gelangen können, wo selbst die Schaufenster, wenn umdekoriert wurde, verhängt waren, um die nackten Schaufensterpuppen, als Ebenbilder des Menschen, vor lüsternen Augen zu schützen. Es war die Tochter Betty, die das bedenkliche Machwerk eingeschleppt hatte von einem psychotherapeutischen Kuraufenthalt in Bad Homburg, wo ihre groteske Ahnungslosigkeit in körperlichen Dingen aufgefallen war. Und als sie sich daheim gar in einen Lehrjungen verliebte, wehte ein Sturm der moralischen Entrüstung durch die heilignüchternen Räume, sie erhielt eine Tracht Prügel und wurde für eine gute Weile auf eine auswärtige Haushaltungsschule verbannt, damit sich in der Zeit der Trennung ihre sündhaften Anwandlungen verlören. Denn, so die keineswegs geheuchelte, sondern verinnerlichte Überzeugung der Großeltern: das Schlechte des Geschlechtlichen verriet sich allein schon im Wort …

Und daß Liebe und Tod nah beieinander liegen, wußten sie allemal, diese Erfahrung nicht zuletzt aus der eigenen Familie hätte sie nachsichtiger stimmen müssen, denn die jüngste Schwester der Großmutter, Mathilde, die sich mit einem Offizier eingelassen hatte und von ihm ein Kind erwartete, wurde von ihrem Vater und den Frommen ihrer dörflichen Versammlung derart und buchstäblich ins Gebet genommen, daß sie in tiefer Verzweiflung ihr junges Leben beenden wollte. Im letzten Augenblick entdeckte sie ihr Bruder Bernhard in der Scheune und konnte den Strick noch abschneiden. Sie willigte am Ende in die Heirat mit einem ungeliebten Bauern ein und hatte zeitlebens unter den quälenden Anfällen eines chronischen Herzasthmas zu leiden. Ich habe sie selbst später oft zusammen mit der Großmutter besucht – durfte bei solchen Gelegenheiten den schönen Mercedes des Vaters fahren – und miterlebt, wie die meist bettlägerige Frau röchelnd in schrecklichen Atemnöten dalag. Auch das verhutzelte Bäuerken kam dann über den Hof geschlurft und begrüßte mit meckerndem Stimmchen die Gäste, während ich Ausschau hielt, ob ich nicht auch ihre gemeinsame Tochter, dat Tilleken, zu Gesicht bekäme, die kaum älter war als ich und es mir angetan hatte.

Johannes, genannt Hansi oder Hans, geboren 1927, war der Lieblingssohn von Lisbeth und Didderich, das ergab sich im Familienleben auf das natürlichste, als sei es gottgewollt, es *war* gottgewollt, hatte nicht auch Jesus einen Lieblingsjünger, und hieß der nicht auch Johannes? Und er war auch der Lieblingsbruder unter den Geschwistern, er war der Begabteste, Fröhlichste, Frömmste, Versöhnlichste, Vielversprechendste von allen, kurz der Beste. Ein Frühvollendeter. Unser Sonnenschein, sagte die Betty über ihn. »Professor« stand an seiner Zimmertür zu Hause, so *ganz ohne* war er wohl doch nicht. Spielte Schumann und Bach auf den Elfenbeintasten des schellackpolierten alten Pianos, verströmte auch dabei Freude und Licht. Als Verlobte hat ihn meine Mutter hier im Elternhaus ihres Zukünftigen spielen gehört, dreiundvierzig. Vielleicht spielte er, damit alle mitsingen konnten, auch das beliebte Lied *Stern, auf den ich schaue*. Ob jemand unter ihnen war, der das falsch, also richtig verstand und an den gelben Judenstern denken mußte? Bei der Zeile *Führer, dem ich traue* gab es im Hause F. kein Vertun, jeder wußte, wer gemeint war und wer wirklich und wahrlich nicht.

Wie alle Familien der Bibelstunde unterstützten auch *wir* mit regelmäßigen Spenden und dem Eingesammeltem aus der Reichsgotteskasse den »Neukirchener Erziehungsverein«. Dort in Neukirchen-Vluyn ging Hansi zum Progymnasium, dessen Leiter Dr. Dr. Friedrich Avemarie geschmeidig mit den Nazi-Vorgaben umzugehen wußte – ich erwähne ihn hier *um seines Namens willen*. Danach wechselte er auf die Oberstufe des Adolfinums in Moers, wo er alsbald mit den anderen Primanern als Luftwaffenhelfer bei einer Flakbatterie herangezogen wurde.

Immer häufiger erschienen schwarzgerandete Anzeigen in den Zeitungen und straften die Siegesnachrichten auf den Titelseiten Lügen, obwohl die Nazis Anzahl und Textgestaltung bereits reglementiert hatten und nur noch eine Anzeige pro Gefallenem zuließen, in welcher der *Opfertod für Führer, Volk und Vaterland* eine gängige Formel war und nur vage von den *Kämpfen im Osten* die Rede sein durfte. Hansis Bruder Bernhard, kein Sonnenschein, sondern ein vom Nebel der Verbitterung verhangener Mann, so habe ich ihn später wahrgenommen, war an eben jener Ostfront, wenn auch nicht in Stalingrad, so doch bei den militärisch nicht weniger aberwitzigen Kämpfen im Kaukasus. Die Eltern bangten um ihn, beteten für ihn. Und auch für Johannes wurde es ernster, gefährlicher. Lebensgefährlich war es auch schon vorher, aber die sechzehnjährigen Jungen sahen im Flakhelferdienst das Abenteuerliche, immer wieder boten sich schaurigschöne Feuerwerke, bunte Granatsplitter und andere Metallteile fielen dabei vom Himmel, sie waren begehrte Tauschobjekte. Notabitur mit siebzehn, im Kreis gleichgesinnter Kameraden Halt im Glauben, gegen Fatalismus und Blindheit um sie herum, *doch wir nicht also!*, schreibt er in einem Brief, wenige Tage vor dem Luftangriff der Engländer auf Duisburg, vor der Zerstörung seines

Elternhauses am 14. Oktober 1944, dankbar, daß Gott »unsere Lieben bisher noch alle treulich behütet« hat.

Über Weihnachten und Neujahr kommen die meisten Angehörigen der Familie an ihrem Zufluchtsort in Usseln im Upland noch einmal zusammen. Die Alten sind hier, und die Jüngsten, auch die Geschwister Betty, Helmi, Hansi und Dieter. Der Vaterbruder Dieter hat in schriftlichen Aufzeichnungen anschaulich geschildert, wie die jungen Männer, er mitten unter ihnen, und auch ein Vetter, in den tiefverschneiten Wald ziehen, um Brennholz zu beschaffen, »wir fuhren gemeinsam zu Holze«, so wörtlich, der Förster hat ihnen erlaubt, die Kronen von gefällten Buchen auszuschlachten, mittags, es herrscht strenger Frost, machen sie Feuer und stärken sich, lassen auch eine Cognacflasche kreisen, selbst dem elfjährigen Dieter wird ein »wenziger Schlock« genehmigt. Bei einbrechender Dunkelheit, über ihnen der klare Sternenhimmel, in ihrem Rücken das Schweigen des Waldes, stapfen sie an der Emmet und am Kahlen Plön vorbei zurück ins Dorf, frohen und schweren Herzens zugleich. Johannes ist bereits der Einberufungsbescheid zur Ausbildung bei der Infanterie zugestellt worden, am 10. Januar soll er sich in einer Kaserne in der Hansestadt Wismar einfinden, hier werde auch die Einkleidung erfolgen. Vater, Mutter, Bruder, Schwester begleiten ihn durch das verschneite Usseln zur Bahn. Seinen 18. Geburtstag, ein paar Tage später, begeht er an der Ostseeküste.

Anfang März Transport von Rostock nach Linz an der Donau. »Ganz plötzlich ist es soweit, daß wir von Linz ausrücken«, schreibt er in seinem vorletzten Brief (an den Vater). Der bevorstehende Fronteinsatz zum schwach ausgebauten Südostwall im Burgenland, wo die Rote Armee immer weiter vorrückt, läßt ihn die Todesnähe ahnen, im vorletzten Satz des Briefes aus Linz denkt er sich bereits in die Ewigkeit hinaus: »Dann werden wir uns alle auch dermaleinst dort oben wiedersehen.«

Am Gründonnerstag schreibt er seinen letzten Brief, den er nicht mehr der Feldpost übergeben wird. Deutschkreuz, 29.3.45: Er sei an seinem Bestimmungsort angelangt. Tags zuvor ist er durch das besetzte ungarische Ödenburg gekommen (»Seht mal nach auf der Karte«). Jetzt sitzt er in einem Stall, schreibt er, und ordnet seine Sachen, er denkt an Jesus, an dessen Leiden: »Wir sind Sein Eigentum und nichts soll uns aus Seiner Hand reißen, auch nicht das Toben der Schlacht.« Am Karfreitag kommt es zum Gefecht bei der Ortschaft Kleinwarasdorf, der Kompaniechef bleibt verwundet auf einem Acker liegen. Am frühen Abend, als alles ruhig scheint, wollen Hans und ein Kamerad ihrem Leutnant zu Hilfe kommen und ihn auf einer Plane wegtragen – da trifft sie die feindliche Kugel.

Erst eineinhalb Jahre später erfuhr die Familie, daß ihr Sohn »in treuer Pflichterfüllung am Karfreitag, dem 30. März 1945 im Alter von 18 Jahren in Österreich gefallen ist«, so der Wortlaut dann in der Todesanzeige, in welcher auch eine Strophe (die fünfte) aus dem Lied »Jesus am Stamme des Kreuzes« aus Tersteegens *Geistlichem Blumengärtlein* zu lesen war. (Lest das mal nach im *Blumengärtlein*, höre ich unseren Hans, unseren Johannes rufen.)

Viel später, als insbesondere der Bruder Bernhard Genaueres über die Todesumstände in Erfahrung bringen wollte, wurde bekannt, daß jener schwerverwundete Leutnant überlebt hat, als erfahrener Soldat hatte er sich totgestellt, lange genug ausgeharrt und sich dann ans erste Haus des Dorfes herangerobbt. Die Bewohner kümmerten sich nicht nur um ihn, sondern auch um die Bergung der beiden Gefallenen, die an provisorischer Stätte beigesetzt wurden. Den beim Toten Hans Feldhoff gefundenen Brief nahmen sie in Verwahrung. Dieser letzte Brief wandelte sich in den Folgejahren rasch zu einem heiligen Schriftstück in der Familie und wurde einem jeden Nachkommen, wenn er verständig genug war, mit mahnendem Ernst in einer Kopie übergeben, also auch mir.

Mir ist indes nicht verborgen geblieben, daß in der Familie in sehr unterschiedlicher Weise um den verlorenen Sohn getrauert wurde. Den Bruder Bernhard erzürnte es, daß sein Vater keinerlei Anstalten unternahm, die sterblichen Überreste des gefallenen Hans nach Hause zu holen und in der Familiengruft beizusetzen. Mein Großvater fertigte Bernhard mit dem harten Jesuswort ab: Laß die Toten ihre Toten begraben; einem irdischen Totenkult widersetzte er sich entschieden, er war überzeugt: Hans »darf jetzt beim Herrn sein allewege«, so eine weitere Aussage des Totenbriefs. Die Großmutter, so wie ich sie erlebt habe, hätte ihn, hätte den Gedächtnisort gewiß lieber in ihrer Nähe gehabt, aber das Sagen hatte nun einmal *der Vater*. Bernhards beharrliche Recherchen führten immerhin dazu, daß Jahre später, Vater und Mutter waren schon gestorben, eine Umbettung auf den Soldatenfriedhof in Mattersburg erfolgte, wo ein Gedenkstein seinen Namen trägt nebst seinen Lebensdaten, davor die allereinfachste, nicht einmal ausgeschriebene Bezeichnung *Sold*. Oftmals ist der Bernhard dann hierhergekommen, hierhergepilgert geradezu, die Totenstätte, das Gräberfeld im Burgenland wurde ihm zum Ort eines späten Lebensglücks: wieder und wieder zu lesen, was *ans Feldkreuz angeschrieben*. Einmal sagte er zu seinem Bruder Dieter, sagte mir dieser, den er auf einer solchen Pilgerreise mitgenommen hatte, er könne sich vorstellen, hier nahebei in Deutschkreutz sich im Alter niederzulassen, tausend Kilometer von der Heimat am Niederrhein entfernt.

Dem hartnäckigen Bernhard war es überdies gelungen, den Verbleib des seinerzeit geretteten Offiziers ausfindig zu

machen. Dieser war zu Amt und Würden gelangt und als Kreis-
gerichtsrat in Wels tätig, wo er ihn ohne weitere Förmlichkei-
ten aufgesucht hat und ist mit ihm zu Gericht gesessen und
hat ihm keinen guten Bescheid gegeben: warum er sich denn
nie bei seinen Pflegeleuten in Kleinwarasdorf bedankt habe
und ob er das nicht jetzt wenigstens tun könne, die Witwe lebe
noch allein und kümmerlich in ihrem Hause. Der Gerichtsrat
soll dies dann aber, peinlich berührt, getan und der Witwe ein
Scherflein zukommen lassen haben. Das Ganze muß für den
Bernhard selber eine Bußhandlung gewesen sein, wie ich es
jetzt aus der Nachkommenschaft erfahren habe, denn er selbst
ist just im April 1945 beim Ausbruchsversuch seiner Panzer-
grenadier-Division aus dem Kessel von Halbe in eine Grube
gesprungen, die sich nach einer Explosion vor ihm auftat, und
hat sich glücklich davonmachen können, hat sich vor den Russen retten können. Und sich lebenslang dann schuldig gefühlt,
als *feiger Deserteur,* während der Hansi sein junges Leben hin-
gegeben hat zur Rettung eines anderen.

Auch die Schwester Betty hat lebenslang um ihn getrauert.
In ihren letzten Lebensjahren, als sie hörte, daß ich an einer
Erinnerungsschrift arbeite, rief sie mich immer wieder an und
brach jedesmal in Tränen aus in einer Heftigkeit, daß man hätte
meinen können, sie habe erst jüngst die Todesnachricht erhalten, so sehr beweinte sie ihren Bruder und wollte sich nicht trösten lassen. Mit ihrer eigenen jungen Familie wohnte sie nach
dem Krieg in einer Nebenstraße in Beeck, im eigenen Haus mit
Garten, den die Friedhofsmauer begrenzte. Auf diesem Friedhof liegen sie alle, nein, nicht alle, Hans eben nicht, wohl aber
Didderich und Lisbeth und die Ahnfrau Mina, die an meinem
neunten Geburtstag starb, und mein Vater, und hier wird auch
meine Mutter ihre letzte Ruhestätte haben, doch soweit ist es
noch nicht, noch lange nicht.

Ich kann den Gedanken nicht loswerden, daß ich gestorben war, ehe ich geboren wurde, habe ich bei Lichtenberg gelesen, ja, mir ist es, jetzt jedenfalls beim Schreiben, als hätte eine Stabübergabe stattgefunden, Hans ging, ich kam, er starb in den letzten Kriegstagen, ich wurde in den ersten Friedenstagen geboren. In einem seiner Soldatenbriefe (die viel mehr sind als familiäre Mitteilungen und Gefühlsäußerungen, es sind recht eigentlich Episteln) zitiert er den Liedvers *Wunderanfang, herrlichs Ende*. Bernhard und Betty – verzeiht derlei wiederholtes Begütigen; und ihr, ihr Ungläubigen und Ahnungslosen, lacht nicht so höhnisch.

Geist und Kleid

Wie jeden Abend um Punkt halb sieben zog Dietrich Feldhoff aus dem silbernen Serviettenring seine weiße Stoffserviette hervor, steckte sie in den Westenausschnitt, senkte den Kopf und fiel in ein tiefes Schweigen, dem sich die am Tisch Versammelten sogleich anschlossen, allen voran und in ergebenster Haltung die Großmutter. Erst wenn der Großvater den Kopf wieder hob, und oftmals wunderten wir uns, wie lange er in sich gebeugt und weltvergessen dasaß, war das wortlose Tischgebet beendet. Doch auch wenn er sprach, brach er das Schweigen nicht.

Was es zu essen gab? Vielleicht jenen eigentümlichen Panhas, den die Großmutter aus Buchweizenmehl und Wurstsuppe herstellte, ihn dann erkalten ließ, schließlich in Scheiben schnitt und in der Pfanne anbriet; oder lufttrockene Wurst auf Grahambrot; als Nachtisch, das Wort Dessert paßte nicht in dieses Eßzimmer, ein Schüsselchen Dickmilch, von einer hellgelben Sahnehaut überzogen, über die wir braunen, mit Zimt vermischten Zucker streuten. Herrlich mildsaure, mildsüße dicke Milch. Wenn es dem Hausherrn zu gut schmeckte, fragte er vorsorglich: Mutter, bin ich satt? Nie denke ich an diese so einfachen, liebevollen Abendmahlzeiten am Großelterntisch, die von einer seltsamen Seinsstille umfangen waren, ohne daß sich der Liedvers Gerhard Tersteegens in die Erinnerung mischt: *Nun sich der Tag geendet, / Mein Herz zu dir sich wendet.* Wir nannten die Großmutter nicht Großmutter, sondern Omma, aber da ich sie hier hervorheben, ihre Grundgüte, ihre Großmut rühmen will, ist sie für mich in Wortgestalt die Großmutter, die an die Familie ihre sichtbaren Liebesgaben austeilte. Und flüsternd betete sie mit, wenn ihr Mann nach Tisch »für des Leibes Notdurft« dankte. Der Großvater glaubte sich für eine andere Dimension zuständig. Was sichtbar ist, das ist zeitlich, las er uns aus dem Korintherbrief vor, was aber unsichtbar ist, das ist ewig.

Nie sprach die Großmutter darüber, wie sie den Großvater kennengelernt hatte, sondern, ich muß das schon erzählt haben, sagte einfach nur: Dann hat der Vater mich geholt – so als habe sie immer schon auf ihn gewartet. Sie hatte ein für allemal ja gesagt zu ihrem Leben, auch wenn es von außen wie ein Untertansein aussah und ihr Mann als Patriarch, als Schneidermeister das Sagen hatte. Auch der Großvater machte nicht den Eindruck, mit sich im Zweifel zu leben, doch das Herz des Enkels, den die altmodische Korrektheit des Familienoberhaupts einschüchterte, gewann er nicht. Beim Anprobieren neuer Sachen zupfte er unentwegt an mir herum und tadelte kopfschüttelnd meine Hängeschulter. Er selbst hielt sich immer gerade, achtete aus innerer Sicherheit heraus die äußere für gering und verzichtete auf jede Renten- und Krankenversicherung. Hatte er den irdischen Aufenthalt auf seine Bedürfnisse zugeschnitten? Um vier Uhr nachmittags brachte ihm seine Frau das kleingeschnittene Obst in den Maßraum. Danach bügelte sie vielleicht meine weißen Hemden, die ich für die Tanzschule benötigte (was ich für mich behielt) oder auch das Geld aus der Reichsgotteskasse, Fünf-, Zehn-, Zwanzigmarkscheine aus der Kollekte in der Bibelstunde.

Um sie herum verspürte ein jeglicher, wie sehr sie ein Gemütsmensch war. Aus ihr sprach nicht die Stimme der Vernunft, sondern des Herzens. Sie hatte etwas Sonntägliches, etwas Ewiges in ihrem Wesen. An Markttagen trug sie Waldpilze im Korb oder im Eimerchen Preiselbeeren nach Hause, auch Reineclauden, Reine nicht als Fremdwort, sondern in ihrer niederrheinischen Reinheit. Meist kamen die edlen Pflaumen vom elterlichen Bauernhof in Voerde, die Bruder Bernhard seiner Schwester Lisbeth nach Beeck mitbrachte, wo er auf dem Markt frische Eier verkaufte, und manchmal auch Küken. Der auch wußte, daß hinter der *Reineclaude* eine bretonische Königin steckte. Wie gerne hörte ich diesem rotwangigen dünnen Bernhard zu, wie kindlich, heiser und zugleich fröhlich klang seine Stimme, ja, er war *heilfroh*, wieder da zu sein, die zehnjährige russische Kriegsgefangenschaft überlebt zu haben, heimgekommen zu sein, bewahrt worden zu sein, während seine Frau, Tante Hermine, herrisch hart und verbittert sprach und über den Tod ihres zweiten Söhnchens einfach nicht hinwegkam. Was ich merkte, wenn ich in den Ferien für ein paar Tage bei ihnen war und fröhlich aus dem Farngesträuch hervorgesprungen kam, um ihr zu sagen, daß ich ein Nest entdeckt hatte, in dem eine der Legehennen heimlich ihre Eier hortete.

Put, put, put, rief die Großmutter, wenn sie in ihrer Schürze Grünzeug zum Hühnerstall trug. Die Wärme des frisch gelegten Eis, das die Großmutter aus dem Nest holte, während das Huhn empört davongackerte … War es ein Rhodeländer Huhn?

116

Wir Enkel liebten die Rhodeländer, sie sahen einfach gut aus und legten die begehrten braunschaligen Eier. Am Familientisch, wenn es gekochte Eier gab, suchte jeder zunächst ein solches braunes Rhodeländer-Ei zu erhaschen.

Aus der Großmutter wurde keine Städterin. Vor Sonn- und Feiertagen schrubbte sie den Hof und den Steingarten vom Dreck sauber, den die August-Thyssen-Hütte herüberblies. Neben dem Hühnerstall hatte sie ihren Gemüsegarten. Ich erinnere mich an den vergessenen Hausschlüssel, den mir die Großmutter nächtens mit gelöstem Grauhaar durch das kleine Fenster aus der ersten Etage herunter in den Hof warf und den ich, verfehlte ich ihn, im dunklen Gemüsebeet suchte.

Ach, und meine Dachkammer im Großelternhaus, wie lebt dieser auf immer verlorene Luft-Raum in mir fort! Zwei Häuser weiter in der Wohnung der Eltern war es zu eng geworden mit vier heranwachsenden Kindern. Und der Älteste sollte in Ruhe Latein und Englisch lernen. *A room for my own*! Für die Angehörigen war ich fortan nicht so ohne weiteres zu erreichen. Und auch die Freunde damals fanden nur mit Mühe zu mir herauf. Vom Bürgersteig der Hauptstraße mußten sie durch eine kleine Schaufensterpassage gehen, gelangten dann durch den Hauseingang, dessen Türe wegen einer Arztpraxis im ersten Stock stets offenstand, in einen dunklen Flur, öffneten eine weitere Türe und traten in einen gepflasterten Innenhof, den ein etwas höher gelegter Steingarten begrenzte. An das zur Straße hin errichtete neue Gebäude schloß sich rückseitig der Altbau an, hinter dessen vergitterten Fenstern, schaute man genauer hin, eine Schneiderei sichtbar wurde, wo nach alter Sitte auf langem Tisch ein Schneider hockte, ein glatzköpfiger, korpulenter Alter mit dicken Lippen, immer rauchend, den Kopf über sein Arbeitsstück gesenkt. Erreichte der Besucher den Hinterhofeingang des alten Backsteinhauses, dessen einseitige Dachschräge den Eindruck erweckte, als sei alles ein Provisorium und müsse nun bald vollendet werden, erschreckte sie vielleicht der bedrohlich knurrende Schäferhund im Hundestall gegenüber, ehe sie, das düstere Treppenhaus hinauf, an einer weißgestrichenen Zwischentüre anlangten, in die eine Scheibe aus Milchglas eingelassen war, dahinter der Vorschein eines schwachen Flurlichts. Auch wenn ich das alles schon erzählt haben sollte, ich tue es mit Freuden hier noch einmal. Dann sähen wir gemeinsam, bevor wir die Holztreppe hochstiegen, an einem der Nachmittage, wenn der Großvater unten im Maßraum Maß nimmt und sie für eine Weile für sich ist, noch einmal die Großmutter in der Küche, wie sie auf ihrem Platz neben dem Herd in Tersteegens *Geistlichen Brosamen* liest, und könnten auch, wären wir aufmerksam, die Nüsse sehen, die dort, warm und geruhsam lagernd, allmählich alle Bitterkeit verloren.

Oben auf der Treppe wurde es immer stickiger. Über den dunklen Dachboden erhoben sich im Lichtschleier, der durch ein Lukenfenster einfiel, die wirbelnden Staubsäulen. Dann, endlich, das Durchatmen in meiner Mansarde, das Ballen der Fäuste, das Ziehen und Pressen mit dem Bullworker, das Hämmern auf die Tasten der alten Schreibmaschine aus den dreißiger Jahren, ohne Eszett. Am Türrahmen ausgeschnittene Fotos der lachenden Lilo Pulver, der pferdeschwänzigen Brigitte Bardot. Ich kam zu mir selbst. Ich las. Ich las die ersten selbstgekauften Taschenbücher, Romane von Böll, die *Blechtrommel* von Grass im September 1962, ich wußte, nach dem Erscheinen des Originals im festen Einband hatte ich ein, zwei Jahre zu warten, um mir dann selber die rororo-Bände zu kaufen, die Taschenbücher von Goldmann, von Fischer, die Fischer-Anthologien *Atelier 1* und 2, und ich schaute nach, wie alt der Jüngste der Dichter, wie wenig älter er war als ich: F.C. Delius, Jahrgang

1943, ich staunte, ich fühlte mich ganz vage, ganz leise *hinzu-gerufen*. Wie entgeistert, wie perplex schaute ich drein, als mein Vater einmal zur Mutter sagte: Könnte er nicht auch Apotheker werden? und ich dann hinaufstieg in meine Bleistiftkammer, wo ich aus dem lautlosen Lachen nicht mehr herauskam.

Hier also das erste entdeckende Lesen – und Schreiben, ich schrieb kleine Gedichte für Kinder, die im *Glückspilz,* unserer Kinder-Kundenzeitschrift abgedruckt wurden, sie handelten vom Kuckuck, vom Spuk um Mitternacht, vom Schlittenfahren, einmal war in der Nachfolge von Wilhelm Busch ein Schulkundliches Alphabet dabei (»Latein kann manchen sehr erschrecken. Der Lokus dient auch andern Zwecken«), stolz erhobenen Hauptes ging ich zum Postamt, um das Honorar abzuholen, fünf Mark!, ich schrieb über den Regen in einem allgemeinen Nirgendwo, schrieb nichts vom Geräusch des Regens, der über dem Dach des Altbaus niederging, grau und schräg in den Hinterhof hinab, nichts vom Klirren der schlecht verkitteten Fensterscheiben, von den Windstößen, die auf meinem Schreibtisch ihre Kühle aushauchten.

Schlief ich denn gut als Kind, als Jugendlicher? Eia Wasser regnet Schlaf, dichtete, da war ich fünfzehn, Elisabeth Borchers, das Eia war ein Zauberwort, auch wenn wir uns darüber lustig machten, über das Eia susani im Weihnachtslied – kommt, singt und springt, kommt, pfeift und trombt, eia susani susani. Ich las *Das einfache Leben* von Ernst Wiechert, und mich erfaßte der Sog einer Lebensprosa, in der scheinbar Unabänderliches zum Vorschein kam, aber auch die seltsame Schönheit des Traurigen, mein erstes Bücherregal entstand, ich numerierte die Bücher, die selbstgekauften Taschenbücher. Mit den Kindergedichten hörte ich bald auf, in einem letzten Beitrag für den *Glückspilz* schrieb ich über eine Fahrt nach Berlin, ein Jahr nach dem Bau der Mauer.

Die Schule forderte von mir, Thomas Wolfe zu lesen und Herodot, für mich selbst las ich *Das Paradies der falschen Vögel* von Wolfgang Hildesheimer oder einen anderen »heiteren Roman«, obwohl mich ein solches Etikett immer abgeschreckt hat: *Ich und Elisabeth* von Günter Spang, eben diesen Titel habe ich dann später für ein erstes Porträt meiner Großmutter Elisabeth wiederverwendet. Ich las das Witze-Buch von Sigismund von Radecki und, als 1960 dtv als neuer Taschenbuchverlag hinzukam, die *Jüdischen Witze* von Salcia Landmann. Ich bewunderte Celestino Piatti, der sämtliche Bucheinbände mit einem Grundweiß ausstattete, das auch dann erhalten blieb, wenn die Titel bunte Bildchen schmückten. In einer dtv-Sammlung fand ich moderne religiöse Gedichte von Paul Celan, Christine Lavant und Rudolf Hagelstange; eines, von Walter Tomann, enthielt den Ratschlag, daß jemand, nachdem er bereits dreimal die andere Wange hingehalten hat, endlich seinem Bruder einen gezielten Kinnhaken versetzen solle, der ihn zu Boden sinken läßt. Danach könne er ja, gütig lächelnd, dem Bruder aufhelfen. Ich war auf der Suche, ich wollte und konnte nicht so glauben wie die Alten und schon gar nicht wie die Katholiken mit ihren unheimlichen Beichtstühlen, dem Singsang lateinischer Sätze und sonstigem Hokuspokus.

Wenn ich ins Schullandheim fuhr, fragte mich der Großvater, ob ich nicht das Wichtigste vergessen hätte – er meinte das Neue Testament, während sie mir rotbackige Äpfel zusteckte: »Ommas Bosköppe« lagen noch bis in den März hinein verschrumpelt auf dem Söller. Ein wenig gruselte es den Enkel, wenn er die Großmutter auf der Treppe, die in ihren Altbau führte, Hühner rupfen sah. Dagegen seine mundwäßrige Freude, wenn ihn die Rosinenaugen des Osterlamms anstarrten, das die Großmutter aus der gußeisernen Backform zur Welt gebracht hatte.

Zum Mysterium des Altbaus der Großeltern gehörten zweifellos die verschiedenen Treppen, so auch die mobile Eisentreppe, mit welcher die Wohnung im Altbau und die Schneiderei verbunden waren. Bevor man, auf den durchsichtigen Setzstufen hochgestiegen, die Türe ins Großelternhaus öffnete, trat man auf eine Plattform, von der ich, wenn ich umgekehrt vom Altbau in die Schneiderei hinabstieg, hinuntersehen konnte auf die Schneider und Scheiderinnen, die reflexartig den Kopf hoben, wenn sie nicht gerade in eine Näharbeit vertieft waren an der surrenden Maschine oder mit der Hand, die sie nicht ohne Gefahr zu laufen, sich zu verletzen oder einen Fehlstich zu tun, unkontrolliert lassen durften. Eine schwere Schneiderstubenluft empfing den Eintretenden, Bügeleisenwärme, verdunstende Feuchtigkeit, Rauchschwaden des Kettenrauchers Döppers, dessen wulstige Lippen mir zuwider waren, er saß am Fenster, es herrschte arbeitsame Stille, grüßte ich korrekt?, wurde ich, Sohn des Chefs, lustig angesprochen? Durch die Schneiderei, an der einbeinigen kopflosen Schneiderpuppe vorbei, kam ich in den Maßraum, wo die Stoffballen lagerten.

Wie? fragte der Großvater, wenn ihm sein Sohn sagte, daß er an der nächsten Bibelstunde nicht teilnehmen könne, *wie?* fragte er noch eine Spur empörter, als ihm mein Vater eröffnete, daß er sich ein Zweithaus am Niederrhein bauen wolle; in diesem *Wie?* lagen alle Verachtung, Verurteilung, Verdammnis weltlichen Besitzdenkens, wisset ihr denn nicht, daß wir hier keine bleibende Statt haben?, der Tonfall, der Frageton war reine Rhetorik, der Großvater Dietrich hatte alles sehr gut verstanden, er wollte gar keine Wiederholung dessen, was ihm da als Zumutung, als Sünde zu Ohren gekommen war – das einsilbige *Wie* wurde zum Ausruf des skandalös Erschreckten, wurde ein »Ich hör wohl nicht richtig!«-Entrüstungswort, das eine sofortige Rücknahme der geplanten Verfehlung erwartete, sein *Wie* dehnte sich ins Mehrsilbige, in ein beinah gesungenes, sich peinlich in die Länge ziehendes *Wie*?

Mein Inbild vom Großvater: wie er mit dem Vergrößerungsglas über die fromme Schrift gebeugt dasitzt, in sich ruhend, und doch vermochte ihn in den 60er Jahren nicht nur sein Ältester aus der Ruhe zu bringen: ausgerechnet sein Jüngster, sein Benjamin, bereitete ihm noch größeren seelischen Kummer, der Dieter also, der sich endlich aus zehnjährigem hauseigenem Schneiderstubendienst befreit hatte und an die Pädagogische Hochschule in Kettwig gegangen war, um Volksschullehrer zu werden. Obwohl ihn vor allem alles Physikalische fesselte und er zu meinem Erstaunen ganze Radioapparate zusammenbaute aus Spulen, Dioden und anderen mir fremden Gerätschaften, kam er auch mit der modernen Theologie in Berührung, also mit jener nicht nur in Beeck von den sogenannten *ernsten Christen* gefürchteten Trias Barth, Bultmann, Bonhoeffer, evangelische Theologen, deren historisch-kritische Forschung darauf hinauslaufe, so die Deutung der Strenggläubigen, daß die Bibel ein orientalisches Märchenbuch sei und sich am Ende der sündige Mensch selbst erlösen wolle. Der Großvater geriet bei solchen Thesen, die der falschen Propheten und Irrlehrern in die Hände gefallene eigene Sohn lebhaft vertrat, in eine nicht geringe Aufregung, ja in heiligen Zorn, so daß die Großmutter schon um seine Gesundheit zu bangen begann. Denk an Vaters Blutdruck, Dieter! Wie sollte dieser aber nicht in die Höhe schießen, wenn Gottes *eingeborener Sohn* auf einmal nackt und bloß, ohne zeitlos göttliche Attribute, als ein historischer, sterblicher, wahrlich nicht auferstandener Jesus, kurz als ein Mensch und Menschensohn verkündet wurde, als obendrein unehelich gezeugter.

Das alles gab der Vaterbruder Dieter an mich weiter in einem unserer Gespräche in der Küche der Großmutter, wenn er von seinem Apartment im Neubau herunterkam und vor dem gemeinsamen Abendbrot am Elterntisch noch einige Chopin-Stücke auf dem verschnörkelten alten schwarzen Konzertklavier spielte, das aus der Leipziger Pianofabrik Feurich stammte. Eigentlich viel zu groß für das eher kleinbürgerliche Wohnzimmer, war es nach dem Krieg aus der Sowjetzone, sagte der Dieter, herbeigeschafft und mühevoll in den Altbau bugsiert worden. Ich liebte den von ihm so oft gespielten Walzer in Cis-Moll, Op. 64 Nr. 2, in dem die Klänge wieder und wieder betörend aus der Höhe herabperlten beziehungsweise zu mir hinaufsprudelten in mein Dachgemach.

In unserem Küchengespräch erfuhr ich also, daß dieser Rudolf Bultmann den Wahrheitsgehalt der biblischen Geschichten und insbesondere der Wunder Jesu in Frage stellte und sie bis auf ganz wenige Ausnahmen ihres antiken mythologischen Gewandes entkleidete. Bultmann, der ja noch lebte, in Marburg in der Calvinstraße, wurde zum Buhmann unter den Stillen im Lande, die 1966 als Bekenntnisbewegung »Kein anderes Evangelium« nun doch lautstark ihren Widerstand kundtaten, selbst mein Großvater schrieb Leserbriefe und korrespondierte mit Paul Deitenbeck, einem der Wortführer. Der über das Abendgymnasium und die Hochschule zum Geist erwachte gewesene Schneidergeselle, der von patriarchalischer Bevormundung genesene Dieter nahm mit seinem Fürwahrhalten der Bultmann-Thesen in Kauf, daß auch seine Mutter gar viel Bekümmernis hatte und, wie ich mir nur allzugut vorstellen kann, die Nacht durch flehend in Gebet zubrachte, damit der verlorene Sohn zum leeren Grab des Auferstandenen zurückfinde.

Auf einmal war der Dieter nach Sizilien gefahren, einfach so, mit dem Zug. Ich fand das außerordentlich. Für eine Weile alles Maßgeschneiderte hinter sich lassen! Er hatte eine Fahrkarte gelöst nach Reggio an der Küste Kalabriens, achtundvierzig Stunden dauerte die Reise an den Rand des europäischen Festlands, wo er dann übersetzte nach Messina. Das hatte mir imponiert. Praktisch bis Afrika! Aber ein Neues Testament im Hosentaschenformat wird ihn begleitet haben und ein Reiseführer, in dem er lesen konnte, daß auch der Apostel Paulus für einen Tag in Reggio gewesen sein soll. Und im kleinen Sprachführer des Philologen Piero Meriggi holte ihn auch sein Schneiderhandwerk wieder ein; das Jackett, *la giacca*, hieß darin noch Rock und *vita* nicht allein Leben, sondern zugleich Taille, la vita è troppo corta. Eine wundersame Lektüre, dieses altmodische Büchlein, ich habe es dem Dieter abschwätzen können, es erinnert an Wörter und Dinge aus einer untergegangenen Kulturwelt, an ihre Höflichkeit und Langsamkeit und Handfertigkeit.

Ich selbst aber blieb noch immer gefangen in meinen einfachen Vorstellungen von Himmel und Hölle, von Sünde und Erlösung, war noch immer überzeugt von der Pflicht zum Gehorsam gegenüber einer letztlich unbezweifelbaren göttlichen Autorität und ihren Stellvertretern auf Erden, deren Fehlbarkeit freilich mehr und mehr zutage trat. Und doch sah ich mich wohl schon damals als Geist-Kind in der Mitten zwischen dem Über-Irdischen und dem Inner-Weltlichen; Geist und Kleid, Bild und Wesen – gehörten sie denn nicht zusammen, war und ist es nicht so, daß auch die Frommen der Formen, daß Wahrheit und Schönheit des Gewandes bedürfen? Das rein Geistige, entbildlicht Verstandene mag vielleicht philosophischen Köpfen plausibel erscheinen oder gar in schaurig-heiliger Tiefe wirklich erfahrbar sein, kommt aber dem gemeinen Gläubigen vor wie schaler Schaum, wie transzendente Seifenblasen oder spirituelle haltlose Wortspielerei, so ganz ohne Sündenschuld und Vaterhuld, sage ich mir heute in den wortlosen Gedanken von damals. In der Küche der Großmutter habe ich bei den entmythologisierenden Ausführungen des Dieter wohl eher ungläubig dreingeblickt, mir erschien die Einkleidung von Heilswahrheiten als das Naturnotwendige, das Naturgemäße, und also die Entkleidung als Unnatur.

Der irdische Dieter aber spielte die himmlische Musik, in echt, in Natur, er spielte betörend schön, Nocturnes von Chopin, Menuette von Bach, Bagatellen von Beethoven, Impromptus von Schubert, während ich eine Etage höher aus dem Kofferradio die englischen, die amerikanischen Hits hörte, Peace in the Valley, gesungen von Elvis, oder schon von Johnny Cash?, noch den Satz Bultmanns im Ohr, den mir Dieter treppauf nachgerufen hatte, man könne nicht elektrisches Licht und Radioapparat benutzen oder in Krankheitsfällen moderne medizinische und klinische Mittel in Anspruch nehmen und gleichzeitig an die Geister- und Wunderwelt des Neuen Testaments glauben.

Daß es hier in Beeck eine Schleiermacherstraße gab! Ausgerechnet in einem Stadtteil, in dem praktisch niemand studieren ging, und wenn, dann gewiß nicht Philosophie. Mit siebzehn, erinnere ich mich, bekam ich ein Büchlein aus einem christlichen Verlag, oder schaffte ich es mir selbst an?: *Prüfet die Geister*, das zehn große Philosophen vorstellte, von Kant bis Nietzsche, Nietzsche!, und eben auch Schleiermacher, von dem es in diesem Buch lobend hieß, er habe zu seiner Zeit die Abwanderung der Gebildeten aus der Kirche mit nachweislichem Erfolg verhindert. Der Herausgeber zitierte in seinem Vorwort Martin Luther: »Vernunft ist auch ein Licht und ein schönes Licht«, was ganz im Widerspruch stand zum vernunftkritischen Geist des Großvaters Dietrich, der die Richtlinien der Familienfrömmigkeit bestimmte und dem alles rationale Zergliedern, Zerklügeln, Vernünfteln als teuflischer Wahn galt, eine verblendende Selbsttäuschung, welche die Finsternis des Menschen im ganzen nicht aufhebe, »gleichwie unsere

Unschlitt- und Wachslichter nicht Himmel und Erde erleuchten, sondern die engen Winkel in Häusern« – mit diesem anderen Wort Luthers, das jedes Vernunft-Lob, auch sein eigenes, ins rechte Licht rückte, nämlich ins Sonnenlicht des Ewigen, schloß das philosophische Buch, das ich in der Obersekunda durchlas und mit Buntstiften bearbeitete; es verschaffte mir vor den an philosophischen Fragen wenig interessierten Klassenkameraden einen gewissen Vorsprung. In der Familie aber herrschte weiter der Ungeist der Überwachung, der Einübung in ein schlechtes Gewissen, der Abwehr aller Lebensfreude oder gar Ausgelassenheit.

Doch ich soll nicht falsch Zeugnis reden wider meine Nächsten. Denn ihre *Freude am Herrn* war unbestreitbar. In dem Lied »Gott ist gegenwärtig«, damals in pietistischen Kreisen auf Platz 1 in der Ewigen Bestenliste geistlicher Lieder, lautet eine Strophe:

> *Du durchdringest alles; laß dein schönstes Lichte,*
> *Herr, berühren mein Gesichte.*
> *Wie die zarten Blumen willig sich entfalten*
> *und der Sonne stille halten,*
> *laß mich so / still und froh*
> *deine Strahlen fassen*
> *und dich wirken lassen.*

Dieses Lied aus Tersteegens *Geistlichem Blumengärtlein* läßt mich noch heute an die schönen Sommertage in Beeck denken, die Großeltern sitzen draußen im Garten des Hinterhofs, vom sanften Wind realer Gegenwart durchweht, Steinplatten, Buschwerk, Schneebeerensträucher, der Teich des Springbrunnens, Goldfische, ihr Dahingleiten in rötlicher Ruhe, während

sich die Geschäftigkeit des Geschäftshauses und der Geschäfts-
straße nur wenige Meter weiter abspielt.

Einmal im Jahr kamen die Verwandten vom Lande in die
Stadt, um die Lisbeth, wie sie sie nannten, zu besuchen und
sich in unserem Textilgeschäft neu einzukleiden. Die Tante
Christine, ihre Schwester, war noch schwerhöriger als sie, lehn-
te aber jede technische Hörhilfe ab: welch ein Spektakel hinter
der geschlossenen Küchentür, da waren nicht länger die abge-
klärten Großmütter, sondern derbe, fröhliche Bauernmädchen
unter sich, ein niederrheinisches Hörspiel zum Wundernehmen,
so herzlich, so deutlich sprach die eine, so herzlich, so
eindeutig hörte die andere hin.

Gegen ihren leichten Alterszucker trank die Großmutter Sau-
erkrautsaft. Ja, in der Vita dieser Frau, geboren 1894, gestorben 1973, hatte das süße Leben keinen Platz. Doch versteckt in
ihrem Schlafzimmerschrank stand für den Notfall eine Flasche
echten Cognacs bereit, als Medizin gegen die »Fläude«, und
halb schelmisch, halb verlegen bot sie dem, der davon wußte,
ein Gläschen an. Und an Geburtstagen änderte der Großvater
die Gebetsformel und dankte für »den reich gedeckten Tisch«.

Mich lehrte die Großmutter, alle Zukunftspläne mit den
Worten zu bedenken: So Gott will und wir leben. Das Sterben
beider geschah kurz und schmerzlos. Die Großmutter hätte
vielleicht zu ihrem eigenen Tod gesagt: Dann hat der himmlische Vater mich geholt.

Der Theatermacher

Mein Großmütterchen, ein Naturkind, aufgewachsen am Niederrhein, inmitten von Wiesen, Weiden, Wäldern. Und Obstgärten.

Man wußte nicht, wird später ihr Vetter Ludwig schreiben, zirpte die Stille selbst oder die Insekten, ab und zu gackerte ein Huhn vom Hof her, ihr ältester Enkel hat es noch fünfzig Jahre später so gehört. Uns alle erzog in den Anfängen der Wohllaut des Hains. Am Abend brutzelten über dem knatternden Herdfeuer auf der glutheißen Pfanne Eierkuchen, fett, golden, mit bräunlichen Beulen, so Ludwig Benninghoff expressis verbis, so auch seine Cousine Lisbeth, wenn auch ganz ohne zischende und Blasen werfende Worte.

Ein Geistesmensch ist er gewesen, dieser Ludwig, neben dem künstlerischen Großonkel aus Hamborn, von dem noch die Rede sein wird, ein anderer Kunstbesessener aus der Großfamilie. Ihn hatte es vom Niederrhein in den hohen Norden gezogen, nach Hamburg, wo er als Schriftsteller, als Bücher-, Zeitschriften- und Theatermacher gelebt hat. Der aber am Lebensende wieder zurückgekehrt ist in die Heimat, von der Elbe drängte es ihn zurück an den Rhein, nicht nach Bislich, dem Dorf am Deich, wo er geboren wurde, sondern ins gegenüberliegende kulturstarke Xanten. Er starb 1966. Ich hätte ihn also noch kennenlernen, ihn ausfragen können damals, als ich meine ersten ungelenken Schritte in die Geisteswelt tat.

In einer Liste der bekannten Persönlichkeiten Xantens fand ich seiner Kurzvita eine herrenlose Telefonnummer angefügt, die mich an den Turnverein Hünxe-Bruckhausen verwies. Es stellte sich heraus, daß der frühere Vorsitzende dieses Vereins Gottfried Benninghoff hieß. Nicht zuletzt der fromme Vorname ließ mich hoffen, auf der richtigen Spur zu sein und mit die-

128

sem Gottfried einen der Unsrigen, einen Sippenangehörigen ausfindig gemacht zu haben. Ob ihm aber unser Ludwig, der seine Heimat vor über einem Jahrhundert verlassen hatte, überhaupt ein Begriff war, ob diesem Gottfried jemals etwas von der Existenz eines Hamburger Chefdramaturgen Benninghoff zu Ohren gekommen war, fragte ich mich und ahnte bereits, daß ich eher auf völlige Ahnungslosigkeit denn auf irgendeine gemeinsame Herkunft treffen würde. Meine Skepsis stieg, als ich der Homepage des TV Bruckhausen entnahm, der Vorsitzende sei in früheren Jahren lange Zeit Oberturnwart gewesen. Naturgemäß, um es kurz zu machen, kam aus dem Munde des Angerufenen keinerlei weiterführendes Wort. Dagegen fragte ich mich auf einmal, Chefdramaturg oder Oberturnwart, gibt es da wirklich einen essentiellen Unterschied? Ich hörte durchaus eine nicht nur klangliche Verwandtschaft heraus.

Ludwigs Vater, der Sohn meines Ururgroßvaters, war – wiewohl Erstgeborener von elf Kindern – nicht Landwirt geworden, sondern Lehrer, der aber im Lande blieb und in Dinslaken und Bruckhausen Schule hielt, zuletzt, ganz schön weit weg, in Hösel bei Kettwig an der Ruhr. Die Familie Heinrich Benninghoff wohnte auch hier sehr ländlich, nahe dem schönen Schloß Linnep. Sohn Ludwig, der 1890 zur Welt kam, ist einer der wenigen aus der alten Zeit, die der Dorfexistenz und dem Land der Väter entflohen, wenn sie denn nicht gar auswanderten. Er studierte Germanistik, Literatur- und Kunstgeschichte in Tübingen, wo er aber nicht Uhland las oder Schwab, sondern Theodor Storm. Eine frühe Nordsucht ergriff ihn, neben leisem Heimweh nach der *silberumschleierten* Heimat am Niederrhein, seinen Kopfweiden unter weitem Wolkenhimmel. Ein Hang zum Entgegengesetzten, den er später als den Quell seiner Lebensenergie deutet.

Weitere Studienorte waren Bonn und Münster. Nach Ludwigs Staatsexamen erwartete der Staat sogleich eine neue Prüfung von seinem Untertanen, welcher er sich freiwillig stellte. Bei Kriegsausbruch meldete er sich bei den Düsseldorfer Ulanen und brachte es bis zum Leutnant der Infanterie, war später dann bei der Luftaufklärung und in ersten Jagdflugzeugen im Einsatz, stürzte auch einmal ab, kam aber glimpflich davon. Über das alles half ihm sein Hölderlin hinweg; der hatte im Gedicht den Tod fürs Vaterland als Opfer- und Heldentat verklärt – und als *Dichter aus alter Zeit* etwas anderes gemeint (wer heute Germanistik studiert, weiß es inzwischen): Lebe droben, o Vaterland, / Und zähle nicht die Toten! Dir ist / Liebes, nicht Einer zuviel gefallen.

Dieses Gedicht nahm er auch auf in die Anthologie *Romantik-Land*, die er 1921 für die Hanseatische Verlagsanstalt herausgab, deren Lektor er geworden war. Bloß nicht Lehrer werden, hatte er sich geschworen. Er wohnte jetzt in Rissen bei Hamburg, verheiratet mit der schönen Tochter des Bahnhofvorstehers aus Hösel, ich habe ein Foto gesehen, es zeigt eine ernste, verträumte, liebliche Auserwählte. Der Betrachter gerät bei ihrem Anblick selber ins Träumen und freut sich, daß sein Urdramaturg sie hat entführen können an die nüchternen Wasser der Elbe. Allemal eine Heldentat, das Herz dieser jungen Frau zu gewinnen, süßer und ehrenvoller als »zu bluten des Herzens Blut / Fürs Vaterland«, und sodann selber Leben zu zeugen. Der jüngere Ludwig war selber ein schöner Mann mit künstlerisch gewelltem üppigem Kopfhaar. Seine Söhne nannte er aus Begeisterung für die germanischen Heldenepen Sigurd und Volker, und die Tochter wie die Mutter, Hedwig.

Ein erregt deutschnationaler Bursche und trunken von Vaterländischem, dieser Benninghoff zu Beginn der Zwanziger Jahre. In der anderen poetischen Sammlung *Das freudige Herz,* die er 1923 herausgibt, zitiert er den Volksliedvers »Kein schön'rer Tod ist auf der Welt, / als wer vorm Feind erschlagen« und schreibt im Vorwort: »Denen aber, die zu zweifeln wagen an der Freudigkeit, mit der dieser Todesweg geschritten wurde, gehört die Faust ins Gesicht«. Wahrlich nichts Versöhnliches. Weiß er, der Dreiunddreißigjährige, was das *Volk* hören, lesen, sehen will? Er beteiligt sich an der Gründung des Verbands der »Deutschnationalen Handlungsgehilfen« und leitet deren Besucherorganisation für die Hamburger Bühne. Endlich, mit der Gründung einer »Zeitschrift für künstlerische Kultur«, sage ich erleichtert, läßt du mich das einfügen, Ludwig?, gelingt es ihm, die völkische Gebärde abzulegen und sich ganz der Welt des Buches, des Theaters, des Geistes zu widmen. In einem Offenen Brief an den Philosophen Ludwig Klages schreibt er, auch das Denken sei eine Lebensfunktion. »Ja«, antwortet der ihm in einer Notiz am Rand des zehnseitigen Sonderdrucks, »sofern es ohne das Leben nicht stattfände; nein, sofern es ohne den Geist nicht stattfände. Das hast du noch nicht begriffen, Kind!«

Dr. Benninghoff – im Literaten-Nachschlagewerk »Kürschner« jener Jahre wird er mit einem Doktortitel angeführt, Ort und Thema seiner Dissertation habe ich freilich nicht ermitteln können –, der Herausgeber Benninghoff machte aus der neuen Zeitschrift, die sich »Der Kreis« nannte, ein führendes Geistesorgan für Hamburg und weit darüber hinaus, sämtliche Sparten waren darin vertreten, Kunst, Musik, Literatur, Architektur und andere, zehn Jahre lang, bis 1933, mit Abbildungen beziehungsweise Würdigungen der Arbeiten von Franz Marc, Wilhelm Lehmbruck, Ernst Barlach, Alfred Kubin, Otto Pankok, Max Beckmann oder Texten der mit ihm engbefreundeten Schriftsteller Hans Leip, Theodor Däubler und Hanns Henny Jahnn, dessen Roman *Perrudja* dank Benninghoffs Engagement 1929 erscheinen konnte. Regelmäßig zur Mittagszeit trafen sich die bedeutenden Kulturköpfe des Stadtstaates im Café Kaul in der Mönckebergstraße, scharten sich um den Tisch Benning-hoffs, der hier die tonangebende Persönlichkeit war, kulturbe-trieblich von großem Einfluß und auch körperlich inzwischen ein Schwergewicht. Bis in den späten Nachmittag wurde pala-vert, polemisiert und gepafft.

Nach einhundertzwei Heften – zuletzt noch mit Beiträgen von Friedrich Sieburg und Reinhold Schneider – der abrup-te Schluß: Im Mai 33 stürmte der »Kampfbund für deutsche Kultur« das Büro der Zeitschrift, schlug alles kurz und klein und nahm Benninghoffs Kompagnon Wilhelm Postulart für eine Woche in *Schutzhaft*, während Ludwig sicherheitshalber bei Freunden unterkam, jede Nacht bei einem anderen. Die Einkünfte aus den Abonnements der Zeitschrift waren für die Familie Benninghoff die wesentliche Existenzgrundlage; was nun? Die teure Villa in Rissen konnte sie sich bald nicht mehr leisten, mußten umziehen in eine kleine Wohnung direkt neben dem Stadion von Altona 93 in Bahrenfeld. Sollten sie vielleicht nach Schweden auswandern? Immerhin hatte Ludwig soeben einen historischen Roman über Gustav Adolf abgeschlossen, eine *Königssaga*. Dann scheinbar ein Lichtblick: man bot ihm die Stelle als Dramaturg beim Altonaer Stadttheater an, die aber zu seinem Entsetzen verbunden war mit dem Amt des Pressechefs eines Oberbürgermeisters, der als überzeugter Nationalsozialist galt.

Nun war er endlich im Theater angekommen, das war sein Metier, seine Welt, er konnte Hauptmann und Barlach zur Auf-führung bringen, aber unter welch düsteren Begleitumständen. Auf einer »Prangertafel« tauchte der Name Benninghoff gar in der Münchener Ausstellung »Entartete Kunst« auf, neben ande-ren Namen von Kunstkritikern der »Systemzeit«, so der Nazi-Begriff für die Weimarer Republik. Die Liste war umgeben von

Zeichnungen des in Deutschland aufs heftigste diffamier-
ten Ernst Ludwig Kirchner.
Sohn Volker, der, anders als
der Vater, Memoiren hinterlassen hat, schreibt, daß seine
Schwester ihre Eltern nachts
oft hat weinen hören.

Vater Ludwigs Ruf war
indes bei den Kennern und
Liebhabern des Theaters
unbeschädigt. In Berlin hatte
sich Fritz Wreede, der jüdi-
sche Mitinhaber des Bühnenverlags Felix Bloch Erben, das
Leben genommen, indem er sich auf der Freybrücke in Spandau
erschoß und dann ins Wasser stürzte. Sollte er der Nutznießer
dieses traurigen Selbstmords sein? Ludwig zögerte, aber die
Witwe Wreede, die keinen Nazi vor die Nase gesetzt haben
wollte, wußte ihn zu überzeugen, sie war gesellschaftlich gut
vernetzt und sicherte dem neuen Lektor ihre Protektion zu,
falls der, kein Parteigänger, einmal Schwierigkeiten bekommen sollte. So kam es zum Umzug der Familie nach Berlin-
Wilmersdorf in die Nassauische Straße. Das väterliche Arbeits-
zimmer war wie immer ultramarin ausgemalt. Ob das gegen
den braunen Terror draußen half? Ludwig keuchte. Er wog
jetzt fast zwei Zentner.

Als er einmal im Bahnhof mühselig auf den abfahrbereiten
Zug zuhumpelte, dann aber nicht sogleich einsteigen wollte,
sondern in den übernächsten Waggon, den mit Raucherabtei-
len, rief ihm der Bahnhofsvorsteher zu: »Menneken, der letzte Wagen ist hinten.«

Seltsam, ins Theater gehen mochte er hier nicht, vielleicht erschöpft von seinem Tagwerk, den vielen Manuskripten, dem Verhandeln mit Intendanten und Agenturen. Seine Söhne gingen dafür um so lieber in Stücke von Shakespeare, Hauptmann und Kurt Götz wie auch in die *Lustige Witwe*, wo Johannes Heesters seinen Besuch im Maxim besang, der ihn dank der Damen Lolo, Dodo und Froufrou alles andere vergessen lasse und also auch das teure Vaterland.

Es gefiel ihnen in Berlin, es war immer etwas los, Olympia, die 700-Jahr-Feier, schönste Ausflugsziele, etwa zur Kirschblüte nach Werder, wo es den Vater Ludwig an den Niederrhein erinnerte. Als der Krieg ausbrach, konnte Sigurd noch für eine Weile weiterstudieren, Volker dagegen wurde sofort eingezogen, und bald griff man auch auf den 50jährigen Leutnant Benninghoff zurück und verpflichtete ihn zum Dienst als Fliegerhorstkommandant nach Varel bei Oldenburg. Doch er wollte raus aus dieser verdammten Wehrmacht, simulierte mit Erfolg den Magenkranken und blieb nach seiner Entlassung mit Frau und Tochter auf dem Lande, denn das Bombardement auf Berlin war noch nicht beendet.

Kurz nach dem Krieg veröffentlichte der neue Dramaturg am Hamburger Schauspielhaus ein Büchlein mit dem Titel *Das Spiel geht weiter,* es trug den Untertitel: *Betrachtungen nach einem Untergang.* Dr. Benninghoff, der Verfasser, der jetzt selber im vierten Stock eines halb zerbombten Hauses in Altona lebte, so daß sein Sohn schon fürchtete, der Vater könnte nachts beim Gang zur Toilette in die Tiefe stürzen, meinte vordergründig gar nicht Untergang und Zerstörung Berlins, Hamburgs, Deutschlands, meinte nicht den Schrecken jetzt in den besetzten Zonen mit Tod, Leid, Hunger und Vertreibung, sondern, geradezu provokativ, buchstäblich das Theaterspielen von klassischen Tragödien mit ihren auf der Bühne dar-

gestellten Untergängen, seien es die antiken Meister Sopho-
kles und Aischylos, seien es Shakespeare und Goethe oder
die neueren, insbesondere französische Autoren, welche die
alten mythologischen Stoffe gestalteten. Schon in Tübingen
hatte Friedrich Hölderlin in ihm die Sehnsucht nach einem
idealistischen Griechenland geweckt. Tübingen, das war für
ihn der Ort, wo Hölderlin aus seiner Kammer im Turm dem
Neckar drunten letzte Botschaften zugeworfen hatte, dem lieben Fluß, dem nur *ein* Buchstabe zum Naß der olympischen
Götter fehlt, wie er im Rückblick schreibt. Für ihn ist Hölderlin
ein Fährmann, ein Charon in das Leben, der vom Elysium die
wundervolle, erschütternde Antigone geholt, sie übergesetzt
hat ans deutsche Ufer.

In seinem Essay *Antigone, Hölderlin und wir* nennt Ludwig
Benninghoff ein einziges Mal das gegenwärtige Chaos beim
Namen: »Mord, Blut, Seuchen, Haß, Gier, Rache, Vergeltung
erfüllten unsere Erde, unser Herz und Hirn. Die ach so modernen Großstädte sind Trümmerhaufen, unsagbar häßlich, Hau-
fen von Rost, Beton, Dreck. Mitten in dieser Gestaltlosigkeit
eine einzige Figur: ein Mädchenwesen, rührend, wehrlos, das
ist Antigone«.

Großes Theater in der Trümmerwelt Hamburgs. Bei der Auf-
führung am 15. Februar 1946 spielte Maria Wimmer die Antigone, weißgewandet mit schwarzen Haaren, das Bühnenbild
bestand aus hellen, mit Stoff bespannten Wänden. Der Dramaturg holte nicht die Realität ins Schauspielhaus, sondern
zeitlose Tragik, die Trauer über den jüngsten Untergang blieb
keineswegs *draußen vor der Tür*, sondern vertiefte, verwandelte
sich, dank der Übersetzung Hölderlins, zur Ahnung, daß im
»Zerstörten jene Erneuerung wohnt, die Ewigkeit bedeutet«,
lese ich in meinem vergilbten Exemplar des Benninghoffschen

Werks *Am Kreuzweg der Tragödie* von 1948 aus dem Hansischen Gildenverlag.

Mit Absicht, schreibt er, seien die Stoffe der Tragödie, wie aller griechischen Kunst, für die Zeit, wo sie geschaffen wurden, alt und unaktuell, unreal und zeitfern. So habe der Dichter Phrynichos nach der Einnahme von Milet durch die Perser eine Tragödie verfaßt, bei deren Aufführung die Athener in Tränen ausgebrochen seien. Danach, schreibt Ludwig, wurde das Werk sofort verboten und über den Dichter die ungeheuerliche Summe von tausend Drachmen Strafgeld verhängt. Das Theater damals hatte dem Gott zu dienen, so zustimmend der gestrenge Ludwig, nicht den Instinkten der Masse.

Hatte es ihn überrascht, daß auch moderne Dramendichter sich dieser vertiefenden Bildlichkeit durch den Mythos bedienten, Sartre etwa und Jean Giraudoux? Dessen Werke preist Ludwig in den höchsten Tönen; so ausweglos bei ihm der Gang des Schicksals auch sei, es bleibe der Glanz einer Heiterkeit, die selbst im tiefsten Schmerz noch wohne. Das Spiel geht weiter – so der Schlußsatz des Giraudoux-Stücks *Sodom und Gomorrha,* la scène continue. Bezeichnend, daß der Chefdramaturg die reale Operation Gomorrha, den Luftkrieg gegen Hamburg, mit keiner Silbe anspricht. Dieses Inferno gar im Bühnenbild anzudeuten, wäre ihm allzu direkt, ja platt erschienen, in seiner Schrift bezieht er vehement Stellung gegen einen imaginären Herrn Platt. Der Schauspieler Bernhard Minetti hat ihn damals kennengelernt als einen idealistisch geprägten Mann, mit dem er immer wieder das Gespräch gesucht habe, »unser Dramaturg Benninghoff … war ein guter, immer auch kritischer Geist.« Es gibt noch ein anderes Zeugnis aus jener Zeit, das der damals blutjungen Schauspielschülerin Kirsten Dene, die sich dankbar an seine Anregungen erinnert, seine mimischen Übungen hätten ihr nicht geschadet, und begeistert habe sie sein Erzählen von Hans Henny Jahnn.

Für den unbequemen Dichter und Orgelbauer Jahnn setzte er sich auch nach dem Krieg unermüdlich ein; 1956 erhielt der Autor der Romantrilogie *Fluß ohne Ufer* den Lessing-Preis der Freien und Hansestadt Hamburg. Diesen Preis hätte Ludwig Benninghoff beinahe selbst bekommen, sein Name stand 1950 auf der Vorschlagsliste; am Ende wurde Ernst Robert Curtius ausgezeichnet, und das war auch gut so. Curtius hatte sich als Gelehrter intensiv der mittelalterlichen Literatur gewidmet, zuletzt verstärkt wieder dem *Französischen Geist im 20. Jahrhundert*. Den hatte Ludwig, wie gesagt, inzwischen ebenfalls für sich entdeckt. Im Müllenhoffweg 8 in Groß Flottbek hörten nun auch die anderen Benninghoffs immer öfter den Namen Giraudoux. Und Tochter Hedwig, Hety genannt, die Romanistik studierte, machte sich bald an eine Dissertation über diesen Dichter und Diplomaten; später übersetzte sie gemeinsam mit Ernst Sanders, dessen Name mit dem seines Vaters auf jener Prangertafel der Nazis gestanden hatte, Romane von Giono und Duhamel.

»Die Bühne: da ist Jean Cocteau«, schreibt ihr Vater in *Das Spiel geht weiter,* und weiter: »Da ist der beglückende Giraudoux, da ist der große Gide, da ist der geistvolle Anouilh und der großartige Sartre.« Ja, Jean-Paul Sartre hatte es ihm nicht minder angetan, vor allem dessen Drama *Die Fliegen*, das er in seinem Tragödien-Buch seitenlang analysiert. Daß Sartre auch ein Filmdrehbuch geschrieben hat, erwähnt er indes an keiner Stelle, vielleicht weil das Spiel hier nicht weiterging? Der Film *Das Spiel ist aus*, gedreht 1947, beeindruckte mich, als ich ihn in den Sechzigern sah, außerordentlich. Wie banal und kühl und resigniert die beiden gewaltsam Getöteten, Pierre und Eve, die im Leben hätten Liebende sein können, im totgesagten Park

miteinander sprechen und die Zeit dann noch einmal zurück-
gedreht wird und sie den Lauf der Dinge doch nicht ändern
können und sich erneut verfehlen …

Kein Wunder, daß mich beim Aufschreiben melancholische
Gedanken beschleichen und ich mich frage, warum ich dieses
penetrante Aufspüren betreibe von lange in den Todesschat-
ten gesunkenen engen oder auch entfernten Verwandten – ist
dies nicht eine üble Nachrede, wie gut sie dabei auch *wegkom-
men* mögen? Mein Unbehagen also bisweilen bei der Bergung
all dieser Reminiszenzen aus dem Abgrund der Zeit. Bei dem
einen oder anderen Zugriff ist es mir, als entzöge sich mir der,
die, das Ergriffene und verkröche sich irgendwohin oder fauchte mich an: Laß mich in Ruhe!

Nicht aber unser Ludwig. Ich stelle mir vor, wie er mir auf
die Schulter klopft und dröhnend ausruft: »Gut so, Ursohn,
ich nehme es nicht persönlich, es ist ja ein Spiel, ein Schreib-
spiel, und das Spiel geht weiter, im Leben, im Buch, auf der
Bühne. Schön, daß du mich an meine Cousine Lisbeth erinnert
hast, an die Frommen im Rheinland, die »Gott ist gegenwärtig« gesungen haben, ich habe es damals gerne mitgesungen
in der Jugend, ja, Gottesdienst und Bibelstunde können diese
Gegenwart herstellen, und auch das Theater, wie ich es ver-
stehe, eines, das nicht dem Zeitgeist hinterherrennt, das bloß
Zeitgemäße ist eine Todsünde wider den Geist. Du kennst ja
das Bild »Der breite und der schmale Weg«. Hast du einmal
hingeschaut, wo dort sich das Theatergebäude befindet?, es
steht genau auf der Grenze, der Betrachter kann selbst ent-
scheiden, ob es für ihn zum Reich der Welt oder zum Reich
Gottes gehört. Für mich sieht es eher so aus, als müsse man
zunächst den Weg der Verdammnis beschreiten, um dann ins
Theater zu gelangen, wo man im Inneren aber hinüberfinden

kann zum Schau-Spiel, zum göttlich Gegenwärtigen. Ich habe es so erfahren.«

Lisbeth und Ludwig. Die Linien des Lebens sind verschieden.

Die Großmutter hat niemals ein Theater besucht, hat weder das Beecker Theater noch das Duisburger Stadttheater je von innen gesehen, sie hatte ganz einfach an dem Zimmertheater der Bibelstunde ihr Genüge, da gab es ja auch Haupt- und Kleindarsteller, stumme Figuren, Chorgesang, Lesungen, Improvisationen, Souffleure, Ergriffenheit, Tränen, Schweigen. Gott ist gegenwärtig. Der theaterbesessene *Kuseng* schrieb dagegen: Goethe ist Gegenwart. Eine Aussage knapp, klar, gültig-hart, ganz anders als das salbungsvolle Pathos, zu dem er sonst neigte. Es ist der erste Satz seines Essays *Pandora*. Ich las ihn in dem »Almanach für Kunst und Dichtung«, den er zusammen mit Rolf Italiaander unter dem Titel *… und ließ eine Taube fliegen* 1948 herausgab, mühsam entzifferte ich das augenquälend Kleingedruckte darin. »Wer nach ihm trachtet wie nach dem Brot, der findet ihn«, schreibt Ludwig. Und meint Goethe. Und mahnt die Dichter der Stunde Null, die von der Sorge um Brot, Milch, Tabak, Holz und Kohle erzählen, wie Wolfgang Borchert in diesem Almanach in seiner Geschichte *Das Brot für morgen.*

Wie theaterverrückt muß einer sein, um Goethes unvollendete *Pandora* für das beste Bühnenstück deutscher Sprache zu halten, für den Inbegriff des Bühnenhaften? Und so hat Ludwig der Benninghoff in einem hymnischen Nachruf in der »Zeit« auch Gerhart Hauptmann als goetheähnlich gefeiert: Was da auf den Brettern als immer wiederkehrendes Wunder zum Leben erwacht, ist mehr als das gedruckte Wort und intensiver als das sogenannte richtige Leben. Bewegt uns dies nicht im Tiefsten, fragt er an anderer Stelle, wenn sich der Vorhang zu der anderen Welt auf den Brettern öffnet? Wer das Entzücken und die Schauer dieser Sekunde nicht kennt, weiß nicht, was

Theater ist und hätte er Tausende von Aufführungen besucht ...
So heißt es, um genau zu sein, auf Seite 19 seiner Schrift *Das Spiel geht weiter.*

Wäre ich mit ihm doch in Xanten zusammengetroffen! Dann hätte er mir vielleicht auch von dem furiosen Buch erzählt, das er als junger Mann geschrieben hat, hätte erzählt von den mythischen Helden aus *Lucifers Geschlecht*, von Völund und Gaut, von Prometheus. Als ich nun hineinlas in seine Deutung der altgermanischen und griechischen Sagenwelt als einem ewigen Kampf zwischen dem Geist und der Materie, dem Licht und der Finsternis, war mir doch ein wenig unheimlich; um so schöner, wenn er gleichzeitig – in den Kampfpausen – die Welten erfüllt sieht *von Boten der Liebe, die aus unwirklichen Höhen, von dem leuchtenden Herzen Gottes durch die Schauer des blauflutenden Raumes niederfahren und wieder aufsteigen.*

Die Verben der Gemütsbewegung

Den langen Schlabes nannten wir Schlabber. Dem wollten die Schamhaare nicht wachsen. Als wir Wind davon bekamen, stellten wir uns im Klassenraum um ihn herum, rieben mit dem Zeigefinger unseren Handteller und stimmten einen häßlichen Heulton an. Ofenmann! riefen wir dann, immer wieder: Ofenmann! Sein Vater arbeitete bei Thyssen, die vielköpfige Familie lebte, hieß es, von der Wohlfahrt und brauchte kein Schulgeld zu bezahlen. Wir nannten ihn Schlabber, weil er Hosen trug, die seinem älteren Bruder zu klein geworden waren, ihm selbst aber um die Beine schlabberten, wir packten ihn, wie er kreischte!, und schwangen ihn in Kopfhöhe hin- und her, grölten unsere Spottgesänge.

In den großen Pausen gab's regelmäßig Kloppereien; binnen Sekunden bildete sich eine Traube Schaulustiger, die auch nach dem Eingreifen der aufsichtführenden Studienräte sich nur langsam auflöste. Manchmal skandierten wir Schüler völlig grundlos, ins Leere hinein, ein anschwellendes *Hau ihn! Hau ihn!* und überließen den nervös herzueilenden Pädagogen seiner Verblüffung, denn da waren gar keine Streithähne, die er hätte trennen müssen: Unser Gelächter trieb ihn davon und entschädigte für vieles.

Schlägertypen gab's auch unter den Lehrern; ins Gesicht schlug der einbeinige Geschichtslehrer; der glasäugige Mathelehrer zog an den feinen, fassonkurzen Haaren über den Ohren; der lateinische Altmeister verteilte quer durch die Bank Klapse auf den Hinterkopf (»vor Gebrauch zu schütteln«), wer die Antwort wußte, blieb verschont: porta crepat, die Tür knarrt; der asketische Zeichenlehrer hieb mit dem Zeigestock auf die Finger, die schon bald beim Linolschnitt mit dem Messer abglitten tief ins Fleisch; der kleinwüchsige Musiklehrer, der uns vom Klavierpodest herab alle Musikalität austrieb, ließ seinen Ohrfeigen ein derart wütendes Donnerwetter folgen, daß uns das absolute Hören für immer verging.

Auf einem dieser naturgemäß beklemmenden Klassentreffen, wenn die Ehemaligen selber schon ergraut und in Rente sind, erzählte der alte Klassenlehrer, bei jenem Musiklehrer hätten sie in Mähren in der Kinderlandverschickung *Fort mit allen, die noch klagen, die mit uns den Weg nicht wagen*, singen müssen, *fort mit jedem schwachen Knecht, nur wer stürmt, hat Lebensrecht*. Vor den Zeugnissen, so der Lehrer weiter, mußten sie einzeln vorsingen, er habe *Ein feste Burg ist unser Gott* gesungen, keine leichte Melodie, fügte er lächelnd hinzu, und er habe dafür nur ein Befriedigend bekommen. Ob er nicht besser *Ich bin Adolf Hitlers kleiner Soldat* gewählt hätte?

Wir aber, bei einem anderen Musiklehrer gute zwölf, vierzehn Jahre später, sangen im friedlichen Meiderich: *Nur nicht wie die Unken, die da Wasser trunken, kla-hahaha-gen aus dem Teich …*

Im Schulgottesdienst in der ersten Schulstunde am Donnerstagmorgen betete der Pfarrer mit den Worten Luthers um den Beistand eines heiligen Engels, damit auch an diesem Tage der böse Feind keine Macht an uns finde. Ach, mein verbibeltes, verfrömmeltes Jugendjasein, stihill, stihill, still, weil's Kindlein schlafen will. Auf einmal war ich ein Katechumene, war allen untertan. Ein Untertertianer. Nicht einmal ein Freischwimmer. Immer den unteren Weg gehen. Nur nicht wie die unten. Nur nicht wie die Unken. Unter Geiern. Ich blickte in den Sprachspiegel, die starken Verben waren die schwachen, zum Lachen, wie sie einknickten, ihre Stammformen radikal ändern mußten, singen, sang, gesungen, sum fui esse, ich hau dir inne Fresse.

Einer der Lehrer hieß Heidelberg, von Rechts wegen Lateinlehrer, trug als Titel Dr. rer. nat. et pol. mit sich herum und wurde wegen seines bulligen Aussehens nach dem berühmten Boxer Carnera genannt. Er schielte und stank nach kaltem Pfeifentabak, und auch er schlug aus Hilflosigkeit zu. Man ließ ihn evangelische Religion unterrichten, in pubertärer Willkür verlangten wir bei ihm das Absingen von Chorälen, um den eigentlichen Unterricht, das Verlesen trostlos langweiliger Referate, aufzulockern. Seine Noten gab er nach Wohlverhalten; in seinem Büchlein fanden wir das Kürzel »st« (für »stört«), das wir ausradierten, er bemerkte es nicht einmal. Mittels komplizierter Wasserleitungen überschwemmten wir seine ausgebeulten Jackettaschen, hefteten ihm Papierschlangen an die Kleidung, mit denen er in treuer Tragik, einem Sancho Pansa gleich, zum Lehrerzimmer zockelte. Er hatte die Angewohnheit, sich beim ambulanten Dozieren auf einer Schülerbank abzustützen, dabei hin und wieder den Standpunkt verändernd, was uns auf den Einfall brachte, eine Tintenlache über die Holzfläche laufen zu lassen, in welche Carneras breiter Daumen verwundert eintauchte. Und einmal, so will es die Fama, soll er die königsblaue Flüssigkeit mit seiner nikotingelben Zunge abgeleckt haben.

Ja, wir sangen bei Carnera, zum Beispiel »Ich hab mein Herz in Heidelberg verloren«, ohne dabei die Lippen zu bewegen, mitten im Sommer summten wir »Leise rieselt der Schnee« und rückten mit den Bänken zusammen, so daß sich der wie geistesabwesend schwadronierende doppelte Doktor plötzlich von sperrigem Mobiliar eingekeilt wiederfand. Carnera sprach französische Namenwörter ohne Nasal: Verdöng, Säng Schermäng.

Affreux, terrible, horrible, épouvantable, schrie ein anderer Studienrat mit Doktortitel, wenn er unsere Fehlleistungen im Französischunterricht geißelte und uns in gespielter Empörung synonyme Ausdrücke beibrachte für »gräßlich«, später (wenn ich mich nicht irre, si je ne me trompe pas) auch *abominable* und *dégueulace*.

Einmal suchte Dr. Kreft nach einem Schuldigen, alle standen stramm in bangem Hochmut: wie heftig errötete ich und war doch nicht der Gesuchte! So fiel ich auf, nach einer knappen Frage ließ der Despot von mir ab. War er es aber nicht, der mich in einer Vertretungsstunde auf Hans Henny Jahnn und seine beklemmende Geschichte von *Ragna und Nils* aufmerksam machte? Oder verwechsle ich Ragna mit Robert Musils *Tonka*?

Namenlos hätte ich die Schule ertragen können, aber wir erhielten Eigennamen, Spitznamen, neue, verstümmelte Varianten, ironische Titel, wir wurden Nachtwächter, Holzfäller, Sachsen, Speckhaken. Nie war ich der Anführer, weder bei den Stolzen und Starken noch im Alphabet, das war mir recht, beim Zensurenlesen war ich eingebettet ins erste Viertel der Liste, wie könnte ich jene Reihe je vergessen: Antheck Becker Boltze Brakel Buchsteiner Dietrich Fallen Feldhoff ..., sie endete mit Sachsenröder und Tiefenbach. Dieser Tiefenbach wurde später Professor der Altgermanistik und gilt heute als führender Gelehrter in der Erforschung des Altsächsischen, insbesondere als Spezialist für alte Namen. Im Gymnasium wurden wir beim Familiennamen genannt und redeten uns auch untereinander so an! Nur der junge Klassenlehrer nannte uns beim Vornamen und behielt das auch in der Oberstufe bei, während uns die anderen Studienräte gleichzeitig siezten: Feldhoff, halten Sie die Klappe!

Namen meiner Lehrer: Asche, Schrage, Hartmann, Ruffler, Wild, Hunnius. Dieser Hunnius wurde später Professor der Romanistik. Habilitiert hatte er sich mit einer Studie über den Modusgebrauch nach den Verben der Gemütsbewegung im Französischen. Ich wünschte, ich hätte in seinem Unterricht besser aufgepaßt.

Am Rande des Schulhofs bewachte ein ruppiger Invalide unsere Fahrräder. Die größere Mühe machte es ihm, uns den ihm zustehenden Fahrradgroschen abzuluchsen. Auf einer Schiene wurden die Räder im Fahrradständer in die Höhe geschoben, wo sie dann eigenartig vertikal unter einem Wellblechdach hingen. Immer wieder, in einer regelrechten Diebstahlserie, drehte ich von fremden Fahrrädern den Schellendeckel ab, hatte schließlich ein ganzes Sortiment zusammen, das ich zu Hause in meiner Geheimschatulle versteckte, einer Zigarrenkiste. Warum tat ich das? War es eine Mutprobe vor mir selbst? Wollte ich mich für den Verlust eines eigenen Schellendeckels revanchieren? Ich hatte ein Unrecht begangen, das wußte ich, das belastete mich als gelegentliche Anwandlung, stärker jedoch blieb die diebische Freude über meine gelungenen Raubzüge.

Und beim verbotenen Skatspiel erlebte ich ähnlich Verqueres, ich hatte entdeckt, daß man beim Skat auch als Verlierer gewinnen kann, *Nullouvert* wurde zeitweilig mein Lieblingsspiel, das französische Wort zum paradoxen Geheimcode, die Mitspieler mieden diese seltsame Form des Siegens, ich aber, biblisch unterwiesen, wußte es ja, die Letzten werden die Ersten sein. Ich gewann also und tat gleichzeitig Buße, hatte die wenigsten *Augen* und die Karten offen, Hosen runter!, auf den Tisch gelegt! Spielten wir um Geld? Allenfalls um den Zehntelpfennnig.

Gespenstisch der Schwimmunterricht in der Badeanstalt in Laar, Trillerpfeifen, beißendes Chlor, Speibecken, die nackten Menschen, der weißgekleidete Bademeister, grinsend scheuchte er dich die Treppe zum Drei-Meter-Brett hinauf, drohte den Zaudernden hinterrücks mit einer Stange hinabzustoßen, dein Neid auf die Stärkeren, die schon schwimmen und den Köpper konnten. Angst mit elf Jahren. Ekelhaft das kal-

te Stahlgerippe zum Aufbewahren der Kleider. Schwimmen lernte ich erst, als das offizielle Schwimmlernjahr vorüber war. Wenig zimperlich auch der Physiklehrer, der gleichzeitig unser Sportlehrer war, militärischstraff wurden wir in Leistungsriegen eingeteilt, ich gehörte natürlich zu den Milchbärten, Waschlappen und Träumern. Sein hämischer Ruf: *Kiste hoch!*, wenn die Beine beim Felgaufschwung verzweifelt in die Luftleere taumelten. Ich schwänzte seinen Unterricht, saß trotzig bei einem Glas Bier in der Bahnhofskneipe, fühlte eine verwegene Lust am anderen Leben. »Ist das ein Windhund?«, fragte der Mann, als mein Fehlen aufflog.

Narben trug ich davon, an der Kniescheibe, unterm Kinn, vom Fußballspielen mit kleinen Bällekes nach Schulschluß auf dem Schulhof. Tücke Böttcher ist dabei, immer auch das Trio Hanewinkel, Kleipaß, Schunk, sogar der ungelenke Schlabber. Wir holzen. Wir säbeln. Wir grätschen. Rüdiger Mielke umfummelt uns alle. Das Wichtigste: beim *Wählen* (Piß / Pott) nicht als einer der letzten genannt zu werden, hier geht's nicht um Nullnummern, sondern um Treffer. Mach ihn rein! Unsere Schultaschen bilden die Tore.

146

Der Klassenkamerad Buchsteiner, der im sogenannten Helferkreis tätig war, also als Kindergottesdiensthelfer, machte mich auf Nietzsche aufmerksam. Nietzsche galt naturgemäß als antichristliches Schreckgespenst, ich kannte von ihm nichts als ein paar Lesebuchaphorismen (*Der Deutsche ist nicht, er wird*). Buchsteiner sprach auch von Teilhard de Chardin, dessen Name reizte mich. Doch sein Denken verfing bei mir nicht, so sehr war ich dem Glauben der Väter, der Großväter, und, wie mürrisch auch immer, den frommen Ritualen der Familie verhaftet, für Häretisches oder Esoterisches war da kein Platz, Besetzt! rief ich den Eindringlingen, den Einlaß Begehrenden entgegen. Der Kamerad Buchsteiner ging mit diesen geistlichen Hexenmeistern gänzlich unbekümmert um, er hieß sie lächelnd willkommen, fand sie amüsant und entließ sie gleichwohl mit demselben Lächeln, das zeigte, daß er ihre heftigen Attacken, ihre kühnen Aberrationen als unterhaltsame Plaudereien wertete, die sein protestantisches Herz nicht zu erschüttern vermochten, jedenfalls nicht auf der Stelle, nicht damals, die aber vielleicht doch ihre zerstörerischen Spätfolgen hatten; evangelischer Pfarrer geworden, starb er früh an rheumatisch erkranktem, erwürgtem Herzen.

Ich tat alles, um die Zwangsjacke Familie abzuschütteln; doch sobald ich die Wohnung betrat, wurde sie mir umgelegt, atmete ich flacher, ging in Deckung, gab Obacht, ob die Kontrolleure im Hause waren. Kein Wunder, daß ich den Heimweg von der Schule hinauszögerte, sommers mit dem Fahrrad, wenn ich mit Armin unterwegs war, der von Mittelmeiderich bis Meiderich-Berg zu Fuß ging, er lief neben mir her, ich fuhr im Schrittempo, hatte mir eine herrschaftliche Attitüde angewöhnt, ich saß ja hoch zu Roß auf meinem Herrenrad, einem Klappergestell, ernannte Armin zu meinem Butler, dabei hatte er etwas Altgermanisches an sich, ein rauher Geselle, ein Cherusker, einmal, in der Obersekunda war's, übersetzte er die Zeile *Phol ende Wodan fuerun zi holza*: Phol und Wotan waren Holzfäller, wir machten Pause an einer Trinkhalle, wo ich ihn entlohnte, ihm einen Mohrenkopf spendierte oder eine Lakritzschnecke.

Armins Vater war in meinen Augen ein einfaches armes Männlein, neben einer gebieterischen Frau, die *etwas darstellte*, im Haus lagen Mickymaus-Hefte herum, hier durfte ich sie lesen. In ihrem Garten gab es eine Weinlaube mit eßbaren Trauben.

In späteren Jahren engagierte sich Armin für die Sprache und Kultur der Sorben. Inzwischen ist er gestorben. Das Schicksal hat sich seinen Reim darauf gemacht, *ich* sollte es nicht tun, will aber den schönen, tröstlichen Gedanken zulassen, daß am Jüngsten Tag alle noch einmal auferstehen und beisammen sind, wie im Theater am Ende die Schauspieler, ob sie im Stück gestorben sind oder nicht, vor dem spurlosen Ver-

schwinden im Dunkel alle noch einmal sich aufstellen und ver-
beugen. Dann den armen Armin wiederzusehen – ich möchte,
während ich dies aufschreibe, fest daran glauben, Armin, der
unverheiratet an der Seite seiner Mutter verdämmernd in dem
kleinen Häuschen in Meiderich-Berg gelebt hat, das über die
Jahre hin, wenn ich dort einmal vorbeifuhr, Armin und seine
Existenz ignorierend, zunehmend den Eindruck machte, als
müsse es nun bald abgerissen werden, da um es herum die
sogenannte Industrielandschaft sich seltsam gefräßig ausbreite-
te, seltsam, da andererseits auf meinen Heimatort zu die alten
Zechen- und Stahlanlagen längst geschlossen und stillgelegt
waren, verwandelt in einen riesigen Freizeit- und Kunstpark.
In meinem Erinnerungsohr höre ich Armin, den der Morbus
Bechterew zuletzt nur mehr dumpfe, furchteinflößende Laute
hervorbringen und an einen Rübezahl denken ließ, wie er im
gebirgigen Lande der Sorben Drohungen gegen unverständige
Talbewohner ausstößt. Er hat im übrigen den gleichen Beruf
ausgeübt wie ich. Was er unterrichtet hat, vermag ich nicht
einmal zu sagen. Zuletzt hat man ihn wohl, soweit mir erin-
nerlich ist, nur noch in den sogenannten Zeichensaal gelassen, wo er eine Kunst gelehrt hat, bei deren Vorstellung mich
Entsetzensschauer durchlaufen. Und was mich immer wieder
an den Zeichensaal damals im Gymnasium erinnert, wo aus
fleckigen Wachsmalfingern erste eigene Bilder entstanden;
schon bald waren sie unter Gelächter in einer riesigen Map-
pe verschwunden, um irgendwann wieder aufzutauchen als
Farbspiele und Leideformen des frühen Lebens.
Owê war sint verswunden alliu mîniu jâr.
Sicher, wir hatten allerlei mit uns selbst zu tun, älter werden, Haare, Mädchen, Bier, Freizeit, Gehorsam, Klopperei,
Fahrrad, Fußball, der MSV mit Eia Krämer, Pille Gecks, Pitter
Danzberg, Hennes Sabath, sogar Helmuth Rahn, der Boß, war

dabei. Und wir schwärmten noch immer von dem legendären Ex-Duisburger Toni Turek, dem Teufelskerl im Tor der Weltmeisterelf. Auf einem Trainingsplatz des MSV spielten auch wir Schüler Fußball, im Sommer war das unser Sportunterricht in der Stadionanlage an der Westender Straße, hier fanden auch die Vaterländischen Festspiele statt. Ein großes Ereignis, wenn man, wenn ich im Dreikampf über 40 Punkte erzielte und von den Bundesjugendspielen, wie sie offiziell hießen, mit einer Siegerurkunde heimkehrte oder, ich nie, mit über 55 Punkten, mit einer Ehrenurkunde, unterschrieben von Theodor Heuss!

Doch auch ich war einmal die Nummer eins im Staate: Als wir den »Peter Squenz« aufführten, spielte ich den König, den König Theodorus, es war ein Traum, ich trug eine Krone aus Messing, wahrlich schwer lastete sie auf meinem Haupte. Ich sprach im Heinrich-Lübke-Tonfall, und alle lachten furchtbar.

Am Rande dieser Großereignisse, nur wenige Meter weiter Richtung Obermeiderich, lag die Siedlung Ratingsee, bauhistorisch ein bedeutender Ort, vom Gymnasium hätten wir bequem dorthin gehen können, auch vom Zebra-Dreß des MSV »ausgehend«, taten es aber niemals, haben niemals, denn wie überall umgab auch uns das Schweigekartell der Nachnazizeit, diese vor der Schultüre liegende zeitgeschichtliche Stätte eines grausigen Geschehens aufgesucht. Es wird etwas geschehen, hieß eine der mich beeindruckenden Kurzgeschichten von Heinrich Böll. Und hier war etwas geschehen, hier hatte es ein KZ-Außenlager gegeben, hier wurden vierhundert Häftlinge aus dem KZ Sachsenhausen im Oktober 1942 in Baracken untergebracht, ungeschützt den nächtlichen Bombenabwürfen ausgesetzt. Kahlgeschoren und als solche für jedermann erkennbar an ihren zebragestreiften Kitteln und Hosen waren sie tagsüber abkommandiert zum

Schuttwegräumen, zur Entschärfung von Blindgängern, unter Todesgefahr. Das Lager selbst wurde Ende April 1943 durch Spreng- und Brandbomben vollständig zerstört, die Zahl der Toten unter den Häftlingen ist nie genau angegeben worden. Heute ist das Gelände längst bebaut, an der Stelle des Lagers erhebt sich, mit ihrem luftigen Glockenturm aus Stahlrohr, die Kirche Maria Königin. Inzwischen ist auch sie stillgelegt.

Ich habe meinen alten Meidericher Lehrer H., der zur Zeit des Geschehens auf dem Ratingsee, den man vor hundert Jahren zugeschüttet hat, zehn Jahre alt gewesen ist, gar nicht gefragt, ob er selber die unglücklichen, meist ausländischen Männer zu Gesicht bekommen hat. Oder habe ich vergessen, was er hierzu gesagt hat? Nicht vergessen aber habe ich eine kleine Geschichte, die er mir aus seiner eigenen Schulzeit an unserem Gymnasium erzählte. In einer mündlichen Hausaufgabe über den Dreißigjährigen Krieg und die Stellung der Schweiz nach dem Westfälischen Frieden von 1648 hatte sich Bernhard H. einer Formulierung aus seinem Geschichtsbuch *Volk und Führer* bedient, die ihm bei der Vorbereitung sofort ins Auge gesprungen war und welche er als Schlußpointe zu verwenden sich vorgenommen hatte. Wörtlich habe er gesagt: »Und seit jener Zeit liegt die Schweiz am Rande des großen Geschehens.« Kaum hatte er ausgesprochen, da bekam sein grauhaariger Geschichtslehrer einen fürchterlichen Wutanfall, mit den Füßen stampfend und tierische Urlaute ausstoßend, habe er seine Empörung kundgetan darüber, daß er, Bernhard, so törichte Phrasen habe nachplappern können. Vielleicht, donnerte er in den Klassenraum, leben die Menschen am Rande der ungeheuerlichen Vorgänge glücklicher als wir inmitten des großen Geschehens, glücklicher jedenfalls, als der Verfasser dieses Buches auch nur ahnen könne.

Über dieselbe Schule und doch eine ganz andere, die offenbar nichts dazugelernt hat, schrieb ich, noch im alten Jahrhundert, ein Gedicht:

Dreiunddreißig Schulen der Nazion

eine Schule der Tätlichkeitswörter
eine Schule der Brandsätze
eine Schule wo gehobelt wird
eine Schule die durch und durch sich durchsetzt
eine Schule mit dem Willen zur Macht
eine ergreifende Schule zur Nacht
eine Schule die sich gewaschen hat
eine Schule die nicht nur sauber sondern rein ist
eine schwarzbraune Haselnußschule
eine Schule wo unverkrampft gestampft und gemampft wird
eine Schule die aufstößt
eine Schule die mit Feuereifer dabei ist
eine Schule die einen Haken hat nein zwo drei vier
eine Schule die schreit: Deutschland vor!
eine »Meister-aus-Deutschland«-Schule
eine Schubidubidu-Schule
eine »Blut-ist-im-Schuh«-Schule
eine Rübezahl-Schule
eine »Rübe-ab!«-Schule
eine »Nun-laßt-uns-gehn-und-treten«-Schule
eine »Schwamm-drüber«-Schule
eine Duden-Schule
eine Schlußstrich-Schule
eine Jetzt-geht's-lo-hoos-Schule
eine »Heute-wollen-wir-marschieren«-Schule
eine Schule der Konzentrationsübungen

eine Schule aus Ländern
eine Schule die nun aufspielt zum Tanze
eine Schule die glüht im Glanze
eine Schule ohne Schwule
eine Schule aber auch für ganz Coole
eine Schule der Sonnenwende
eine Schule aus dem Ende

Ruhetag

Fünfzig Jahre später standen Josef und ich auf demselben steinernen Brückchen unterhalb von Kronenburg, wohin uns seinerzeit während unserer Schullandheimaufenthalte regelmäßig eine sogenannte Tageswanderung geführt hatte. Josef, nach einer glücklich gescheiterten Karriere als selbständiger Kaufmann, war im Herbst zweitausendeins in ein Eifelkaff gezogen, in dem er am Ortsrand in einem spottbillig erworbenen Wohnhaus seine einsamen Tage zubringt. Das Navigationsgerät hatte mich zuverlässig vor seine Haustüre gelotst, über diese himmlische Wegweisung staunte ich auch jetzt wieder. Noch mit den Worten der gelangweilten Sprecherin im Ohr: Sie haben Ihr Ziel erreicht, stieg ich aus dem Wagen und wurde sogleich von einer Windböe erfaßt, die von der oberhalb des Dorfes aufleuchtenden Höhe herabstieß, wo vier oder fünf Windräder älterer, niedlich niedriger Bauart ihre immergleichen Freiübungen ausführten.

Josefs Haus war mit einer schlichten zweiteiligen Vortüre gesichert, gegen Laub, Schnee und Tiere, so Josef. Am Boden schob sich beim Öffnen einer zweiten inneren Haustüre eine buschige Troddel in den Flur. Er hatte mich am Telefon gebeten, meinen Besuch drei Tage vorher anzumelden, damit er seine Behausung, eben die eines Alleinlebenden, wie er betonte, aufräumen könne. Tatsächlich war sein Wohnzimmer ohne jene dekorative Ordnung, an der man gemeinhin die weibliche Handschrift erkennt, sein Schreibtisch quoll über von Notizblättern und anderen Papieren, das Mobiliar schien zusammengewürfelt, ein vorgezogener Vorhang trennte den Raum von einer Erweiterung, die sich vor dem Blick des Besuchers nur notdürftig verbarg. Obwohl ich dem alten Klassenkameraden versichert hatte, er müsse sich wegen meines Erscheinens wirklich keine Umstände machen, kam mir dennoch unwillkürlich die formelhafte Wendung von einem heillosen Durcheinander in den Sinn, wobei mich weniger das Durcheinander als das Heillose bestürzte, ich ahnte, daß alles andere als viel Glück und viel Segen Josef in diesem verlassenen Dorf hatten stranden lassen. Die Winter hier seien schlimm, meterhoch liege der Schnee vor dem Haus, an das ein fremdes zweistöckiges Gebäude grenzte, keine fünf Meter entfernt, wie ich, wenn ich mir vorstellte, es sei das meinige, beklommen dachte. Auf dem Couchtisch lag ein Buch von Bruce Chatwin, *Was mache ich hier*, von dem Josef sich beeindruckt zeigte, am liebsten lese er aber rein historische Werke, im übrigen sei er einer jener seltenen Käuze, die kein Fernsehgerät im Haus hätten, er habe genug zu tun, der Computer reiche ihm.

Da ich schon jetzt spürte, wir würden in ein Gespräch hineinfinden, das man nicht alle Tage führt, in eine Ehrlichkeit, die man aber nicht alle Tage verträgt, bekannte ich ohne Umschweife, ich sei ein passionierter Fernsehzuschauer, besonders die schwachsinnigen Sendungen, in denen schöne scheue Mädchen anfangs an den Falschen gerieten, seien mir die liebsten, nach den Geistesanstrengungen tagsüber die erholsamsten. In einem katholischen Fernsehsender trete vor dem Hauptprogramm in kurzen Sequenzen ein Geistlicher auf, ein professoraler Monsignore, der mich mit seinem überaus ordentlich gestylten Kraushaar, seiner wohlartikulierten Sprechweise an ihn, den Josef in jüngeren Jahren, erinnere, sagte ich zu Josef, dieser Disziplin und Würde ausstrahlende geistliche Herr sei ein Vertreter des weltweit agierenden sogenannten Instituts Christus König und Hoherpriester. Der heutige Josef hat sein Haupthaar schon erheblich eingebüßt, so daß er jetzt eine Kappe trug, um sich vor der Julisonne zu schützen, du mit deiner Mähne brauchst das ja nicht, sagte er.

Auf unserem Gedächtnisgang nach Kronenburg schilderten wir uns gegenseitig unsere Lebenswege, der seinige hatte ihn nach einem unsinnigen und unvollendeten Studium der Volkswirtschaft auf den Gipfel des kommerziellen Erfolges geführt, als Boß einer weltweit agierenden Company, die mit dem Verkauf von chemischen Produkten handelte. Dabei war er in der Schulzeit einer der Unauffälligen und Schüchternen gewesen, der aller Rauferei aus dem Weg ging, lautstarkem Angebertum gegenüber gleichgültig blieb und auch keinerlei Ehrgeiz an den Tag legte, sich als Sportskanone oder Weiberheld hervorzutun, oder wenigstens in Mathematik zu glänzen, in welchem Fach die allermeisten an Versagensängsten litten. Spielte er aber nicht vorzüglich Schach? Sammelte er nicht geradezu leidenschaftlich Briefmarken, betrieb er nicht schon auf dem Gymnasium einen semiprofessionellen Handel? Dies tat jedenfalls der Mathematiklehrer, ein hochgewachsener unberechenbarer schlagkräftiger Kerl, der mit seinem Holzbein bedrohlich durch die Flure humpelte und mich einmal während der Vaterländischen Festspiele, als ich zu den Klängen des Deutschlandliedes eine Kaugummiblase hatte platzen lassen, zu sich schaffen ließ und, indem er mit dem rechten Arm auszuholen schien, mir gewaltig linkerhand eine runterhaute. Er hieß Asche, sagte Josef in einem Tonfall, der andeutete, wie glücklich in der Glut meiner Erinnerung heute dieser Name und die Röte der vierzehnjährigen Wange damals zusammengehörten. Unser Gymnasium teilte sich seit der Obertertia in einen naturwissenschaftlichen und einen sprachlichen Zweig; so war es nur logisch, sagte ich, als wir an diesem Dienstag nach Kronenburg aufstiegen, daß unser mathematischer Schläger, dessen Rechenkünste wir aber bewunderten, rief Josef dazwischen, und weil er freihändig einen perfekten Kreis an die Tafel zeichnen konnte!, den gänzlich ahnungs- und also sprachlosen Vaterlandsschänder zur Rechenschaft zog, auch er ohne jeden Kommentar. In meiner eigenen Mathematik war einmal keinmal, ließ man fünf gerade sein, und Jesus multiplizierte siebzigmal siebenmal.

Nichts und niemand kam uns entgegen, nichts? Laue, sanft bewegte Luft und GrünGrünGrün und das Wegwartenblau am Rande des Asphalts und Bremsen, die mich unentwegt attackierten, den Josef aber auffällig verschonten, als wüßten sie, wer der Hiesige war und wer der Fremde. Das Gestein zu unseren Füßen erinnerte uns an die bunten Mineralien, die wir aus dem Schullandheim stolz nach Hause brachten, wo die Stadtmenschen unsere glatten oder rauhen, samten und golden schimmernden Fundstücke bewunderten, auch schwere kantige Bleierzbrocken, Miniaturen aus dem Erdinneren, welche dann viele Jahre auf ersten eigenen Bücherregalen ruhten, um irgendwann plötzlich zu verschwinden, vielleicht begeistert ausgeliehen wie Lieblingsbücher und später von den Empfängern liegengelassen, vergessen, weggeworfen. Dieses Dörfchen hier an der Kyll, welchen Namen ich mir leicht habe merken können, Wörter mit y haben mich immer seltsam beeindruckt, sei nach dem nahen Goldberg benannt, wo man noch heute Katzengold, Glimmer, Feldspat finden könne. Ormont, ein schöner Name, dachte ich, er paßt zu Josef, der ja selbst einen französischen Familiennamen trägt. Ich mochte mich nicht so schnell von dem Brückchen lösen, es war einfach schön, hier an den Wassern der Kyll auf der Mauer zu hocken und zu dösen. Josefs sanftes Lächeln, als ich ihn an unseren Abituraufsatz erinnerte, hochmütig habe ich Heinrich Bölls Geschichte *An der Brücke* verschmäht, sagte ich, deren Interpretation ich nur wenige Tage zuvor gelesen hatte, und das Überthema »Politik ist unser aller Schicksal« gewählt. Daran habe ich mich dann verhoben, habe mit achtzehnjähriger Selbstüberschätzung Gott und die Welt erklären wollen, auf einen allesverharmlosenden Harmonienenner bringen wollen, im Winter neunzehnhundertvierundsechzig. Ach, hätte ich mich doch der »ungezählten Geliebten« gewidmet, die Bölls Kriegsinvalide anhimmelt und deshalb aus seiner Zählstatistik raushält. Böll hat einige sehr gute Sachen geschrieben, sagte ich, Josef schwieg, nur habe er bei der Namenwahl für seine Figuren kein gutes Händchen gehabt, Egelhecht, Feinhals, Fähmel, Schnier, schrecklich, einer aber, ein Bauingenieur, der in den letzten Kriegstagen in kürzester Frist noch Brücken gebaut habe, die dann, manchmal nur Stunden später, von den eigenen Leuten wieder gesprengt worden seien, heiße Deussen, Deussen, verstehst du?, einen solchen Namen kann man nicht erfinden, in dem so viel Religiöses und Philosophisches und Literarisches steckt, Josefs Lächeln wurde noch etwas breiter, er schien überrascht, was Böll anging, aber über Deussen, Paul Deussen, Nietzsches Freund, war er ja bestens im Bilde, hatte noch kürzlich, nachdem er während unseres Klassentreffens davon erfahren hatte, gelesen, was ich über diesen Apostel Schopenhauers zu Papier gebracht hatte, er hatte es wirklich von A bis Z gelesen und er hatte mir eine Postkarte geschrieben.

Jetzt gebe es ja wieder dichte Wälder, sagte er, damals, als der Krieg aus war, seien die Wälder zerstört gewesen, niedergebrannt, wir zählten uns jetzt gegenseitig auf, was wir noch zwölf Jahre nach Kriegsende in den Wäldern zwischen Udenbreth, wo unser Schullandheim lag, und Kronenburg an Kriegsspuren entdeckt hatten, Patronen, Abzeichen, Stahlhelme, Gasmasken, vermoderte Uniformfetzen, Knochenreste. Überall stießen wir auf Panzersperren, jene albern und verloren und sinnlos im Wald herumstehenden Kolonnen von Betonklötzen, die bis heute als stumme, verwahrloste, bemooste Gedenksteine zu sehen sind. Riesige Parzellen nahe dem

Weißen Stein blieben wegen Minengefahr noch lange gesperrt. Das Wort Westwall fiel, und sofort brachte ich die Rede, denn ich kam ja geradewegs daher, auf den Westerwald, der, was die Masse des zurückgelassenen Kriegsgeräts betrifft, mit der Eifel nicht konkurrieren könne, andererseits habe das Westerwaldlied, das er, Josef, sicherlich kenne, dem Westerwald eine militärkulturelle Berühmtheit verschafft, von welcher die Eifel weit entfernt sei, sagte ich, nicht ganz frei von einem Hauch echten Regionalstolzes. Ein Lied, zwo, drei, vier. Der amerikanische Soldat Elvis Presley, füge ich hinzu, denn Josef und ich sprachen ja ungeordnet und ich sortiere und ergänze das hier, Elvis the King trat in Fox tönender Wochenschau auf und sang vor kreischenden deutschen Frauleins, er müsse, er müsse zum Städtele hinaus und habe kein Herz aus Holz, wooden heart. Jahraus, jahrein ging es für uns großstädtische Jungs, die in den Siedlungen des Duisburger Nordens neben den Hochöfen und Zechen wohnten, hinaus aus der Stadt auf die Eifeler Höhen nahe der belgischen Grenze. Üppig wuchsen in den

stillen Wäldern um Udenbreth die Waldbeeren, ich hab' eine! hatte Josef einmal bei einer Rast ausgerufen, tief über das satte Dunkelblau des Beerenfelds gebückt, warum behält man solch gespieltes Frohlocken, das doch viel mehr als ein Scherz war, über Jahrzehnte im Gedächtnis, warum habe ich diese Worte stärker im Ohr als das Schluchzen der Mutter vorgestern am Telefon? Von der Sexta bis zur Untersekunda fuhren wir einmal im Jahr für zwei Wochen nach Udenbreth, und jedesmal, ich sagte es, war Kronenburg das Ziel einer jener Tageswanderungen, die wir, nach außen mürrisch maulend, im Herzensgrund aber jeglichem, etwa bei Dauerregen stattfindenden Heimunterricht vorzogen. Wenn wir doch einmal in einen Wolkenbruch geraten waren, bekamen die Durchnäßten in späteren Jahren im Heim vom Klassenlehrer einen Schnaps verabreicht; nacheinander traten wir, breit grinsend, aus der Lehrerkammer und forderten den Nächsten herein. Der unvergleichliche Geruch im Keller von über vierzig Paar Wanderschuhen, welche Zahl sich aber in den Jahren des gymnasialen Aussiebens drastisch verringerte. Auf der Wanderstrecke zog sich der Schülertroß weit auseinander, und jetzt im Beisein Josefs kam ich mir vor wie eine versprengte Nachhut von damals, seltsam offen für das freie Reden, für unbeobachtetes Tun und Lassen, wozu das Rauchen von amerikanischen Zigaretten gehörte, Pall Mall, Lucky Strike, hier hinter der belgischen Grenze war seinerzeit noch immer eine gewisse Schmuggelatmosphäre spürbar, die sich mit dem Reizklima des verbotenen Rauchens mischte und für die eine oder andere pädagogische Aufregung sorgte bei den Ansprachen im Tagesraum. Der Lehrer nannte uns Schmauchlümmel.

Unter weißwolkigem Himmel näherten wir uns Kronenburg, Josef trug den Rucksack, der Rucksack war leer, bis auf einen kleinen Schirm und meine Boss-Jacke, die er, der gute Kame-

rad, mir abgenommen hatte, damit ich unbeschwert voran-
käme. In Kronenburg, das plötzlich in ein sonnenkönigliches
Licht getaucht war, packte Josef auf einmal aus, sprach von
seinem kometenhaften Aufstieg als Geschäftsmann, zeitweilig hätten weltweit in diversen Firmen über tausend Leute auf
sein Kommando gehört, le roi, c'est moi, das sei immer seine
Devise gewesen, anders sei ein Großunternehmen gar nicht zu
lenken gewesen, auf dem Gipfel seiner Umtriebigkeit habe er
manchmal pro Tag drei Flieger bestiegen und nebenher auch
noch geheiratet und drei Kinder gezeugt – und ausgerechnet
nach einem schweren Bandscheibenvorfall sei ihm von seinem Hauptkunden, den er als Frischoperierter nur liegend
habe empfangen können, die Geschäftsbeziehung gekündigt
worden, was für sein Firmengeflecht praktisch das Aus bedeutet habe, so daß er fortan mehr oder weniger als Privatier zu
Hause geblieben sei, eine für seine Frau ungewohnte Dau-
erpräsenz, die in ihr zunächst den vagen Wunsch, dann das
deutliche Bedürfnis, schließlich die unwiderrufliche Forderung
habe entstehen lassen, er solle ausziehen, ohne daß aber eine
wirkliche Verstimmung das Familienleben nachhaltig getrübt
hätte, die drei Kinder hätten diesen väterlichen Rückzug geradezu rücksichtsvoll und als das Selbstverständlichste auf der
Welt begleitet und würden auch heute nicht die geringste Spur
irgendeiner seelischen Schädigung aufweisen, welche gemeinhin in solchen Trennungsfällen vermutet werde.

Aus Josefs Stimme glaubte ich indes eine langjährige stau-
nende Ungläubigkeit herauszuhören, wenn ich sie nicht selbst
in sein Erzählen hineinhörte, und wenn das alles so stimmte,
war er, Josef, letztlich der Verlassene, den schon bald mitten
in seinem Alleinsein eine böse Blasenerkrankung heimgesucht
und zu regelmäßig wiederkehrenden Krankenhausaufenthal-
ten gezwungen hatte, Einzelheiten wolle er mir ersparen, sagte

er, als wir vor dem Café Zehntscheune standen und feststellten, daß es an diesem Dienstag geschlossen war, wo wir, wäre es geöffnet gewesen, eine Kartoffelsuppe hätten löffeln können oder uns an einem Landbier der Marke Urtrüb erfrischen. Wir liefen zum Burghotel, gelangten ungehindert in die Orangerie, entdeckten auch eine Kellnerin, die uns aber, kaum daß wir uns an einen Tisch setzen wollten, zurief, es seien keine Tischdecken da und die Küche bleibe dienstags kalt. Auch die Türen des Gasthofs Burghaus waren verrammelt. Wir eilten bergab, wo es an der Landstraße zwei, drei einfache Wirtshäuser gibt, schon wollten wir aufatmend in das erstbeste eintreten, die Tür war geöffnet, wir gewahrten durch das fast vollständig zugehängte Fenster ein, ich greife das Beiwort auf, urtrübes Glühbirnenlicht, doch während wir noch zögerten und uns nach einer Alternative umschauten, zog uns der Gastwirt, der uns erspäht hatte und damit die drohende Gefahr störender Gäste, die Außentüre vor der Nase zu, so daß uns die Ausgabe von einem Euro fünfzig für eine Tasse Bouillon, die uns als verheißungsvolles Angebot auf der Karte ins Auge gesprungen war, erspart blieb.

Vor dem Zahlhäuschen am Eingang der Zufahrtstraße zum Campingplatz am Kronenburger See saß eine lesende junge Schöne, die den beiden älteren Semestern ein kostenloses fröhliches Lächeln zuwarf und einen Einblick in ihr hold bewegtes Studentengäßchen gestattete, ja, das Restaurant sei geöffnet, und dort, auf Plastikstühlen in einem zugigen Anbau, verzehrte Josef ein Schnitzel, ich eine Forelle, die aus belgischem Gewässer stamme, so die Wirtin gesprächig, da wir uns anerkennend über die Öffnungszeiten ihrer Gaststätte geäußert hatten. Densdechs zo, sagte ich zu Josef, sage man in meinem Dorf daheim. Eigentlich, Josef, sind mir Lokale, wo als Aushang zu lesen ist: *Kein Ruhetag!*, zuwider, sagte ich, genauso abstoßend war freilich die Kronenburger Unsitte, nicht nur den Montag, sondern gleich auch den Dienstag zu Ruhetagen zu erklären und teilweise sogar den Mittwoch noch dranzuhängen, von Eifeler Eifer kann nun wahrlich nicht die Rede sein. Der frisch zubereitete bunte Campingplatz-Salat vorweg war ausgezeichnet, ebenso die golden und bißfest zubereiteten Salzkartoffeln, dankbar schlenderten wir zum Zahlhäuschen zurück, wo neben der uns bekannten jetzt auch eine zweite, noch offenherzigere Schönheit, die, was mich sofort für sie einnahm, mit schriftlichen Aufzeichnungen beschäftigt war, ihre strahlenden Augen auf uns richtete und uns ein klingendes *Hallo!* zurief.

Seine Kinder nähmen die Trennung überhaupt nicht tragisch, nach Hollerath kämen sie aber so gut wie nie, das Dorf, in dem der Vater lebe, sei voll uncool, sagte Josef nicht, das schreibe ich, wenn ich mir ausdenke, was Josefs Töchter, was sein Sohn über den Hundertachtzig-Seelen-Ort sagen könnten. Kürzlich sind hier drei neue Glocken gegossen worden für die Ortskapelle, das hat Aufsehen erregt über die Dorfgrenzen hinaus, sagte der katholische Josef. Auf dem Rückweg, an mannshohen Mädesüßblüten vorbei, ergänze ich hier, ohne sie am Bachufer tatsächlich gesehen zu haben, hatten wir uns den sonderbaren Kaplan Utzel in Erinnerung gerufen, der am Max-Planck-Gymnasium verschrien gewesen ist, weil er in jedem seiner ausgespienen, herausgefauchten Sätze immer dieselben Füllwörter benutzt hat, hier, ah, gleichsam, Dein Vorname muß ihm doch gefallen haben, sagte ich zu Josef, hier bestand doch, äh, gleichsam eine geistige Nähe. Sie hätten sogar Strichlisten geführt, sagte Josef, und seien mit dem Zählen manchmal gar nicht mehr mitgekommen. Ja, wir sammelten nicht nur Briefmarken, Bierdeckel und Steine, wir waren auch Wörtersammler und triumphierten, wenn der einäugige Geschichtslehrer endlich wieder »an Hand« sagte oder »gewissermaßen« und nicht wußte, was es da zu feixen gab. Auch seltene Wortbildungen erregten unser Interesse, eine Interjektion wie »Sapperlot!« zum Beispiel, sprachliche Unikate, die im Geröll des Üblichen als Edelsteine auffielen.

Die Türe der Lucia-Kapelle stand weit offen, das sei in seinen sieben Hollerather Jahren noch nie der Fall gewesen, sagte Josef, da mußte erst dein alter Schulkamerad kommen, damit sich dir der geistliche Raum auftut, erwiderte ich und meinte es beinahe so. Josef als der Einheimische wies auf die spätgotische Deckengestaltung hin, früher habe es hier viele kostbare Devotionalien gegeben, die aber bei einem Brand im Hause des Küsters, wo sie wegen der Feuchtigkeit der Kapelle aufbewahrt worden waren, ausnahmslos zerstört worden seien, kein einziges Kruzifix, kein Meßgewand habe gerettet werden können, die herrliche alte Bibel nicht, das Tabernakel nicht. Mir mißfiel das dilettantische Bildnis an der Seitenwand, eine fromme Frechheit aus jüngster Zeit, dafür ziert den Hochaltar eine von versierter Hand geschaffene Himmelskönigin mit dem Jesusknäblein. Oberhalb Mariens thront die heilige Lucia, pausbäckig und etwas angestrengt dreinblickend, mit Mühe unter der Last der sakralen Staffage die gebotene Würde wahrend.

Mit dem Putzlappen in der Hand tauchte auf einmal ein Hollerather Fraumensch auf. Sämtliche Kronenburger Gasthäuser waren geschlossen gewesen, während das Hollerather Gotteshaus, in dem eine fröhliche Landfrau heute wie alle Dienstage ihren Reinigungsdienst tat, sein Tor aufgesperrt hatte, Gott und Jesus und Maria und Lucia nahmen auf ihre Weise davon Notiz und nun auch Josef und ich, Dankbarkeit war mit Händen zu greifen und eine Ahnung, daß die so rätselhafte Vorsehung sich einmal mehr an ein Dichterwort gehalten hatte: Komm ins Offene, Freund.

An der Kronenburger Brücke war mir eine andere gemeinsame Brückengeschichte eingefallen, die ich aber erst jetzt zur Sprache brachte, weil sich erst jetzt das Heilige eingemischt hatte in unser Gehen und naturgemäß, denn wie nahe liegt das beieinander, an Obszönes denken ließ. Es war wohl in den letzten großen Ferien vor dem Abitur, als wir Achtzehnjährigen uns bei einem Seelenverkäufer verdingten, der uns an die August-Thyssen-Hütte auslieh, das Tätigkeitswort Jobben gab's noch nicht. Gemeinsam mit grobschlächtigen Burschen, die wir Bunken, Puckel oder Knackis nannten, mit Italienern und Spaniern, bildeten wir Arbeitskolonnen, ich erinnere mich an einen Portugiesen, er hieß Jesus. Wir luden Glaswolleballen aus Eisenbahnwaggons, reinigten die Isolatoren draußen vor dem HDK, dem Hochdruckkkraftwerk in Laar, oder schwitzten uns als Kabelzieher durch die Frühschicht. Einmal, als wir ein schweres schwarzes Kabel über eine schmale Brücke der Friedrich-Ebert-Straße abrollten, hätte mich an einer leichten Brückenbiegung die geballte Zieh- und Fliehkraft beinahe über das Geländer gerissen.

Hernach hatten wir im Wagen eines erwachsenen Malochers gesessen, der uns angeberisch in derbsten Ausdrücken von seinen ehelichen Freuden erzählte, von des kleinen Mannes Sonnenschein, und etwas von der alkoholischen und der geschlechtlichen Wärme schwappte aus den Worten zu uns herüber, ich lachte irgendwie anerkennend, als wüßte ich Bescheid, so muß es wohl gewesen sein, und Josef, der Josef neunzehnhundertdreiundsechzig, lächelte gequält, und kaum hatten wir den engen schmierigen Pkw verlassen, sprach er es offen aus: wie gemein er das fand von mir, so einverstanden gelacht zu haben bei diesen Sauereien, wie enttäuscht er sei, daß ich den ordinären Erzähler durch mein beifälliges Lachen geradezu belohnt hätte.

In der Jugend habe ich mich immer dafür geschämt und vor dir und den anderen verheimlicht, sagte ich zu Josef, daß ich einer pietistischen Familie angehörte, die ihren Kindern sogenannte weltliche Freuden verbot, Tanzen, Skatspielen, Kino, sonntags der Fußballplatz, das war alles des Teufels, und so blieb mir nur der Christliche Verein Junger Männer, aus dem häuslichen Gefängnis herauszukommen, dort regierte zwar auch ER, Jesus Christus, König und Herr, Sein war das Reich, die Kraft, die Ehr', einem unser Mundorgel-Lieder zufolge, aber der Weg zum CVJM-Heim führte über die Hauptstraße am Fahrradgeschäft Sadek vorbei, der Eisdiele Rizzardini und der Fischhandlung Quindeau, von den Treppen des Lebensmittelladens Schätzlein schwebten verträumte Mädchen herab, die Straßenbahnschienen der Linie 1 glitzerten im Sonnenlicht, am Marktplatz an der Bude warteten Wundertüten, Mohrenköpfe, Silberlinge, Salmiakpastillen auf uns, Läusewasser und Eßpapier, und in der Ferne loderte himmelhoch die Flamme der Kokerei.

Im CVJM war ich der Andere, hier hatte ich als Gruppenleiter der Jungenschaft das Sagen, während ich in der Schule schwieg, und als sich herumsprach, daß wir auf englisch YMCA hießen und man in diesem Verein richtig gut Tischtennis spielen lernte, kamen auch ganz normale Jungs aus der Nachbarschaft hinzu, deren Eltern mit dem Herrn Zebaoth und dem Heiland und des Gotteslammes Wunden und der Bekehrung nichts am Hut hatten. Josef, der katholische Kamerad am Morgen, wußte nichts von dem, was ich am Nachmittag oder am Abend so machte, so wenig wie die anderen *friends of mine* aus der Klasse, wie Armin und Horst, die beide schon tot sind, doch eines wußten wir voneinander, wir hörten alle, meist heimlich und spät in der Nacht, die englische Musik, in unseren Kofferradios hörten wir bei Chris Howland oder im BFBS die Hits von

Adam Faith, Neil Sedaka und Freddy Cannon, ich liebte die Country-Schnulzen von Jim Reeves, *Adios amigo* oder *He'll have to go*. Warum nur waren so viele sentimentale Songs dabei wie *Sweet Nothings* oder *All Alone Am I* von Brenda Lee und *Who's Sorry Now* von Connie Francis?

Wie bedeutsam diese Liedtitel heute klingen. Nun stehst du bleich, zur Winter-Wanderschaft verflucht, dem Rauche gleich, der stets nach kältern Himmeln sucht, lese ich auf einem wiedergefundenen Spickzettel in meiner Stuttgarter Jubiläumsbibel, den ich für eine Andacht bei einem unserer Jungenabende vorbereitet hatte, mit einem Nietzsche-Zitat zur Abschreckung für alle Gottlosen neunzehnhunderteinundsechzig?, für die Halbstarken meines christlichen Vereins?, notiert gegen die eigene Sehnsucht in die lockende Gottesferne? Und höre und sehe heute über You Tube Eddie Cochrans *Three Steps to Heaven*. Einmal, sagte Josef beim Verlassen der Kapelle, habe er, auf der Suche nach einem idealen Zweitruhesitz, ein Hotel auf den Seychellen übernehmen wollen, das sich dann aber als Bruchbude herausgestellt habe.

Außer Kontrolle

Lange Zeit habe ich das Grab des Vaters nicht besucht. Auf dem Friedhof meiner Erinnerungen ist sein Bild keineswegs verblaßt, im Gegenteil, es ist lebendiger denn je, und auch sein Name auf dem Familiengrab bleibt unauslöschlich, kann nimmermehr verwittern – es hat dort nie einen Grabstein mit den Angaben zu seiner Person gegeben, lediglich eine kleine, im seitlichen Abseits postierte Tafel weist auf die Zugehörigkeit zur *Familie Feldhoff* hin. Die Namen der hier Bestatteten leben auf die von ihnen erhoffte Weise in Ewigkeit fort. Insofern ist mein Vater als Allernächster für mich zur Zeit ein *entfernter* Verwandter.

Kaum hatten wir Kinder laufen gelernt und war das Wohn- und Geschäftshaus in unserem Vorort wiederaufgebaut worden, bekamen wir zu hören, daß auch die Geschäfte gehen konnten, entweder gut oder schlecht, meist aber schlecht. Wie laufen die Geschäfte, fragte der Vertreter Vordemfelde, wir nannten ihn Vornehmfelde, er vertrat in meinen Augen eine andere, eine bessere Welt, das war ein Herr, der aufzutreten verstand, mit sanfter Stimme, immer ein gewinnendes Lächeln um die dünnen Lippen, er hatte an meinem jovialen Vater einen Narren gefressen, an dessen plump-naiver Direktheit, zeigte sich mitfühlend und hilfsbereit, wenn der Vater, von einer Minute auf die andere, aus seiner allzumenschlichen Fröhlichkeit abstürzte in eine seine Umgebung immer wieder entsetzende Verzagtheit und Todesfurcht, sich das Hemd aufriß, die Krawatte löste, seltsam heftige Atemstöße von sich gab und, die Hand am Puls, ausrief, sein Herz würde rasen oder, im Gegenteil, stillstehen, er sterbe, ja, jetzt sterbe er, und tat es, über viele Jahre hin, dann doch nicht.

Er fürchtete sich nicht vor Hunden, vor Gewitter, vor dunklen Kellern, nein, mitten am Tag zur ruhigsten Stunde überfiel ihn eine grundlose nackte Angst, panisches Herzklopfen, so daß er der Gegenwart eines friedlichen Menschen bedurfte, eines seiner Kinder vielleicht, das aber dann selber zu Tode erschrak, des alten Schneiders in der Schneiderstube, der ihn tatsächlich mit seiner tiefen Raucherstimme in ganz einfachen Worten zu beruhigen wußte, oder seines Vaters im Haus nebenan, der ihn manchmal zornig zurechtwies, weil sein Sohn so wenig Zutrauen hatte in die fürsorgliche Liebe des himmlischen Vaters, meinem Vater aber letztlich wider besseren Glauben aus der akuten Verstörung heraushalf.

Der Vater nannte seine Angstanfälle Beklemmungen, er schien etwas zu ahnen von dem Riß, der durch sein und unser aller Leben geht, bis der Tod tatsächlich diesem Spuk ein Ende machte und meinem Vater vor aller Augen, die für eine Weile fassungslos dreinblickten, recht gab in seiner Lebensangst und ihm auf der Höhe seines Ansehens vor Ort im besten Alter aus der Klemme half und ihn in eine andere, bessere Welt entrückte. So legte er mir schon früh ein Bild in Geist und Seele vom absoluten Verstörtsein, von einer das eigene kleine Leben unermeßlich ausdehnenden Bangigkeit, einer Raserei höchster Verzweiflung – ich habe mir das Vokabular eines melancholischen Denkers ausgeborgt, der wie kaum ein anderer das Gefühl unendlicher Verlassenheit beschrieben hat, von dem auch mein Vater immer wieder heimgesucht worden ist.

In dem gemeinsamen Testament der Eltern, zum Zeitpunkt dieser Aufzeichnungen vor genau fünfzig Jahren verfaßt, liest sich in der Handschrift des Vaters das kleine l als b, Eheleute also als *Ehebeute*, und graphologisch unzweideutig ist da die Rede von einem *Längstbebenden*.

Noch heute macht eine meiner Schwestern unserer Mutter den Vorwurf, dem Vater nicht beigestanden zu haben in seinen Beklemmungen und Schrecknissen, ihr habt doch keine Ahnung, ruft die Mutter dann, er habe sich, was sie auch gesagt und getan habe, ob sie nun grob oder auch einfühlsam mit ihm umgegangen sei, einfach nicht beruhigen lassen, oft nur, das wißt ihr doch!, durch seinen eigenen Vater, den er auch mitten in der Nacht habe anrufen können, sie habe sich immer gefragt, welches Zauberwort dem Schwiegervater zu Gebote gestanden habe (oder sagte sie: Machtwort?), ich sagte ihr, es wird seine Stimme gewesen sein, ihr ruhiger Gleichmut, oder auch etwas Frommes, ein Psalmwort, ein biblisches Schutzwort jedenfalls, aus tiefer Not schrie er seine Angst in den Hörer und wurde erhört. Fürs erste.

Bei einer Geburtstagsfeier, als er nach Geschäftsschluß die Mutter hatte abholen sollen, habe er vor der Türe gefragt, wieviele Leute da seien, und dann auf die Antwort: mehr als ein Dutzend, nicht habe eintreten wollen, so daß sie, die Schwägerin, noch eine Viertelstunde mit ihm auf der Treppe habe ausharren und ihn beruhigen müssen, bevor er sich in die Gesellschaft hineingetraut habe. Erzählt Tante Edith.

In den fünfziger Jahren ist der Vater für einige Wochen in einer Psychosomatischen Klinik gewesen, woran sich meine Mutter, eine Verdrängungskünstlerin vor dem Herrn, nicht erinnern will, aber ihr Schwager, der Vaterbruder Dieter, ein verläßlicher Zeuge, hat meinen Vater damals mit dem Zug aus Bad Homburg abgeholt, aus eben jener Klinik Hohe Mark, in welcher schon die jugendliche Vaterschwester Betty vor dem Krieg seelisch hatte stabilisiert werden sollen und statt dessen mit einem frischen Bewußtsein der eigenen Weiblichkeit heimgekehrt war, welches die Eltern, die dem Körper nur das zubilligten, was die *Notdurft* verlangte, zutiefst beunruhigte.

170

Auf der Rückfahrt im Eisenbahncoupé hat meinen Vater dann wieder die Todesangstattacke überfallen, so daß ihn, Dieter, die Mitreisenden schon bemitleideten, aber wie immer war der Spuk nach etwa einer Viertelstunde vorbei, und der Vater sprach wieder leutselig und fröhlich mit jedermann. Aus der Klinik brachte er einen auf Bütten kalligraphisch gestalteten Spruch mit nach Beeck, der in etwa gelautet habe: Alle eure Sorgen werfet auf ihn, denn er sorgt für euch, und auch für eure Nerven. Dieser Vertrauen stiftende, mild erweiterte Bibelvers habe später noch einige Jahre im Geschäftsbüro gehangen.

Manchmal noch erscheint mir der Vater im Traum, als wolle er mich verblüffen, aber in einem jämmerlichen, hilflosen Zustand. Etwas Kindliches umgibt ihn, er läßt sich hin- und herschubsen, ängstlich lächelnd. Hat er mir eigentlich nichts zu sagen? Es ist, als warte er darauf, daß *ich* ihm etwas sage. Gut, dann will ich also den Anfang machen. Beim nächsten Treffen werde ich ihm sagen: Laß es gut sein, Vater. Vielleicht sagt er auch nichts, weil ich gar nicht mehr weiß, wie die Stimme des Vaters klang. Die Stimme des Vaters – ich habe sie ganz aus den Ohren verloren. Seine Stimme, gänzlich erloschen. Tonlos, ja, und doch höre ich sie noch immer, die täglichen Vorhaltungen von damals: Solange du deine Füße unter unseren Tisch stellst ..., Das hätten wir uns früher nicht erlaubt ..., Wenn du erst mal richtig arbeiten lernst ... Später haben sich aus diesen Sprüchen meine ersten Gedichte ergeben.

»Hauch mich mal an«, sagte er, mißtrauisch. »Hast du geraucht?« Aber er wurde nicht wieder lebendig.

In einem anderen Traum lief ich, als sein *Filius in der Adoleszenz*, an einer langen Festtafel vorbei, es herrschte eine aufgeräumte Stimmung unter den Leuten, mein Vater saß mitten unter ihnen, auch er fröhlich, er zwinkerte mir zu.

Und ist nicht eine jener autoritären Formeln (Später wirst du uns noch einmal dankbar sein) seltsam wahr geworden, hat sich nicht der Vorwurf der Nachkommen, wie schrecklich ihnen ihre Erziehung geschadet habe, am Ende in einen Seufzer gewandelt, in Mitleid gar (Vater), in Herzensnähe (Mutter), in Neid auf den Glauben (Großeltern)? In ein Lächeln bis in die jenseitige Welt hinein?

Das Elternhaus, kein Ort der Liebe, sondern der Kontrolle, der Leistungserwartung, der Unterdrückung, aber immerhin war da ein großzügiges Gefüge, wegen der Weitläufigkeit der Wege in und zwischen den beiden Häusern, keine kleinbürgerliche Enge, es gab Verstecke, den Garten, Mauern, Holzschuppen, Stall, Keller und buchstäblich *Personal*, Verkäuferinnen, Schneider, Putzfrauen, Hausangestellte, das Kindermädchen Hanni, den Laufburschen Leo und das eine oder andere Faktotum.

Für Kinder aus frommen Familien war der Fußballplatz des BV Beeck 05 in der Beecker Kuhle tabu, jedenfalls an den Sonntagen, und so lese ich heute mit Genugtuung, wenn der Schriftsteller W.G. Sebald sein Schreiben einmal mit einem Fußballspiel vergleicht; am Spielfeldrand stehen Figuren (wie Nabokov, Kafka und er selber, Sebald, füge ich hinzu) und fragen, ob sie nicht ein wenig mitspielen dürfen. Na klar, rufe ich, kommt her und zeigt's uns. Sie werden hier also immer wieder eingewechselt, ihre Gastauftritte haben und uns staunen lassen. Doch à la longue bedarf es solcher illustren Toten nicht, es geht darum, und das ist ganz im Sinne der Berühmten!, vor allem die unbekannten Soldaten und Ackerer und Kaufleute und Väter und Prediger mitspielen zu lassen, auch und gerade sie aus dem Abseits, dem Vergessen herauszuholen, die fast immer unrühmliche Weise, mit der sie vom Platz gestellt worden sind, in der Schrift aufzuheben, ungeschehen zu machen, nein, rückgängig, ich sehe meinen Vater, wie er sich die Brille putzt und, sich zunächst sträubend, sich auf den Rasen zerren läßt und dann linkisch, aber belustigt gegen den Ball tritt, eine Auferstehung, an die ich gerne glaube, der Vater der ungläubig staunend Auferstandene, und ich trage die Binde am Arm, sie sollte malvenfarben sein, so viel Literatur muß sein.

Vergiß die Spielerfrauen nicht, die Trümmerfrauen, die Traumfrauen. Die Tanten und Cousinen, die Freundinnen der Schwestern. Die Verkäuferinnen im Laden, die blutjungen Lehrmädchen, eines insbesondere.

Kasse bitte! riefen die jungen Verkäuferinnen, nur bei sogenannten Stammkunden, die einen Anzug kauften, bediente der Chef persönlich, verkaufte von der Stange oder die sogenannte Maßkonfektion der Firma Odermark aus Goslar, wie auch der Großvater, der Schneidermeister, nicht mehr selbst schneiderte, nie habe ich ihn im Schneidersitz sitzen sehen auf den schweren Tischen der Schneiderei, im Maßraum nahm er Maß, entrollte die schweren Stoffballen, fuhr mit der Schneiderkreide

an den Schnittmustern entlang oder fingerte an den komisch mit offenen Ärmeln wie Puppen herumstehenden Kunden herum. Noch lange bezog der Großvater stundenweise seinen Posten am Geschäftseingang, um jeden einzelnen Käufer, die Gattin des Milchhändlers nicht anders als den Prokuristen der Brauerei, aufs höflichste zu begrüßen beziehungsweise zu verabschieden.

Im Laufe der Zeit kam es beinahe unmerklich zu einer Änderung im Schriftbild der Kommanditgesellschaft F., wir waren nicht länger das 1959 seit hundert Jahren bestehende Traditionsgeschäft für Herren-, Damen- und Kinderkleidung, sondern firmierten jetzt als Modehaus für Damen-, Herren und Kinderkleidung – nicht aus einer Ladies-first-Höflichkeit oder gar emanzipatorischem Zeitgeist folgend – nein, die Frauen stellten inzwischen die bedeutendere Kundschaft dar, sie hatten tagsüber Zeit, kamen auch am Vormittag, während im Herrengeschäft gähnende Leere herrschte, in den Damenladen. Ich selbst war hier nur selten zu finden, hier roch es allzu unmittelbar nach weiblicher Intimität. Nach außen hin blieben wir noch lange das erste Haus am Platz, wie gesagt wurde, wo es Anziehsachen gab für den Alltag oder für Festtage, an denen man sich in Schale warf, in Kostüme, Zweireiher, Übergangsmäntel.

Der Vater hatte im Gegensatz zur Mutter keinen Sinn für die schöne Literatur, nur mit Kellers Novelle *Kleider machen Leute* war er seltsam vertraut und sprach immer wieder den Namen Melchior Böhni aus, in der Erzählung ein angesehener Goldacher Bürger, leitender Angestellter einer großen Spinnerei, der sich von einem einfachen Schneider nichts vormachen läßt, schon gar nicht von einem Hochstapler und Traumtänzer und Polacken wie dieser Strapinski. Vielleicht hatte er den Film mit Heinz Rühmann gesehen und fühlte sich einem Geschäftsmann

174

mit »unantastbarem Namen im Ort« verbunden. Das zählte! Das war die Realität. Einen meiner Vettern hat er als Knaben so oft Melchior Böhni genannt, daß der in der Großfamilie letzten Endes *Bönni* hieß und noch heute so heißt.

Unser Schlüsselwort, unser Geheimwort hieß Waldenburg, zehn Buchstaben für die Zahlen von 1 bis 10, hinter denen sich auf der Rückseite des Etiketts der Einkaufspreis verbarg. Ich erinnere mich an die Kalkulationstabelle, ein schmales Heft voller Zahlenkolonnen, EK, VK, mit 100 Prozent aufwärts wurde kalkuliert. Das Wort *Vér*-kauf auf der ersten Silbe betont, die Betonung paßte sich dem *Ein*-kaufspreis an. Wald und Burg, wesentliche Grundwörter, schöne, starke Wörter wie auch Feld und Hof.

Ich machte dem Vater Vorschläge zur effektiveren Schaufenstergestaltung. Neben der *Rheinischen Post* bezogen wir die *Welt*, auf der zweiten Seite befanden sich die Karikaturen von Hicks, Hartung und Fritz Wolf, die ich mir herausschnitt. Eine dieser von mir bis heute aufbewahrten Zeichnungen zeigt einen dop-

pelten Chruschtschow, der einmal friedliche Schalmeientöne erklingen läßt (»Nikitrallalla«), dann wieder auf die Pauke haut (»Chruschtschissimo«). Eine Zeichnung von Hartung muß mich wohl besonders angeregt haben: Der deutsche Michel steht vor einer Litfaßsäule und liest den Text unter einem Kanzler-Porträt: *Dr. Adenauer geht im Mai* – während hinter der Säule der Plakateur die Fortsetzung bekleistert: *in die USA.* Also, schlug ich vor und der Vater war überraschend einverstanden, sollte als Blickfang in unserem Schaufenster in großen Lettern zu lesen sein: *BRINGEN SIE SICH NICHT UM …,* um dann klein fortfahren: *… diese einmalige Gelegenhei*t – und dann folgten die tollen Sonderangebote. Damals gab es noch Ladenhüter.

Mich selbst steckte die Familie in enge Pullover, die der Kopf ablehnte, die er nicht durchlassen wollte, in entsetzliche Lumberjacken, in noch entsetzlichere Knickerbocker oder in einen Dufflecoat mit Knebelverschlüssen, allein vor dem Wort Dufflecoat ekelte es mich –, und über den Tod des Vaters hinaus in einen Kamelhaarmantel, den ich aus posthumer Pietät

„Die Burschen wachsen auf unsere Kosten…"
Zeichnung: Hartung

»auftragen« sollte, er wärmte äußerlich, und dennoch blieb in ihm die Todeskälte.

Ich war in Beeck von lauter Kaufleuten umgeben, von lauteren, christlichen Kaufleuten, unsere Geschäftsbücher jedenfalls trugen auf dem Vorsatzblatt, wenn man so sagen kann, den Vorsatz MIT GOTT, Vater, Großvater, Onkel, Tante, Mutter, Schwester, Bruder, sie alle waren im Geschäft tätig, nur die Großmutter nicht, sie hielt sich da vollkommen heraus, ging nur von Zeit zu Zeit an die Kasse und tätigte eine sogenannte Privatentnahme, verschämt, wie es mir vorkam. Zudem die vielen Geschäfte auf Gegenseitigkeit, selbst mein Nachhilfeunterricht wurde mit einem Anzugskauf verrechnet. Kasse bitte.

Auch die Mutter ist nun gestorben (werde ich einmal schreiben), nachdem sie sich so lange dagegen gewehrt hatte, nein, dem eigenen Tod »aus dem Bauch heraus« auf den Kopf zugesagt hatte, für ihn bestehe gegenwärtig kein Bedarf, er solle sich in Gottes Namen hinwegheben, ins Dreistellige, was sie natürlich so nicht gesagt hat, ich aber um der Kühnheit ihrer Lebensverlängerung willen hier ergänze. Sie wird nun also in mein Schreiben nicht mehr eingreifen – halt, ich berichtige mich auf der Stelle: sie wird es jetzt um so mehr tun, wie sie es, und ich hatte ihr sogleich Zensur! vorgehalten, noch im alten Jahrhundert getan, als ich ein erstes Erinnerungsbuch über die 50er Jahre geschrieben hatte, in dem auch das Notat vorkam: »Eine Frau erschien im Laden, / die bezichtigte meinen Vater / lauthals der Untreue.« Die Mutter verlangte von mir unter Tränen, diese Stelle wegzulassen, so etwas Rufschädigendes dürfe nicht verbreitet werden, auch wenn schon drei Jahrzehnte darüber ins Land gegangen seien. Es nutzte nichts, daß ich darauf hinwies, es gehe nun wirklich nicht um private Enthüllungen, keinen Augenblick zweifelte ich an der ehelichen Treue des Vaters, wenn er auch naturgemäß einen männlichen

Blick hatte für die vollbusige Schönheit fremder Frauen; – es geht doch, Mutter, versteh bitte, darum, zu zeigen, welche Risiken eine quasi öffentliche Tätigkeit wie die des selbständigen Textilkaufmanns mit sich bringt. Vermutlich hatte die aufdringliche Frau mit Absicht einen kleinen Skandal auslösen wollen, um der Familie F. und ihrem Geschäftshaus lästig und peinlich zu werden, damit man ihr möglicherweise die Schulden, denn das Abzahlen von Teilbeträgen war damals in der Vorstadt gang und gäbe, erlasse, um Ruhe zu haben vor ihr. Hatten sich aber die älteren Verkäuferinnen nicht tatsächlich einen wissenden Blick zugeworfen? Einen Blick, der zu besagen schien, daß ein sogenannter Fehltritt ihres Chefs nicht mit letzter Sicherheit auszuschließen war? Zumal dessen latente Begehrlichkeit ihnen selbst aufgefallen sein wollte und daher gemäß christlicher Moral schon der aufflackernde Anschein als vollzogener Ehebruch zu werten war?

Warum fällt mir jetzt jene Urszene ein, als mich der Vater zu sich bestellte, ins zweite Büro bugsierte – die Angestellte dort hatte ihren freien Tag – , die Tür schloß und ohne Vorwarnung auf mich wie von Sinnen einschlug, daß ich hernach völlig verheult durchs Geschäft ins Großelternhaus torkelte, um auf mein Zimmer zu gehen, immerfort schluchzend vor Schmerz und Haß und die Großmutter sagen hörte: Der haut drauf wie auf kalt Eisen. Ich hatte eine Unterschrift für die Schule gefälscht, ich weiß heute nicht mehr, worum es da ging, wirklich wichtig war das offenbar nicht, möglicherweise handelte es sich um nichts weiter als die Einladung zu einer Elternversammlung. Nichts weiter? War nicht auch mir geboten, Vater und Mutter zu ehren, damit es mir wohl ergehe? Was aber hatte den Vater derart in Rage gebracht? Fühlte er sich hintergangen, übergangen, ja bereits verdrängt als Hausherr und Hausvater, als Firmenchef? Wer wollte, wird die dumpfen Schläge, wird im

Laden mein Aufschreien und Wimmern gehört haben, wird schemenhaft durch das Milchglas der Bürotüre die ausholenden Armbewegungen des Wutentbrannten gesehen haben. Hatte der Vater nicht kurz vor meiner Geburt mir »Schläge von Anfang an« angekündigt? So wenig ernst das gemeint gewesen war, es war aber doch schon ein Signal für das herrschende Erziehungsprogramm: Gehorsam und Disziplin und keinerlei Verzärtelung.

Eine andere Szene, auch sie der pietistischen Despotie geschuldet: Wieder, wie immer alle vierzehn Tage, sollte ich am Sonntagnachmittag zur Bibelstunde mitgehen, ich war zwölf, dreizehn Jahre alt, und ein einziges Mal begehrte ich auf, machte Anstalten, mich diesmal zu weigern, ein einziges Mal, mich zu weigern, brach völlig verzweifelt wegen der unbarmherzigen Zwangsmaßnahme in Tränen aus, ich meine heute, einen flüchtigen Selbstzweifel in den Augen der Mutter bemerkt zu haben, allein, am Ende, half alles nichts, wieder war ich den Älteren untertan. Beide Vorgänge schreibe ich

hier humorlos nieder, mit einer auflebenden Verbitterung, die mich jetzt überrascht und von der ich mich mit diesen letzten Worten zu lösen suche.

Der Vater hatte bei Tisch einen geschnitzten Stock neben sich liegen, mit dem er, selten zwar, aber doch dann und wann, einen Hieb austeilte, auf welchen Körperteil? Auf die Hände? Das Gewalttätige der christlichen Erziehung jener Jahre, wer seine Kinder liebte, der züchtigte sie – bin ich aus seelischem Schaden klug geworden? Las dieser Tage bei Paul Nizon: Nicht geschlagen zu werden, war ein Manko. Irgendwann haben wir Kinder im Beisein des Vaters den, nun gib's schon zu, arg abgenutzten Stock zerbrochen.

Von einem Schulkameraden aus Baerl wußte ich, daß es bei ihm zu Hause noch strenger zuging. Wer nicht essen wollte, was auf den Tisch kam, bekam das Essen, zum Beispiel die Erbsensuppe, Tag für Tag wieder vorgesetzt, so lange, bis sie verdorben war, wenn der Widerstand des Ungehorsamen nicht längst gebrochen war und er gegen seinen Ekel ankämpfend die Suppe nicht doch schon heruntergewürgt hatte. Noch an den Folgetagen, während alle anderen sich eines frisch zubereiteten, womöglich wohlschmeckenden Essens erfreuten, stand die aufgewärmte unansehnliche Pampe an seinem Eßplatz. Auch in meiner Familie war das Tellerleeressen eine strenge Vorschrift, die wir aber spöttisch in ein Teller*auf*essen umwandelten, was in die Tat umzusetzen, das müsse der Vater doch einsehen, uns praktisch unmöglich war, so daß sie tatsächlich oft abgemildert wurde in die Anweisung, das Verschmähte, das bereits jetzt unappetitlich verklumpt Liegengebliebene, um vier Uhr zur Kaffeezeit wegzuessen, oder aber spätestens am Abend, aber mit dieser Verschiebung war der Befehlsdruck letzten Endes aufgehoben, und in komplizenhafter Einmütigkeit zwischen der Mutter und der über Mittag in unserer Wohnung tätigen Hausangestellten verschwanden die Reste im Abfallkübel. Ich erinnere mich an drei solcher Mittagsfrauen, die im Laufe der Jahre das Essen kochten oder auch nur den Abwasch erledigten.

Nach dem Mittagessen las der Vater eine Passage aus der Bibel vor, die er aus der Tischschublade zog, er saß an dem Kopfende zur Wand, neben ihm die Mutter und der kleine Bruder, auf einer Sitzbank die Schwestern, ich saß am anderen Kopfende dem Vater gegenüber, mit dem Rücken zum offenen Raum. Zu Beginn der Mahlzeiten sprachen wir Kinder im Chor das »Segne, Vater, diese Speise, uns zur Kraft und dir zum Preise«, oder auch: »Komm, Herr Jesus, und sei unser Gast, und segne, was du uns bescheret hast«. Die Mutter wollte am liebsten ein eingefügtes *aus Gnade* hören, aber unser Hunger und unser gesundes Gefühl für ein appetitanregendes Metrum machten da nicht mit. Wenn wir nach dem Essen schon aufspringen wollten, hieß es: Halt, es wird noch gedankt! Und wir, unisono, hastig: »Danket dem Herrn, denn er ist freundlich und seine Güte währet ewiglich.« Ewiglich: das Ausschwingen der daktylischen Endsilbe, in welcher das Unaufhörliche nachklingt, ähnlich wie in *für und für*. Später, von wem?, wurde das Wachstuch aufgerollt, um einen Besenstiel gewickelt und als Rolle in die Ecke gestellt.

Der Vater dachte nicht in den Kategorien von Gnadengaben, sondern von Nützlichem und Nutzlosem, Gnade bei den Menschen war ihm wichtiger als Gnade bei Gott. Da ihm beständig die irdische Weltordnung madig gemacht, ihm ununterbrochen eingebleut wurde, seinen zerstreuten Sinn zu richten auf das eine, das nottut, daß er fahren lassen solle, was aufhält und beschwert, mußte ihn auf die Dauer der Widerspruch zwischen den tausend Impulsen, die den Mann, den Sohn, den Ehemann, den Kaufmann bedrängten, und dem immerwährenden Anspruch des Dekalogs, seinem gewaltigen »Du sollst dies, du sollst das …!« im Innersten zerreißen. Er suchte, und machte sich da etwas vor, nach einen Kompromiß, floh ins Predigeramt, im Schreibsekretär der Mutter fanden sich zehn Ringbücher seiner mit der Schreibmaschine getippten Predigten, die heute, ungelesen, kaum einen Meter über meinem Schreibplatz, auf dem Dachboden ihr Unwesen treiben.

Immer wieder das Bild des Vaters, der, hinter Gittern, im Büro sitzt, offenbar Zeitung lesend, wenn ich, in seinen Augen viel zu spät aufgestanden, am Morgen, vielleicht gegen neun, in den Schulferien über den Hof daherkam, besorgt, ob er mich sah, denn er würde mich sogleich zu sich winken. Wie unauffällig ich auch vorbeihuschte, mich vorbeistahl – er erblickte mich stets, stand sofort vom Schreibtisch auf, fing mich an der Ladentüre ab, wo ich vorbeigehen mußte, und ordnete irgendeine Arbeit an: zur Post gehen, Pakete vom Bahnhof abholen, den Wagen waschen et cetera. Jedes sogenannte Herumlungern war ihm zuwider. Dabei schien er selbst im Büro, so kam es mir vor, nur die Zeitung zu lesen, die *Rheinische Post* oder die *Textilwirtschaft*, oder war gar nicht da, sondern lungerte irgendwo auf der Hauptstraße herum, war bei der Anni Voigt auf der anderen Straßenseite oder palaverte in den Banken. Wenn ich von meiner Dachkammer hinunterstieg, hatte ich also die Wahl: ging ich über den Hof, wo ich dem Vater unter die Augen kam, oder nahm ich das Spießrutenlaufen durch die Schneiderei und den Laden in Kauf, zu viele Augen waren dort auf mich gerichtet, Verkäuferinnen, Kunden, Handwerker, auch der Vater hatte, aus seinem verglasten Büro heraus, den Überblick, mußte dann aber schon auf dem Sprung sein, um mich aufzuhalten. Sein unausgesetzter Kontrollblick: ob man in der *Stunde* mitsang, die Augen schloß beim Tischgebet, ob der Fassonschnitt noch korrekt war – und doch fürchtete er nichts mehr als den eigenen Kontrollverlust, sage ich mir heute. Im berühmten 68er Jahr, gehört das hierher? widersprach ich ihm und mir und der *Gesellschaft*, der ich es schriftlich gab: »Widerspruch! / / Allmählich / gewinnen wir / die Kontrolle / über uns selbst / und verlieren die Beherrschung.« Aber diese Wechselbäder aus patriarchalischem Gehabe und fataler Selbstauflösung verunsicherten uns nur noch mehr, keineswegs nahmen wir Kinder den Vater in seinen souveränen Stunden weniger ernst.

Die sogenannten Kinder Gottes, die Frommen, die Gläubigen waren um keinen Deut bessere Menschen als die sogenannten Kinder dieser Welt, als die Gottlosen; die Frommen, dachte ich, ohne es in Worte zu kleiden, sind genauso charakterlos, egoistisch und durchtrieben, ja im Grunde die Übleren, denn sie tarnen ihre Scheußlichkeiten mit sogenannten guten Werken, mit Mildtätigkeit und Büßermiene. Der Vater hat sich immer wieder gemein gemacht mit den sogenannten einfachen Leuten, mit Gescheiterten und traurigen Existenzen und Zurückgebliebenen, mit Straßenkehrern und Müllmännern zum Beispiel, hat den Beifall gesucht und genossen, wenn diese, geschmeichelt von der Leutseligkeit des feingekleideten besseren Herrn, sich ihm tatsächlich zutraulich zuwandten und ihm ihre derben Ansichten unverfroren vortrugen, ihre Unverschämtheiten möglicherweise. Die Unkirchlichen, die kein Blatt vor den Mund nahmen, und der Kirchmeister. Die Ungehobelten und der im Ofen der Trübsal Geläuterte. Die Unbelehrbaren und der Prediger. Die Hilfsschüler und der Hilfsprediger. Der Vater war für die ganz unten nicht einer von denen da oben, er war gewiß ein Besserer, aber ein Nahbarer, ein Nachbar aus ihrer Mitte. Unser Faktotum Barden, sozusagen unser Inkasso-Mann, der das Geld eintrieb von säumigen Ratenzahlern, nannte ihn Chefchen. Manche hätten ihm, erzählte der Barden, wenn er nach Feierabend schnaufend von seiner Tour zurückkam, durch die Haustür zugebrüllt: Mach daß du wegkommst, oder es gibt einen Tritt in den Arsch. Gesocks! rief der Vater. Der Barden wurde in Beeck Pilatus genannt, er trug das Kreuz bei der Fronleichnam-Prozession, war Fahrradwächter an der Realschule. Ich konnte die Leute gut verstehen, die den grobschlächtigen Pilatus nicht an sich heranlassen wollten, widerlich seine wäßrigen Augen, die wulstigen Lippen, er versprühte ekligen Speichel, hatte Zahnlücken, und wenn er sie nicht gehabt haben sollte, hat er sie eben hier auf dem Papier.

Der Widerspruch des Familienunternehmens: das Modische zu verkaufen, damit die so herausgeputzten Beecker Muttis und Fräulein zu Damen würden und die Männer, elegant ausstaffiert, von besseren Herren nicht zu unterscheiden wären (von Feldhoff gekleidet von vielen beneidet, schrieb der Fenstermaler kalkfarben ans Schaufenster). Lief ich liederlich herum oder ungekämmt, sagte der Vater: Du Schlot! Denn auch die Mitglieder der Familie hatten sich gepflegt zu kleiden, um mit dem adretten Äußeren ihrer Person zu werben, dabei indes allezeit dezent zu erscheinen, grelle Farben zu vermeiden und Körperreize abzuschwächen oder zu kaschieren. Heimlich, auf Sylt, ging der Vater an den FKK-Strand, es drängte ihn, woher will ich das wissen?, gemeinschaftliche Nacktheit zu erleben, wenn auch in unfreier Natur. Als Bekleidungsfachmann wußte er am besten, wie wenig irgendein Textil über die Sterblichkeit hinwegtäuschen kann; die sterbliche Hülle ist nicht zu verhüllen. Der Sündenfall, muß ich irgendwo gelesen haben, begann nicht mit der Nacktheit, sondern mit dem Ankleiden. Und letztlich, das weiß ich so gut, wie die Väter (auch die Mütter?) es gewußt haben, ist alles Äußere für bloßen Tand anzusehen, für *Weltfutter*, wie es bei Eichendorff heißt, und nur bei Eichendorff, ich hab's überprüft.

Ich erinnere mich, daß mein Vater eines Tages auf die Idee kam, mit seinem Ältesten eine Schiffsreise nach Amerika zu machen, aber es blieb bei dieser einmaligen Absichtserklärung, sei es, daß ich selbst mich wenig begeistert gezeigt hatte, sei es, daß seine Reisepläne sich doch eher denen der Mutter hatten fügen müssen. Es gab dann weder diese einer Weltreise nahekommende Kreuzfahrt noch überhaupt irgendeine gemeinsame Reise von Vater und Sohn, nicht die kleinste Bootstour, beispielsweise rheinaufwärts bis Boppard mit der Köln-Düsseldorfer, der Vater fuhr doch lieber mit der Familie, aber ohne mich, nach Sylt und ließ sich auf irgendwelchen Kuttern oder Fähren als Seebär fotografieren. Der Predigthelfer blieb doch lieber an Deck des Gemeindeschiffs, und ich studierte viel lieber das Bateau ivre des Arthur Rimbaud. Unser Textilgeschäft führte keine Schifferkleidung.

Es tut mir leid, den Vater nicht so geliebt zu haben, wie ich sollte, da mich dieselben Dinge bedrängen, unter welchen er hat leiden müssen. Seine regelmäßig wiederkehrende Totalverstörung damals beweist mir heute, zeitversetzt also, daß in diesem Duisburger Vorort die zwingenden Voraussetzungen vorlagen, sich vorzeitig davonzumachen und anderen das Feld zu überlassen.

Ellibis

Ihre Mutter, sagte meine Mutter, die das alles hier nicht mehr lesen wird, sage ich mir, habe einen großen Brotteig geknetet, bedenke, für zehn Personen!, ihn dann in ein kariertes Geschirrtuch geschlagen und zum Bäcker namens Steinbrink bringen lassen, damit er ihr Weißbrot backe fürs Wochenende. Über die Jahre hin habe jeden Morgen um viertel nach sieben ein Bäckerjunge vor der Tür gestanden, um einen großen Korb mit frischen Brötchen abzuliefern, die fünf Pfennig das Stück gekostet hätten. Die Mutter lobte en passant diese schöne, und wie ihr noch jetzt vorkam, großzügige Bestellung durch den im ganzen doch sehr strengen Vater, der mit sieben Töchtern und Erich, dem einzigen Sohn, wohl nicht umhin konnte, ein straffes Regiment zu führen. Sie seien fortwährend *geduckt* worden, keine Diskussionen am Tisch, ein Kind hielt den Mund, doch blickten sie alle wirklich stumm auf dem ganzen Tisch herum? Wie gerne aßen sie aber den dreischichtigen, dreifarbigen Pudding, den die Mutter kochte, Erdbeer, Vanille, Schoko. Sonntags bekam ein jeder ein eigenes Kotelett, die älteste Schwester, Bertha, ging hierfür in den Anbau, wo ein weiterer Gasherd stand, um die zehn Fleischstücke in die Pfannen zu hauen. Einmal im Monat, am sogenannten Eintopfsonntag zugunsten bedürftiger Volksgenossen, gab's bloß Wirsingkohl mit Speck oder einen Reisauflauf, das eingesparte Geld sammelte der Blockwart ein.

Ich rief wieder einmal, aber selten genug, etwas dazwischen, nämlich daß es bei uns in den Fünfzigern zu Hause kein Schweinekotelett für jeden gegeben hätte, sondern oft genug Endivien durcheinander oder Erbsensuppe oder deinen berühmten Möhreneintopf, die Mutter nickte. Wenn plötzlich ein Besucher zur Mittagszeit aufgetaucht sei, habe Bertha notgedrungen die zehn Portionen um eine elfte verkleinern und aufteilen müssen. Aus Mehl, Eiern und Milch bereitete ihre eigene Mutter sogenannte Knuddel, glitschige Klöße, zu denen es Specksauce gab und getrocknetes Mischobst. Ins Restaurant ging man nicht, eine solche Extravaganz lag außerhalb unserer Vorstellung, sagte die Mutter, ganz unabhängig von den Kosten für eine zehnköpfige Familie. Der Großvater Michael und seine Sibilla sollen aber bei Fahrten nach Mülheim einige Male ein Café aufgesucht haben, das ausgerechnet Billig hieß.

Wie bei den einfachen Leuten üblich, wurde an den Samstagen gebadet, indem man mitten in die Küche eine Zinkwanne stellte, um die herum Bettücher gespannt wurden, wobei die Mädchenschar die Schamgrenzen ohnehin nur locker beachtete. Nach Beendigung der Prozedur, die stets mit Gekreische und Überschwemmungen verbunden war, wurde jeweils die obere Seifen- und Dreckschicht abgeschöpft und heißes Wasser nachgefüllt. Vom Schaum der Kernseife brannten ihnen oft noch die Augen. Bis heute fragt sich die Mutter, warum die Eltern es damals nicht erlaubten, für dieses eine wöchentliche Mal ausnahmsweise das Wohnzimmer aufzusperren und zu heizen, wo man in aller Ruhe und mit ausreichendem Platz sein Bad in der Wanne hätte nehmen können. Doch die gute Stube war tabu und blieb, was sie praktisch immer war: die verschlossene, verhäkelte, kalte Pracht, über dem harten Sofa hing ein Bild von Bodelschwingh.

Eine Aufklärung durch die Eltern fand natürlich nicht statt. Wenn die Töchter ihre Tage bekamen, sagte die Mutter nur: Is dat ok all so witt? Die Mädchen benutzten gestrickte Binden, die nach der Reinigung gefaltet über die Spitzen des Gartenzauns gehängt wurden. Wenn die Jüngeren fragten, was das da sei, sagte der Vater des Vaters, also der Oppa, der mit im Hause lebte: Das sind Schnurrbartbinden. Aber mir ist nicht ganz wohl beim Nacherzählen solcher Schnurren, mir ist, als wenn das untergegangene Leben auf unangemessene Weise ausblute und ausgewaschen werde. Oder wiederhole ich nur eine Kritik, die in den 50er Jahren gegen Heinrich Böll erhoben wurde, indem man ihm nachsagte, daß seine Bücher den Geruch von Waschküchen enthielten? Jedenfalls bekommt bei mir das Wort Waschküche einen erweiterten Sinn.

Als meine Mutter, die Fünftgeborene, nach ihrer eigenen Mutter Sibille genannt, 1926 zur Schule kam, saßen im armen Meiderich fünfzig i-Dötzchen im Klassenraum, nicht alle mit einer Zuckertüte, auch Bille Prüßmann nicht. Die begabte Schwester Grete durfte nicht aufs Lyzeum, der Vater sagte zu dem Lehrer, er könne nicht eine seiner Töchter herausnehmen und den anderen die höhere Bildung vorenthalten. An einen prügelnden Lehrer kann sich die Mutter nicht erinnern, es gab aber leichte Schläge mit dem Stöckchen, das tat schon weh genug. Neben der Schule ging sie nachmittags in den Jugendhort am Gerhardsplatz, den eine Kaiserswerther Schwester leitete. Hier wurde auch musiziert, die Mädchen lernten zum Beispiel das Lautespielen. Wie groß sei ihre Freude gewesen, als sie dann zum Geburtstag eine echte Stössellaute geschenkt bekam und nicht mehr nur auf dem viereckigen häßlichen Ding spielen mußte, so die Mutter noch gut achtzig Jahre später angewidert, das im Hort zum Einsatz kam. Später hat sie noch oft im Familienkreis auf ihrer Laute, einer Mandoline, vorgespielt, und auch in dem frommen Jungfrauenverein.

Eine von Mutters Freundinnen hieß Ottilie.

An welche Bücher aus der Kinderzeit kann sie sich erinnern? An diesem Nachmittag nannte sie mir nur einen Titel, *Die Familie Pfäffling* von Agnes Sapper, ein noch in der Kaiserzeit erschienener Weihnachtsroman, der in Deutschland hunderttausendfach gelesen wurde. Inzwischen ist ihr altes Exemplar in Frakturschrift in meinem Besitz. Von einem anderen Buch wußte sie nur noch, daß es von einer jungen Frau handelte, die in einem einzigen Jahr Braut, Ehefrau und Witwe geworden war. Vorgelesen, vom Hausvater naturgemäß, wurde am Abendbrottisch aus dem Neukirchener Kalender.

Bei Hitlers Machtergreifung, zu Beginn des sogenannten Tausendjährigen Reiches, das dann zwölf Jahre dauerte, war die Mutter ein zwölfjähriges Mädchen. In diesem Alter mußten die Prüßmannschen Töchter ihre Puppen den jüngeren Schwestern überlassen. Maria aber, die Zweitälteste, die dann über hundert Jahre alt werden sollte, war dickköpfig, wollte ihre Schildkrötpuppe partout nicht hergeben. Grete und Maria teilten sich ein Zimmer mit Sybille und Alette, schliefen jeweils in einem Bett, unter einer Decke, meist in der Löffelchenhaltung. Auf der Hochkante des Bettes stand eine Kerze, elektrisches Licht gab es ja nicht, jedenfalls nicht in diesem Arbeiterhaus, im Haus des Thyssenknechts Michael Prüßmann. In den anderen Räumen brannten Gaslampen, in die man ein »Strümpchen« hineindrehte, das mit Streichhölzern angezündet wurde, aber hochempfindlich war und oft kaputt ging. Man zog an dünnen Schnüren, linkerhand ging das Licht an, rechts wurde es gelöscht. Deine Großeltern in Beeck, sagte die Mutter, hatten schon vor dem Krieg elektrisches Licht. Das schreibst du aber nicht, sagte die Mutter. Warum denn nicht? Ja, wegen unserer Armut, das muß nicht jeder wissen.

Der Mutter fiel es schwer, sich an die Arbeit ihres Vaters zu erinnern, Werkmeister war der gewesen im Hüttenbetrieb Meiderich, hatte er nicht auch Wechselschicht? Mit der Folge, daß die Kinder ihn nur zu unterschiedlichen Zeiten zu Gesicht bekamen und bei Nachtschicht sich im Hause über Tag besonders leise zu verhalten hatten? Und wenn den Hausvater eine auffällige Strenge gekennzeichnet haben sollte, müßte der Tochter eigentlich in Erinnerung geblieben sein, daß an Tagen der Mittagsschicht unter den Mädchen in den Nachmittagsstunden bis in den Abend hinein ein spürbar erhöhtes Freiheitsgefühl herrschte, da der Hausherr und oberste Erzieher nicht anwesend war. Und doch wirkte in den Köpfen der Töchter, deren Haartracht von Zöpfen und Schleifen gebändigt war, die unsichtbare Präsenz des Vaters fort, das »Ich sag's dem Vater« einer Schwester oder »Warte, bis der Vater kommt« der Mutter war immer wieder zu hören.

Einmal, erinnerte ich sie, hat deine Schwester Edith erzählt, ist euer Vater, sozusagen zur Abschreckung, für einen Tag zur Zwangsarbeit abgeholt worden und auch in der Nacht darauf nicht zu Hause gewesen, von der SA festgehalten, eingesperrt, wahrscheinlich im Werk, dort einem sogenannten verschärften Verhör ausgesetzt gewesen, vielleicht zuvor denunziert. Die Mutter suchte diese Begebenheit ihrer Natur gemäß abzuschwächen, zu mildern, der Vater habe wohl aus Sicherheitsgründen dort übernachten müssen, Edith hatte dagegen erklärt, er sei auffällig geworden wegen regelmäßiger Spenden an die Bekennende Kirche.

Widerworte waren dem Vater zutiefst zuwider, wie zornig konnte er da werden, dann setzte es Schläge, wir kriegten Wichse, sagte die Mutter. Einmal begehrte die zarte, aber eigensinnige Maria aufs heftigste auf, als sie, schon 18jährig, nur wenige Minuten zu spät nach Hause gekommen, einen Klaps erhielt; sie bekam einen Weinkrampf. Und dennoch schlichen sie sich heimlich ins Kino, wo »Der Mustergatte« mit Heinz Rühmann lief oder ein Film, in dem markige Männer lauthals frohlockten: Öl! Öl! und sich in den Armen lagen. Die Mutter erzählte, und sie taute jetzt mehr und mehr auf, wie sie vom Kino mit verräterischen roten Backen heimgekehrt seien. Vielleicht hatten die älteren Schwestern in den Jahren zuvor »Das blaue Licht«

mit Leni Riefenstahl gesehen oder den »Shanghai Expreß« mit
Marlene Dietrich – ganz sicher aber in Fox' Tönender Wochenschau die Reportage über ein technisches Wunderwerk, die
Do X, ein luxuriöses Flugschiff, das auf einem zweijährigen
Weltflug tatsächlich alle Welt, ob in Europa oder in Rio und
schließlich in New York, zum Staunen brachte und jetzt auch
die Töchter eines Werkmeisters aus dem Duisburger Norden,
die mit aufgerissenen Augen die Flugbilder des zwölfmoto-
rigen Dornier-Giganten verfolgten. Als sie dann das größte
Flugzeug der Welt sogar *in echt* besichtigen konnten, war ihre
Begeisterung grenzenlos. Im September 1932 landete die Do X
bei ihrem triumphalen Deutschlandflug auch auf dem Rhein
in Duisburg. Mutters Schulklasse machte einen Ausflug zur

Mühlenweide im Ruhrorter Hafen, wo die Maschine für eine Woche angelegt hatte.

Gab es ein schwarzes Schaf in der Familie? Die Mutter zögerte, auf Anhieb fiel ihr niemand ein, endlich: Der Onkel Jakob hatte sich scheiden lassen, das war allen irgendwie peinlich. Und der Bruder Erich hat einmal im Vereinshaus das Mobiliar zertrümmert, ohne ersichtlichen Grund. Erich ist ein Kapitel für sich. Erich wurde Soldat, Erich verlobte sich, Erich wurde erschossen, Erich wurde letzten Endes vergessen.

Nein, nicht ganz, die Tante Edith, nicht meine Mutter, wußte zu erzählen, Erich, der mit seinem Vater im Streit gelebt habe, sei eines Tages erbost vom Tisch aufgesprungen, weil ihn der Vater, der zum Jähzorn neigte, wieder einmal wegen einer Nichtigkeit beschimpft hatte. Als Erich dann eingezogen wurde, eilte der Vater zum Bahnhof, um sich von seinem Sohn in letzter Minute zu verabschieden und ihn um Verzeihung zu bitten – er sollte ihn nicht wiedersehen, Erich *blieb* in Stalingrad.

Die Tante Edith erzählte bei dieser Gelegenheit von einer Polin, die im Krieg in ihrem Elternhaus einquartiert war und regelmäßig Herrenbesuch bekam. Man munkelte damals, sie wäre Kommunistin und bei den Besuchern handle es sich um Parteigenossen, aber das könne kaum der Fall gewesen sein, Mitglieder der Kommunistischen Partei steckte man doch ins Lager!, berichtigte sich Edith selbst, es waren wohl Herren, die ihre weibliche Gunst *in Kauf* nahmen, sagte ich, Edith lächelte leicht, die Mutter schaute indigniert zur Seite, sie hatte, so Edith weiter, ein Zimmer in der ersten Etage, vors Fenster hatte sie Stacheldraht gespannt. Der 18jährigen Edith sagte die Polin, sie würde sich bei einem Bombenangriff auf sie legen, damit sie überlebe. Bei Bombenalarm blieb sie mit Edith im Keller, es gab in den Kellern für den Notfall, bei Volltreffern!, Öffnungen zum Nachbarhaus. Mutter und Schwestern waren ja zur Sicherheit in Wöbbel, Bertha im Bunker, der Vater auf der Arbeit. Später, nach dem Krieg, war die Polin geistig verwirrt, eines Tages steckte sie sich selbst und die Wohnung in Brand, ein schrecklicher Anblick, die Verbrannte, das Verkohlte in der Küche, Wasser floß, sie hatte wohl doch noch versucht, das Feuer zu löschen und das Entsetzliche abzuwenden, Edith erzählte das alles sehr rasch, ich mochte das alles beinahe nicht glauben, die Mutter war dabei, jetzt, bei Ediths Erzählung, meine ich, nicht aber bei dem unglückseligen Ende der Polin, da war sie mit mir auf dem Lande.

Bei einem ihrer letzten Weihnachtsbesuche im Westerwald bei ihrem Erstgeborenen kamen naturgemäß auch Geburt und Tod Jesu zur Sprache, die angebliche Zeugung durch den Geist Gottes, die angebliche (angeberische?) Geburt zu Bethlehem, die angebliche Niederkunft in einem Stall, die angebliche Anbetung des Kindes durch drei Weise aus drei verschiedenen Erdteilen. Ich fragte meine Mutter, die mir sofort das mehrfach benutzte Wort »angeblich« ankreidete, ob sie wisse,

wie Marias Eltern, also Jesu Großeltern, also die Schwiegereltern des Joseph heißen? Davon war ihr nichts bekannt, und davon stünde auch kein Wort in der Bibel. Da hatte sie recht, aber ich steckte nicht auf und gab zum besten, daß sie Anna und Joachim hießen, dies sei aus apokryphen Quellen und der Tradition der frühen Kirche bekannt. Ich fragte meine Mutter nach der Mutter ihrer Mutter, sie hieß Alette, und ihr Mann? Dietrich. Sie alle sprachen noch Meierk, Meidericher Platt. Die Mutter selbst sei phlegmatisch gewesen, gemütlich, rundlich in sich ruhend, Größe 47, sie schmunzelte, wenn der Vater, der sie Bella nannte, von Zeit zu Zeit stolz in die Familienrunde blickte und fragte: Hab ihr nicht eine schöne Mutter? Als Kosenamen für seine Kinder sagte er: mein Stübken, vielleicht versteckt sich dahinter das Stubenküken? Und er brachte ihr bei, wie sie rückwärts hieß: Ellibis Namsürp.

Ihre achtjährige Volksschulzeit war 1934 beendet. Die Zeit von Ostern bis zum Lehrbeginn im Textilgeschäft B. im Herbst überbrückte sie mit Hilfsarbeiten für die alten Großeltern im Haus, wo auch ihr Onkel Heini wohnte. Er war Junggeselle, in seinem Zimmer stand ein kleiner Radioapparat, ein sogenannter Volksempfänger. Die Mutter erinnerte sich an die gesungene Werbung, die aus dem Gerät tönte, für die Seifensorte Warta: »Warta, die Volksseife, so wonnig, mild und rein, Warta, die Volksseife, soll auch meine Seife sein.« Die Mutter erschrak, als ich sie auf das massenhaft verbreitete Gerücht hinwies, welches in Polen und dann in Deutschland und dann in der ganzen Welt kursierte, daß das Leichenfett umgebrachter Juden zu Seife verarbeitet worden sei, auch am Produktionsort der Warta-Seife, in Witten, sei die Seifenlegende im Umlauf gewesen. Es habe, wollte ich ihr nach eigenen Online-Recherchen schon sagen, auf vielen Seifenprodukten das Kürzel RIF gegeben, damit sei aber »Reichstelle für industrielle Fette« gemeint gewesen und nicht, wie es der Volksmund hinter vorgehaltener Hand weiterraunte, »Rein jüdisches Fett«, was ich ihr aber dann doch nicht sagte. Ich verschwieg nach kurzem Zögern diese Ergänzungen vor der Mutter, nachdem mir ihr spontanes Entsetzen bewußt geworden war und sie, wie sie jetzt dalag auf unserem ausziehbaren Fernsehsessel, einen so schutzlosen Eindruck machte. Unausgesprochen schien sie zu verstehen zu geben, von solchem Vergangenheitsschmutz möglichst verschont zu bleiben, sie, Sybille, habe damals ihre Hände als deutsches Mädchen auch zu den Zeiten des Führers in Unschuld gewaschen.

Dann erwähnte sie auf einmal den Dekorateur Strauss, der in demselben Textilhaus gearbeitet hatte, wo sie Lehrmädchen war. Sie habe noch gut das Bild des knienden, mit Stecknadeln im Mund bewaffneten, eifrig an den eng aneinanderstehenden Schaufensterpuppen hantierenden Mannes in Erinnerung. Etwa 1935 mußten die Bedenken des Lehrherrn, daß die Beschäftigung eines Juden bei den Kunden Anstoß erregen könnte, zugenommen haben. Der Chef, der den freiberuflichen Strauss als einen fähigen Mann schätzte, suchte nach einer Möglichkeit, ihn die Schaufenster praktisch uneingeschränkt weiter gestalten zu lassen und den Juden doch vor der Öffentlichkeit zu verbergen. Die zugehängten Schaufenster schützten ihn zwar nach außen, doch durchquerte er von Zeit zu Zeit das Ladeninnere, um Materialien herbeizuschaffen. Daher wurde eigens ein Lehrmädchen für ihn abgestellt, eben meine Mutter, die ihm die vorgesehenen Ausstellungsstücke, die Preisschildchen und Blickfangobjekte ins Fenster hineinzureichen hatte. Meine Mutter lief also, solange der Strauss in ihrer Firma tätig war, oft über beide Arme bepackt, vom Warenlager zum Schaufenster (eine schöne Strecke!), dann wieder leichtfüßig zurück zum Lager, kehrte neubeladen schweratmend zurück zu dem

Gestalter im Fenster, retour zum Lager, vom Lager zum Mann im Fenster, vom Juden zum Lager und so fort.

Ein halbes Jahr sei sie als 18jährige mit dem Sohn ihres Chefs gegangen, dem sie dann aber den Laufpaß gegeben habe, sie könne ihm nicht, hätte sie gesagt, die Liebe entgegenbringen, die er vielleicht erwarte. Vor allem, sagte sie, und ihre Stimme nahm einen leiseren, ins Diskrete sich senkenden Ton an, habe sie sein Körpergeruch abgestoßen, eine eigenartige Ausdünstung, von der sie nicht sagen könne, ob es sich um mangelnde Hygiene oder um einen anderen, ganz persönlichen Makel gehandelt habe. Das habe sie wohl auch daran gehindert, ihm auf den langen Spaziergängen einfach um den Hals zu fallen, denn von sich aus sei der acht Jahre Ältere niemals, kein einziges Mal also, auf den Gedanken gekommen, sie zu küssen, auf den Gedanken vielleicht wohl, denn die Köpfe hätten sie, auf einer Parkbank sitzend, durchaus zusammengesteckt. Ihr Chef, als er von der sich anbahnenden Liebschaft erfuhr, habe sogleich sein Einverständnis signalisiert, die Ehefrauen könnten durchaus deutlich jünger sein, war seine Auffassung. Und seine Meinung war ja die maßgebliche, nicht nur in dem Textilhaus B., sondern vor allem in der Bibelstunde und ihren beteiligten Familien.

Ich dachte daran, daß auch ich als Kaufmannssohn ein Mädchen aus unserem Laden zur Frau genommen hatte und die Zustimmung damals von Mutter und Vater ausgeblieben war, ja diverse Versuche gemacht wurden, mir dieses Verhältnis auszureden oder es gar zu unterbinden. Naturgemäß war diese Parallele der Mutter an diesem Heiligabend nicht aufgefallen, denn sie fühlte sich sichtlich wohl und hatte, richtig redselig geworden, in diesem für sie selbst unerwarteten Wohlbefinden viel mehr von dem ausgeplaudert, worüber man eigentlich, wie es sonst ihre Auffassung gewesen ist, nicht spricht.

Immer wieder waren wir Zuhörenden erstaunt, auf unsere Frage, wann denn dies und das gewesen sei, zu hören, wieviel Normalität und Bürgerlichkeit und Unpolitisches und Friedliches oder friedlich-fortschrittlich Getarntes sich in diesen bösen Jahren hatte halten können, ich will, aber die Mutter tat es, gar nicht von den Autobahnen sprechen (mit deren Bau 1934 am Kaiserberg begonnen wurde). Die Mutter sagte nie: Hitler, sondern sprach immer nur von dem Führer.

Zu Anfang des Krieges fuhr sie mit ihren Eltern und der sieben Jahre jüngeren Schwester Elfriede, genannt Friedchen, nach Ruppichteroth im Bergischen Land, hierher fuhren die Volksschüler aus Meiderich ins Schullandheim. Sie wohnten in einer Pension, und auch hier ging Sybille mit dem Sohn des Hauses spazieren, pflückte wohl auch einmal ein Blümchen von der Wiese und steckte es sich ans Revers, und der gleichaltrige Walter sang den Ohrwurm des Jahres, im Kriegsjahr 1941 naturgemäß ein Marschlied der Wehrmacht, das Lied vom Edelweiß, das stand »ganz einsam und verlassen an einer Felsenwand ... / Sie trägt es mir zu Ehren an ihrem Sonntagskleid, / sie weiß, daß dieses Sternlein ein Männerherz erfreut! / Sie trägt es mir zuliebe und ich bin stolz darauf, / denn dieses kleine Blümelein / schloß einst zwei Herzen auf!« Derselbe Nazimusikmeister hatte zuvor schon den noch berühmteren *Erika*-Marsch komponiert, der ebenfalls ein kleines Blümelein aufblühen läßt, um es sogleich mit einem dreifachen Trommelschlag niederzumachen.

Im dritten Kriegsjahr lernt Sybille, von einer Cousine vermittelt, den Sohn aus einem anderen Textilhaus kennen; merkt sie zunächst nichts von seinen herzneurotischen Störungen, oder sind es gerade diese Schwächen, die ihr eigenes Herz erobern? Bald darauf schreibt sie dem Gefreiten nach Ludwigsburg, wie mir ihr Schreibsekretär jetzt verraten hat, ja, das glaube sie ihm gerne, daß er einem Treffen mit ihr *mit Interesse* entgegensehe. Was an ihr mag den Vater bezirzt haben? Suchte sich der Ängstliche die Angstfreie? Sie war sehr hübsch, zweifellos, trug das dunkle Haar halblang à la Zarah Leander, mit halb gespielter Schüchternheit, aber ihrer selbst gewiß. Wichtig für den Firmensohn und prädestinierten Nachfolger: sie kam aus der Branche, war fromm, wünschte sich Kinder; sobald er sie in guter Hoffnung wußte, sollte er sie »Mutti« nennen.

Ein Jahr nach ihrer ersten Begegnung reisen die beiden, noch ist das möglich, in den Schwarzwald, wo sie die Triberger Wasserfälle besichtigen, im Pferdeschlitten geht's durch den romantischen Winterwald, Glöckchen bimmeln dazu. Das reine Entzücken, ununterbrochen, jeden Augenblick zusammenzusein. Kristalltage. Die Zeit, die Geschichte für eine Weile außer Kraft gesetzt, das Sagen hat das Wetter, hat die Laune der Verlobten, sie werden gesungen haben, Unzeitgemäßes, beide haben kräftige schöne Stimmen, kennen viele Lieder auswendig, auch aus dem alten *Reichsliederbuch*: Halleluja, Gott zu loben, bleibe meine Seelenfreud.

Als in den allerersten Friedenstagen Geborener, der, wie er meint, historisch-moralisch unstrittig mit edelweißer Weste dasteht, und welcher, für untauglich befunden, kein einziges Mal eine Waffe getragen hat, also weder im Militärdienst noch spielerisch etwa auf der Kirmes oder im Schützenverein, denke auch ich mich hier von allem Kriegerischen fort und an ganz andere Blümelein, nämlich an jene, die »schlafen schon lä-hängst im Mo-hondenschein« und dann an das Heimchen in dem Ährengrund und die schöne, die unbewußte Zeit auf dem Bauernhof, nur die Mutter und ich und das heimelige Gute Nacht-Lied, das mir noch heute durch die Träume säuselt.

Die Wiedergeborenen von Middelburg

Seit der Zeit, da ich selbst ein alter Mann geworden bin und als Großvater mit den Enkelkindern immer wieder fröhliche, selbstvergessene Stunden zubringe, die ich zu den glückseligsten meines Erdendaseins zähle, fahren wir regelmäßig gemeinsam an die Küste Zeelands, nehmen in Breskens die Fähre nach Vlissingen und fahren dann weiter mit einem knallgelben Zug nach Middelburg. Mit den Kindern durch diese schöne Stadt trudelnd, bezirzt von ihrer Neugier und Lebensfreude, werde ich selbst wieder zum Kind, das immerfort Eis, Cola, Chips, Pommes und Gummibärchen haben will, Poffertjes womöglich, und mit dem Fuß aufstampft, wenn nichts davon von den Großen genehmigt wird, und *Unfair!* ausruft oder *Das ist gemein!* Stillvergnügt denke ich in mich hinein, daß Middelburg einst das Zentrum einer das religiöse Leben dominierenden pietistischen Strömung gewesen ist, die alle Lebensfreude verdammt und die *Abtötung der eigenen Ichheit* gepredigt hat, eine Selbstmortifikation, wie gesagt worden ist, in seltsamem Widerspruch also, gebot mir mein Unverstand zu denken, zur christlichen Wiedergeburt. Wie es meine Art ist, die, behaupte ich hier, bei den Kindern gut ankommt, claro, werfe ich manchmal mitten in eine nach außen hin geordnete, scheinbar vernünftige Umgebung ein unvernünftiges zusammenhangloses Wort, wie einen Sprengsatz, der durchaus dann und wann Verstörung auslösen kann, bei den Großen, nicht bei den Kindern, bei den Kindern nach der ersten Verwunderung nicht selten den Nachahmungstrieb, kurz, in Middelburg warf ich in der sogenannten Fußgängerzone das Namenwort Labadie unters Volk und die Kinder riefen sofort BallaBalla und ich Schubidubidu und die Kinder wieder SchlabberSchlabber und ich Labadia und die Kinder Mammamia und ich endlich: Nu is nuch!

Daß ich in dieser Situation an einen berühmten mystischen Prediger aus dem 17. Jahrhundert, an Jean de Labadie hatte denken müssen, habe ich den Kindern natürlich nicht gesagt. Dieser außerordentliche Gottesmann, in seiner rhetorischen Außenwirkung vielleicht einem Billy Graham vergleichbar, um einen charismatischen Prediger aus meiner Lebenszeit zu nennen, insofern aber dem letztgenannten überlegen, als er zahlreiche bedeutsame und weitverbreitete religiöse Schriften verfaßt hat, z. B. über die »Sainte perte de soy en Dieu«, »Das heilige Sichverlieren in Gott« – Jean de Labadie also war für die Entstehung der Bibelstunde offenbar eine frühe Leitfigur gewesen, auch wenn das kaum jemand von den in Beeck und Meiderich und Dinslaken an den Sonntagnachmittagen in den Privatwohnungen im Namen Jesu Versammelten gewußt haben mag.

In Middelburg, schreibt Jean de Labadie vor 450 Jahren, seien auch die Kinder weiser geworden und umsichtiger, sofern ihnen die Alten mit gutem Beispiel vorangingen, welches die Jüngeren dann nachahmten. Während meine Kindeskinder umsichtig um sich blickten, ob es nicht etwa fremde Ohrenzeugen unserer generationenübergreifenden Labilität gegeben habe, ging mir das Lob des Jean de Labadie durch den Kopf, in Middelburg herrsche Vorsicht im Reden, Ehrbarkeit in den Sitten sowie Unterwürfigkeit im Gehorsam. Auch den Middelburger Eifer, mit dem die heiligen Versammlungen besucht würden, lobte er ausdrücklich, erinnerte ich mich. Und in der allwissenden Gesamtschau, die in jenem uns unbekannten ewigen Außerhalb sich ereignet für und für, wird er wohl auch den Eifer meiner frommen Duisburger Vorfahren mit Wohlwollen wahrgenommen haben wie auch mit himmelsmilder Besorgnis den Abfall der Späteren vom alten Ernst.

Was den lieben Gott persönlich betrifft, erklärte ich den Kindern, der sieht bekanntlich alles, so hätte ich es gelernt und so sei es wohl auch, wahrscheinlich, allerhöchstwahrscheinlich, wir müßten also allezeit gut aufpassen bei dem, was wir tun, auch jetzt hier in der Middelburger Kirche, schaut, da hängen extra Schilder, ich deutete auf die Piktogramme an der Portaltüre, die auf die Pflicht zu dezenter Kleidung beim Besuch des Gotteshauses hinwiesen, deutlich geschieden in Falsch und Richtig, in Gut und Böse, hier die, die Wohlgefallen finden vor den Augen des Allerhöchsten, da die anderen, die seinen Grimm hervorrufen. Dem dilettantischen Zeichner hatte es offensichtlich Mühe bereitet, das Verwerfliche, das Unziemliche erkennbar, aber eben nur schwach anzudeuten: die Dümmlichkeit des Muscleshirts, die Kürze der Röcke, die Untiefe des Dekolletés, den bauchnabelfreien Top. Den Bauchschnabel darf man in der Kirche niemandem zeigen, sagte ich. Ehrlich? fragte die achtjährige Emma, und wenn doch?, und wenn der liebe Gott einmal wegkuckt? Für diesen vorhergesehenen Fall gibt es die Überwachungskamera, sagte ich, und das überzeugte dann auch den elfjährigen Max.

Am Abend zurück auf der anderen Seite der Schelde übten wir Hände falten und Augen schließen und Ohren wackeln und Däumchen drehen und spielten Sching Schang Schong und drehten lange Nasen und legten Hasenohren an und streckten die Zunge raus und am Ende hatte ich trotzdem keine Chance gegen das megacoole Spiel auf dem Smartphone. Zur *godenacht* hernach im zeeländischen Bett das von *mijn jong, mijn dern* erwünschte, alles Halbalberne zurücklassende Gutenachtgebet: Lieber Gott, ich danke dir, du warst den ganzen Tag bei mir, nun bleib auch bei mir diese Nacht, und schick ein Englein, das bei mir wacht, und laß mich schlafen still und fein, auch – und dann kam die Litanei aller ihnen bekannten lieben und teuren Namen, ein Fürbittengebet, das nicht in den Wind, in den Seewind gesprochen war, ich hörte und empfand es als etwas Heiliges, jemanden bei seinem Namen zu nennen, war hier eine heilige Handlung, und der Großvater gehörte dazu.

Das formelhafte Beten wäre unter der Aufsicht des großen Jean de Labadie, den ich hier bei aller Ablenkung durch die quicklebendigen Kinder nicht aus den Augen verlieren will, unerwünscht gewesen, der Glaube war für ihn eine Herzenssache, kein Absolvieren frommer Pflichten, er würde die Kinder zu freieren Sätzen, frisch von der Leber?, nein, aus der Seele gesprochenen, angehalten haben, wie dies in Middelburg geschah in den von ihm gegründeten Konventikeln, den Vorläufern unserer Bibelstunde. Denn als Folge der Reformation galt unter den Brüdern und Schwestern im Herrn das allgemeine Priestertum, wonach ein jeglicher, der sich berufen fühlte, das geistliche, erweckende Wort verkünden konnte.

Schon in frühester Jugend hat mir die fatale Unterscheidung von Bekehrten und Unbekehrten, von Menschen, die *wieder-*

geboren sind und solchen, die *natürliche* Menschen bleiben, zu schaffen gemacht. Die Wiedergeborenen waren innerlich erleuchtet, sie wandelten im Lichte, von den anderen hieß es, sie irrten in der Finsternis und säßen, wo die Spötter sitzen. Theologie zu studieren galt den Bekehrten als hochgefährlicher Irrweg, als Vorstufe des Unglaubens, der moderne kritische Schriftgelehrte säte Zweifel und betete die menschliche Vernunft an – einzig derjenige, welcher glaubwürdig davon Zeugnis ablegte, daß er Jesus als seinen Erlöser in sein Herz aufgenommen hatte, war als gläubiger, als *ernster* Christ anerkannt, ansonsten blieb er nichts als ein bloßer Kenner des Buchstabens.

Andererseits waren die Stundenoberen liberal genug, wenn dieses Wort überhaupt auf sie anwendbar ist, nicht nur die Bekehrung von heute auf morgen gelten zu lassen, also Tag und Stunde zu wissen, da man dem Herrn sein Leben übergeben hatte, sondern daneben auch einen Prozeß anzuerkennen, in welchem eine solche Wandlung hin zu einem inneren Leben mit Gott möglich war. Diese zweite Möglichkeit traf für die meisten *von uns* zu, wir waren nicht Wiedergeborene, sondern in diese innerfamiliäre Tradition Hineingeborene. Und ich erlebte sie auch nicht, diese mit einem zweiten Geburtsdatum gekrönte unvergeßliche Bekehrung, obwohl ich von Evangelisten in den Zeltmissionen dazu gedrängt wurde und mich, wenn ich schon nicht *nach vorne* gegangen war am Ende der Veranstaltung, später in meiner Kammer auf die Knie warf und in demütigster Haltung um eine solche Erfahrung flehte – es ereignete sich nichts dergleichen, und dennoch erhob ich mich halbwegs beruhigt nach minutenlangem Ringen um die alles durchdringende Gnade, beruhigt in dem Gefühl, meinerseits alles getan zu haben, nun war die Gegenseite am Zuge.

Als studierte Funktionäre der Amtskirche standen die Pfarrer in unserem Vorort naturgemäß unter dem Generalverdacht, keine gläubigen, keine wahren, keine wiedergeborenen Christen zu sein, ohne daß sie aber verachtet oder gemieden wurden, die Stundenleute bestärkten sie durchaus in ihrer Aufgabe, die frohe Botschaft weiterzutragen; eine weitere Abspaltung von der reformierten beziehungsweise der lutherischen Kirche kam für die Stillen im Lande nicht in Betracht, sie waren mit ihren Exerzitien beschäftigt genug, mit täglichen Übungen in der sogenannten Selbstverleugnung, im Kampf gegen den natürlichen Menschen, zwecks »Kreuzigung des Fleisches«, mit Lesungen aus heiligen Schriften, mit Gebet, Hausandachten, *erbaulichen* Gesprächen unter Brüdern. Vor allem aber waren die Bibelstunden ausgerichtet auf das eine, das nottut, wider allen eitlen Zeitvertreib, und wo man sich freihalten konnte von den fleischlich gesinnten Namenchristen und gottfernen Kindern dieser Welt, eine Absonderung, die sich indes möglichst unauffällig vollzog; immerhin wohnten hier im Ort die Kunden unseres Textilgeschäfts, ein aufdringliches Missionieren hätte sie abgeschreckt. Aber an den Flurwänden unseres Mietshauses hingen markante Bibelsprüche, zum Beispiel die jeweilige Jahreslosung. War nicht auch Johannes 3, Vers 16, dabei, den ich mir als ersten Bibelspruch, und ich wußte ihn exakt anzugeben, *fürs Leben* gemerkt habe? In dem schönen alten Wortlaut: Also hat Gott die Welt geliebet, daß er seinen eingeborenen Sohn gab ...

Die Bibelstunde damals in den Duisburger Vororten, sage ich mir jetzt immer öfter, wenn ich heute durch mein unkirchliches Dorf gehe, hat dich wie nichts anderes geistig und geistlich geprägt, da saßen zwei oder drei und zwanzig Menschen beisammen im Namen des Gottessohnes und begannen ihre unzeitgemäße Versammlung mit dem Satz: Die Zeit ist da.

Ob mir jemand von den Abgeschiedenen der Familie über die Schulter schaut beim Schreiben über ihre Vergangenheit? Die mir besonders Nahestehenden, die Großeltern väterlicherseits, der Vater vielleicht? Wenn ich sie mir aus dem Irdischen fortdenke ins unbekannte Danach, den frommen Dietrich also, die demütige Elisabeth, die nun beide dem Wunderbaren König, wie sie es auf Erden erwartungsvoll gesungen haben, *Tag und Nacht gebücket dienen*, gemeinsam mit den Cherubinen, und den so früh dahingegangenen Vater, den vielleicht nun fröhlichen Heinrich, der ja im ewigen Jetzt nimmermehr den Tod fürchten muß – sie alle nehmen am sterblichen Geschreibsel ihres *Warte nur balde*-Nachkommenden möglicherweise keinen Anteil, sind aber gewiß, sage ich trotzig, dankbar für meine Anhänglichkeit und das auch in ihrem *Anderswo* als kostbar empfundene Unvergessen.

Am Vorabend unserer Osterreise an die holländische Küste hatte ich in den Aufzeichnungen des Literaturheiligen Franz K. die seltsame Geschichte gelesen, in welcher ein Olympiasieger in Antwerpen mehrere Goldmedaillen im Schwimmen gewonnen und zugleich einen neuen Weltrekord aufgestellt hatte. Auf dem anschließenden Festbankett verblüffte der Olympiasieger die versammelte Festgesellschaft mit der Erklärung, er wisse selbst nicht, wie ihm dieser Erfolg gelungen sei, denn eigentlich könne er gar nicht schwimmen. Die Enkelkinder hatte ich noch jüngst selber in einem unserer beinahe täglichen Gespräche am Telefon verblüffen wollen, indem ich nämlich der achtjährigen Emma, die sich darüber verwundert zeigte, daß man den Osterhasen nie zu Gesicht bekomme, erklärte, eigentlich, hätte ich gehört, gebe es den Osterhasen gar nicht, was sie ungerührt zur Kenntnis nahm, Max habe so etwas auch schon angedeutet. Ihr großer Bruder hatte mich übrigens seinerseits gefragt, ob ich ihm sagen könne, wie denn die Auferstehung von Jesus zu begreifen sei, ein Toter könne doch gar nicht wieder lebendig werden. Ich darauf: Eigentlich habe es den auferstandenen Jesus gar nicht gegeben, das sei eine Erfindung der Anhänger Jesu gewesen, die in ihrer übergroßen Trauer den Tod ihres Meisters nicht hätten wahrhaben wollen, woraufhin Max zehn Sekunden lang geschwiegen hat und ich Emma im Hintergrund habe lachen hören. Ich nahm mir vor, wenn wir am Ostermontag über den Strand laufen würden, mir die Kinder zu Seite zu nehmen und ihnen, das milde Wellenrauschen in den Ohren, schonend beizubringen, daß es sie, Max und Emma, eigentlich gar nicht gebe, sondern sie sogleich, von einer Sekunde zur anderen, schon wieder ganz andere seien und sie eigentlich meine Großeltern seien und ich ihr Enkelkind, und im Meer dort vor uns, das wißt ihr besser als ich, sind wir alle nur Nichtschwimmer.

Meer ohn Grund und Ende

Noch einmal bin ich, im ersten Jahrzehnt des neuen Jahrtausends, in der kleinen Schar Getreuer gewesen, die von dem alten Bibelstundenkreis übrig geblieben war, in Mülheim naturgemäß, der Heimatstadt Tersteegens. Lange hatte ich gezögert – würde ich nicht durch mein heutiges Mitdenken und Mitredenwollen die tiefe Poesie einer solchen Weltfremdheit zerstören, deren Geheimnis letztlich in ihrer Unwiederbringlichkeit, ihrem Unverstandensein begründet lag? Drei schweigende alte Frauen saßen da, drei redende Männer, wobei die alte Sitte, einen Bibeltext auszulegen und aus freier Vollmacht zu predigen, aufgegeben worden war, es wurden jetzt Tersteegen-Schriften gelesen aus dem *Weg der Wahrheit* und dann darüber in tastenden Worten gesprochen, ein ehrliches Bemühen, aber durchsetzt von der modernen tiefen Unsicherheit.

Zugegen waren also wir beiden Besucher, meine Mutter und ich, und zum ersten Mal erhob auch ich meine Stimme in der Versammlung, war an diesem Abschiedsreden beteiligt, und brachte etwas Philologisches zur Sprache, eine Textvariante, denn die Tersteegen-Ausgaben waren im Laufe der Zeit, wie es fast allen heiligen Schriften widerfahren ist und fortgesetzt widerfährt, in ihrer Textgestalt immer wieder geändert worden, so die Lutherbibel oder das Kirchengesangbuch, der neue Wortlaut sagte genau das Gegenteil. Aber auch die Alten, hatte ich noch jüngst entdeckt, kontrollierten aufs genaueste den Wortlaut der frommen Schriften, tilgten, wenn nötig, eigenhändig einen Druckfehler, der sich in teuflischer Hinterlist eingeschlichen hatte, so zum Beispiel in Tersteegens Lebensbeschreibung des Johannes vom Kreuz, der eines geringen Weibes Sohn gewesen sei, wie zu lesen war, richtig aber und in Wahrheit eines geringen *Webers* Sohn.

Wie in den frommen Zeiten der 50er Jahre bildete das extemporierte Gebet des Friedrich B. den geistlichen Höhepunkt der Stunde, wie ehedem in einem Tonfall der Aufrichtigkeit, als spüre er die unmittelbare Gegenwart des Herrn, noch immer dieses Flehen in der Stimme, die Ergriffenheit, doch das Mysterium tremendum, das ich in Erinnerung hatte, blieb aus. Den Erben dieser dahinsiechenden Gemeinschaft fühlte ich mich mittlerweile gewachsen, aber gleichzeitig spürte ich ihr Kümmerliches, spürte Verlust und Verlorenheit. Damals die Fülle, die Überfülle; vom Speicher, aus den Geschäfts- und Abstellräumen wurden Stühle herbeigeschafft und auf die Zimmer verteilt, manchmal bis in die Flure hinein, körperwarme Mäntel und Jacken in die Kälte der Schlafzimmer getragen und übereinander auf den Betten abgelegt, ein indiskretes Eindringen ins Private, kam es mir wirklich so vor?, ich weiß es nicht mehr so genau. Immerhin tat sich da etwas, an den Rändern wenigstens, im Gegensatz zu der tödlichen Langeweile hernach – welche Drangsal fürs kindliche Herz, für den erstarrten Kinderkörper während der stundenlangen *Stunde*, die sich in ein endloses Zeitmeer auszudehnen schien, mit dem Eintritt in die Versammlung galt es die Frische von Draußen, alles Getöse der Welt abzuschütteln, einzutauchen in die Stille der Älteren und ihr allgenugsames geistliches Atmen und Flehen.

Ein einziges Mal, ich muß das schon erzählt haben, habe ich hochdramatisch gegen den Besuch der Bibelstunde aufbegehrt, heulte Rotz und Wasser und wollte partout nicht mit, wollte am Sonntagnachmittag raus zu den anderen Jungs, ich schrie und tobte und saß am Ende doch unter diesen schrecklichen Schreckgespenstern Gottes, unter billigsten Drohungen hineingepreßt, untröstlich, haßerfüllt, paralysiert vom leisen Stöhnen, Röcheln, Rascheln, Flüstern und Seufzen im gähnenden Seelenraum.

Mein Bruder, der sieben Jahre jünger ist als ich, erinnert sich an eine Ohrfeige, die er bekam, weil er in der Versammlung absichtlich und wiederholt einen Niesreiz ausgelöst hatte. Die mißbilligenden Blicke daraufhin galten nicht nur dem ungezogenen Knaben, sondern indirekt auch seinen Eltern und deren offenkundig allzu laschen Erziehungspraktiken. Ein andermal, erzählt der Bruder, hat er aus Langeweile auf dem roten Buchschnitt der heiligen Schrift so lange herumgekaut, bis sich die Farbe clownesk um seine Lippen, ja weithin auf den Wangen abmalte und in seiner Umgebung für entspannte Gesichter sorgte, eine Seelenvergnügtheit, die das Oberhaupt der Gemeinschaft, der Buchhalter Fritz B., diesmal nicht für sich verbuchen konnte. Das Aufblitzen seiner Augen hinter der randlosen Goldbrille; immer wieder ließ dieser Mann Gottes beinah schelmische Blicke über die vor seinem Angesicht Dösenden und Lauen schweifen, damit sie erwecket und erquicket würden, verzückt lauschte er seinen eigenen Worten nach, und beseligt den biblischen: Die Liebe Gottes dringet uns also.

Die meisten Zuhörer, auch jene anderen Nachmittagsprediger, denen in der Versammlung *der Mund aufgetan ward*, Schneider-, Schuhmacher- und Werkmeister, die sich in lebenslangen Übungen zu biblischen Lesemeistern hochdienen wollten, waren indes tief in das lutherisch Verdolmetschte versenkt, um es zu *verstehen*?, nein, um *sich selbst* zu verstehen im heiligen inspirierten Wort und es im Herzen zu bewegen. Niemals haben die Prediger der Stunde die Qualen der Verdammnis ausgemalt, gaben niemals der Versuchung nach, erpresserisch mit der Hölle zu drohen (wie die Redner in den Zeltmissionen: Heute, so ihr hören werdet seine Stimme, so verstocket eure Herzen nicht), lockten aber auch nicht, vielleicht mangels Phantasie oder aus dem ehrlichen Eingeständnis, dies bleibe dem

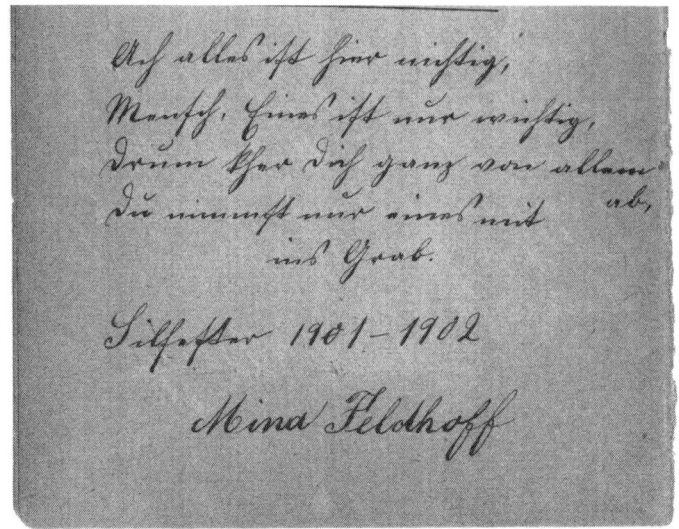

492. Alles um Eines

Ach, alles ist hier nichtig,
Mensch, Eines ist nur wichtig;
Drum kehr dich ganz von allem ab,
Du nimmst nur Eines mit ins Grab!

Menschen verborgen, mit den Freuden der ewigen Seligkeit. All diese geistlichen Anführer der Bibelstunde haben selber nichts Schriftliches hinterlassen, haben nur zu sich selbst und ihresgleichen gesprochen, waren demutsvoll der Meinung, das Wesentliche liege ja gedruckt vor, die Heilige Schrift, die Schriften Tersteegens, vor allem sein *Blumengärtlein* und die *Kleine Perlenschnur*, die *Nachfolge Jesu* des Thomas von Kempen, die Werke der Madame Guyon, die Predigten Ludwig Hofackers, und sie müßten nur getreulich die frohen, die ernsten Botschaften, weitertragen, weitersagen.

Noch heute ist es mir an Sonntagnachmittagen, als müßte ich nun, gegen zwei, halb drei, bereitstehen, um mich zur *Stunde* zu begeben. Früher suchten die Altvorderen zu Fuß den Ort der Versammlung auf, auch wenn sie kilometerweit laufen mußten, zum Beispiel von Meiderich nach Dinslaken, um die anderen Gläubigen, die Brüder und Schwestern im Geiste, in privaten Häusern zu treffen. Mit mildem Grimm sahen sie die Elektrische, an sich vorbeifahren, denn der siebente Tag war ihnen heilig, und so verweigerten sie sich jeglicher Erwerbstätigkeit. Je häufiger ich ihrer gedenke, um so mehr erscheint mir das sonntägliche Gehen der Alten als eine ganz eigene Art von Seelenwanderung. Den im Glauben Fortgeschrittenen genügte der Vierzehn-Tage-Rhythmus zweifellos nicht: Sie trafen sich regelmäßig in zusätzlichen Mittwochs- und Vierteljahrsstunden, so daß mich über die Jahrzehnte hin auch wochentags noch oft die Erinnerung beschleicht an all die dunklen Frommen, die über den Hof huschten in die Versammlung. Bellte der Hund? Wie oft krähte der Hahn? In der allerschwärzesten Langeweile muß ich aber, und ich will unbedingt, daß es so sei, etwas mitbekommen haben aus der leeren Tiefe des Ewigen, ein Rauschen aus dem Urgrund, aus dem Meer ohn Grund und Ende, von welchem Tersteegen spricht.

Während in der Bibelstunde sich eine schwere Schläfrigkeit über die Dasitzenden legte und das Wachet auf! der Prediger körperlich spürbar rechtfertigte, kam aus dem Munde der Alten immer wieder die Rede auf die Erweckungsbewegung, die es um die Jahrhundertwende gegeben hatte. Mir lief zwar niemand über den Weg, der sich als »erweckt« vorstellte, wohl aber der eine oder andere »Bekehrte«. Doch diese wenigen, vergeistigt lächelnd, wirkten auf mich seltsam verklemmt, ich beneidete sie keine Sekunde lang, im Gegenteil, ich bemitleidete sie. Es gab eine paar aufrechte Pfarrer, die mich beeindruckten, aber ich hielt ihre imponierende pastorale Eloquenz für selbstverständlich, sie wirkten auf mich identisch mit ihrem

Beruf, von ihrer Berufung, von ihren inneren Spannungen und Gefährdungen ahnte ich nichts in meinem Schlaf, ich schlief!, wann wachte ich auf? Bin ich je aufgewacht?

Ja, doch, irgendwann entdeckte ich mich in meinem kleinen Boot, einer Schopenhauerschen Nußschale auf tobendem Ozean, allein, aus dem Unverstand des Unbewußten erwacht, auf dem Sprachmeer, angstfrei, kam voran, sah am Horizont Eilande, überließ mich voller Vertrauen Wellen und Winden, nein, ich gebot ihnen! Und manchmal, selten genug, fügten sie sich meinem Willen, taten zumindest so. Ach, ich war gewiß nur in einen anderen Schlaf gefallen. Und, aberwitzig, das alles notiere ich in tiefer Nacht, da ich kein Auge zutun kann, wieder einmal auch aus Schmerz um das verlorene Königreich Beeck, aus dem ich mich bereits vertrieben fühlte, als ich noch inmitten der traurigen Großen lebte. Die wahre Freude brandete aber auf, wenn sie die schönen alten Lieder sangen: *Wie mit grimm'gem Unverstand / Wellen sich bewegen. / Nirgends Rettung, nirgends Land / vor des Sturmwinds Schlägen …*

Ja, in der Frühzeit ging die Fahrt zunächst nur im Fahrtenlied *wohl übers Meer,* eines meiner Hauptwörter mit ee wie Beeck, Tersteegen, Seele, meine doppelten Selbst-Laute. Und bald blieb mir für immer im Sinn die weiße Galathee.

Ein Gemeindehelfer, in einer Bibelschule ausgebildet, hat mich damals, ich war vielleicht sechzehn Jahre alt, plötzlich gefragt, wann denn ich zum Glauben gefunden habe, oder sagte er zum Herrn, oder seit wann ich Jesus mein Leben übergeben hätte, jedenfalls war ich von dieser Frage einigermaßen überrumpelt, ich wußte keine Antwort, sondern redete mich irgendwie heraus, verwies auf die Dauer meiner Zugehörigkeit zum CVJM, auf die Mitgliedschaft in der Jungschar und dann in der Jungenschaft, immerhin hielt ich selbst schon kleine Andachten. Kannte auch die radikale Formel: Sei ganz sein oder laß es ganz sein. Als Jungenschaftsleiter hatte mich gar einmal der heilige Zorn ergriffen, weil meine Jungs bei einem Zeltlager bei Hamminkeln ausgebüchst waren zu einer Mädchengruppe in der Nähe, derweil der Nudeleintopf auskühlte auf dem mühsam im Freien entfachten Feuer. Um mich zu besänftigen und doch mit den Mädchen zusammen sein zu können, kam die Idee auf, ich sollte vor beiden Gruppen eine gemeinsame Andacht halten, und tatsächlich schenkte mir der Herr oder wer oder was die rechten Worte, vermutlich weil ich geschult war in der frommen Wortwahl, in den Appellen, den alten sündigen Adam zu überwinden et cetera.

Mir war die Frage des Kirchenmanns nach dem Datum meiner Bekehrung wiedereingefallen, weil ich in der Zeitung gelesen hatte, Papst Benedikt habe zu einer berühmten französischen Philosophin gesagt, sie müßte doch großes Leid empfinden, da sie Jesus noch nicht gefunden habe. Diese Bemerkung des deutschen Papstes hatte mich in ihrer Schlichtheit und Naivität verblüfft. Die Philosophin ihrerseits zeigte ein für mich unerwartetes Verständnis für den Papst und ließ sogar die Frage offen, ob sie nicht tatsächlich an irgendeinem religiösen Defizit leide. Im Gegenteil lobte sie den Papst, der immerhin zugegeben habe, daß auf dem Weg der Wahrheit bisher kein Mensch ans Ziel gelangt sei, was ich hier mit meinen eigenen Worten wiedergebe, um den Hausheiligen meiner Familie, um Gerhard Tersteegen wieder ins Spiel zu bringen und dessen Buch *Weg der Wahrheit*, das, so weit wage ich mich vor, der berühmten Philosophin gewiß bis heute unbekannt geblieben ist, obwohl sie zu meinem Erstaunen ausdrücklich das Phänomen des Religiösen ansprach, das wieder stärker in das Bewußtsein der europäischen Öffentlichkeit zu rücken sie sich vorgenommen habe, damit das kulturelle griechisch-christlich-jüdische Erbe gewahrt bleibe und Europa seine Identität und eine gewisse Einheitlichkeit zurückgewinne und nicht weiter zersplittere in einen kunterbunten Blumenstrauß. Was mich gleich wieder an Tersteegens *Geistliches Blumengärtlein* erinnerte, an seinen *Hortulus Mystico-Poeticus*, wie er von witziger wissenschaftlicher Seite genannt worden ist, der einen alles andere als kunterbunten Eindruck macht, sondern auf eine einzige, innige, inwendige Sonne zielt, und in welchem das schönste Himmelslicht alles durchdringet und die Blumen der göttlichen Liebe willig sich entfalten.

Schier verlaufen hatte ich mich in den Labyrinthen dieser Gärtlein, hatte mich verheddert in solcherlei frommen Perlenschnüren; in den Brünnlein Gottes, welche Wasser die Fülle haben, wie gepriesen wurde, drohte ich abzusaufen. Ja, wir empfanden uns wirklich als Gerettete, als Erlöste, wenn die *Stunde* nach dem letzten seufzend gesungenen Amen endlich zu Ende war und wir, aus der frommen Umklammerung befreit, endlich aufspringen durften, heraus aus dem peinigenden Stillsitzen in immer stickigerer Luft. Kaum aber verdiente ich hernach mein erstes Geld, war von einem Tag auf den anderen der Zwang zum Besuch der Bibelstunde aufgehoben.

Das Endspiel aber, bei dem ich Jahrzehnte später zugegen war, empfand ich als Trauerspiel, mich beschlichen Gefühle von Verzagtheit und Verlassenheit, von Ohnmacht, so daß ich mich beinahe wieder zurückwünschte in die Öde dieser Sonntagnachmittage samt ihrer schrecklichen, wunderbaren Langeweile, dem lastenden Schweigen der Zuhörenden, der dumpfen Traurigkeit in der Kinderseele und dem kurzen Jubel am Ende.

Der Tuchherr

Ich will nicht verhehlen, daß mich während des sich über
Monate und Jahre erstreckenden Verfertigens dieser Famili-
enschrift immer wieder die Lust, ja die Versuchung ankam,
meinen hier versammelten real existierenden, real existiert
habenden Lebensmenschen zu ihrem zeitlosen Pläsier wenigstens *eine erfundene* Person beizugesellen, denn mehr und mehr
verwischten sich die Grenzen zwischen erträumten, ersonne-
nen, nachempfundenen Biographien und höchstpersönlich
erlittenen oder von Dritten bezeugten Lebensläufen. Allein,
mein Großonkel Hermann, der Bruder meines Großvaters
väterlicherseits, eben jener, der im ersten Weltkrieg schließlich
in Konstantinopel bei der Eisenbahn gelandet ist, ruft mir zu,
war es heute, war es gestern?, ich solle auf solche Sperenzchen
verzichten und gefälligst auch ein paar Worte über seine dolle
Existenz verlieren, die eine autonome gewesen sei, eine kunst-
trunkene, folgerichtig eine unverantwortliche, nach außen hin
die eines Großhändlers für Stoffe und Tuchwaren, ich stellte
einen Tuchherrn dar, rief der Großonkel mir kürzlich noch zu
und lachte dabei lauthals heraus, Knöpkes-Hermann nannte man mich, wußtest du das?, dabei war ich in Wahrheit ein
Kunstschaffender, mit Knöpfen hatte ich so gut wie nichts zu
tun, vielleicht fünf, zehn Minuten am Tag, dafür um so mehr
mit Köpfen, stundenlang, monatelang, jahrelang, Hunderte
von schönen Geschöpfen habe ich mit dem Hammer aus dem
Gestein, mit dem Meißel aus dem Baumstamm herausgeschla-
gen und sie auf den Sockel gestellt, damit sie, vielleicht mehr
als ihre Vorbilder, die ihnen gebührende Beachtung fänden,
zu viele Menschen hatte ich gesehen, um sie sämtlich ins Vergessen absinken zu lassen, lebende und tote, an der Somme,
am Rhein, am Bosporus, ich wollte Bildwerke schaffen eben

nach dem Bilde des Menschen, ganz bestimmter Menschen, als Bildhauer ihre Gesichter festhalten, ihr Köpfe, ihre Gestalt, ihr Wesen.

Dachte ich mir, daß er das so sagen würde. Und daß ich mit weiterer direkter Rede zu rechnen hätte, wie wollte ich auch einem Autonomen das Wort abschneiden? Aus dem verlorenen Orient, wo er in Basare und Bordelle (verführerische Alliteration) hineingerochen, in Kaffeehäusern die Shisha, die Wasserpfeife, geraucht hatte, war er als Bohemien nach Hause gekommen, das fidele Leben in Konstantinopel habe ihn verdorben, hieß es in Beeck. Doch dann verblüffte dieser Bruder Leichtsinn die Seinen, Mutter Mina war ohnehin auf seiner Seite, ihr Hermann, mit einem kleinen Erbteil ausgestattet, überzeugte auch die Hamborner Geldgeber und baute für sich, für seine Else und das Söhnchen Werner ein kühn konzipiertes Heim in der Elsa-Brandström-Straße im Stadtteil Marxloh. Hamborn, als aufstrebende industrielle Großstadt, war noch nicht mit Duisburg fusioniert und ließ auch in der Architektur Neues, Unkonventionelles zu wie den zweigeschossigen Backsteinbau des Hamborner Großhändlers für Futterstoffe Hermann Feldhoff, ein expressionistisch gestaltetes Einfamilienhaus mit flachen Erkern, lebendigen Mosaikfassaden und einem verputzten Vorbau über dem Eingang, der sich als Balkon mit verzierter Brüstung hervortat.

Dachte der Bauherr, wenn er hier heraustrat ins Freie und gen Südosten blickte, dann und wann noch an das schöne Konstantinopel? Konstantinopel muß ihm nach der nordfranzösischen Hölle als Oase des zivilen, dabei exotisch gefärbten Miteinanders der Kulturen erschienen sein, besonders der Stadtteil Eyüp, von wo er in einer Ausflugswirtschaft einen herrlichen Ausblick hatte auf das Goldene Horn. Ob er mit dem kleinen Werner auch Eisenbahn spielte, Anatolische Eisenbahn, und ihm von der Preußischen Dampflokomotive erzählte, die dort auf den Schienen der *Société du Chemin de fer Ottoman d'Anatolie* verkehrte? Nichts wird er ihm in der Elsa-Brandström-Straße, und auch seiner Frau Else nicht, nichts wird er ihnen erzählt haben von den Deportationen tausender Armenier in den sicheren Tod, inklusive einer logistischen reichsdeutschen Beteiligung, nichts von ihrem Einsatz als Zwangsarbeiter beim Bau der Bagdadbahn. Statt dessen setzte er dem Söhnchen die türkische Gebetsmütze auf den Kopf, die er als eines von ganz wenigen Andenken mitgebracht hatte; ein Foto zeigt den zart lächelnden Werner, dem die Mütze weit hinunter in die Stirn fällt, wie er eine Büste, ein Selbstbildnis seines jungen Vaters, umarmt; Hermann trägt ein schmuckloses soldatisches Schiffchen, während die gehäkelte fromme Mütze morgenländisch gemustert ist.

Das Foto habe ich in einem der beiden Alben gefunden, die mir Werner schon vor Jahren überlassen hat, als er selber schon ein alter Mann war, den der Morbus Bechterew nur noch gekrümmt laufen ließ, sie enthielten sorgfältig in Fotoecken plazierte Schwarz-Weiß-Aufnahmen der bildhauerischen Werke seines Vaters. Einem Bild lag ein Zeitungsausschnitt bei, der Großonkel hatte nach den Olympischen Spielen 1936 eine aus Ton geformte Plastik von Jeanette Campbell gefertigt, der argentinischen Silbermedaillengewinnerin im Freistil. Silber für Argentinien, das gefiel mir, Freistil im Dritten Reich, das gefiel mir ebenso. Ich erfuhr aus dem Artikel der Rhein- und Ruhrzeitung, daß der Großonkel der erfolgreichen Argentinierin Fotos von seiner, von ihrer Statue geschickt hatte mit der Bitte, eines mit einem Autogramm versehen an ihn zurückzuschicken, was die erfreute Jeanette Campbell dann auch getan hat. Fotos von der Siegerehrung auf dem Reichssportfeld zeigen die strahlende Goldmedaillengewinnerin Rie Mastenbroek aus den Niederlanden, mittels Zoom erkenne ich auf ihrem Jackett den schwertschwingenden Wappen-Löwen ihres Landes mit höhnisch herausgestreckter langer Zunge. Neben der Siegerin die stolze Favoritin meines Großonkels, *la segunda nadadora del mundo* aus Buenos Aires, sowie mit Bronze auf dem Treppchen Gisela Arendt, das deutsche Mädel, letztere betreten, so meint man, zu Boden blickend, mit zum Hitlergruß hochgestrecktem Arm, auf ihrem weißen Pullover in Brusthöhe aufgenäht der Reichsadler mit Hakenkreuz.

Als Vorlage für seine Plastik hatte der Großonkel Hermann ein Foto des bekannten Sportfotografen Max Schirner genommen, auf dem sich Jeanette Campbell als fröhliche junge Frau präsentiert, sehr ansehnlich, durchaus sexy, das schwarze Badetrikot läßt ihre nackten Arme und Beine im Kontrast hell aufleuchten, besonders den rechten Oberschenkel, der sich abhebt, ganz wörtlich, denn die auf einem Sockel Sitzende hat ihr Knie angezogen, sie sitzt vor einer überlebensgroßen Bronzeskulptur, dem *Ruhenden Athleten* von Georg Kolbe. Ganz lässig liegt er da, Kolbes muskulöser Mann, mit aufgestütztem Arm, halb aufgerichtet hält er sich mit der Linken an seinem übergeschlagenen Bein fest und damit im Gleichgewicht, blickt über den Kopf der Lebenden hinweg in die entgegengesetzte Richtung, ein künstlerischer Freistil, Balance zwischen nazikonformem Kraftprotz und sich behauptender spielerischer Autonomie, dachte ich und war meinem Großonkel dankbar, daß sein hartnäckiges *Festhalten* an der Skulptur mich über ihn hinaus auf die Großen seiner Zunft verwies. Unvermögen oder Absicht: seine Jeanette ist weniger ansehnlich, ihr Gesichtsausdruck unter der engumgebundenen Badekappe eher gequält, das Trikot wirft unschöne Bauchfalten, da sitzt keine Heroin, keine glatte Schönheit, das rechte kräftige Knie wirkt abwehr-, wirkt trittbereit.

Ich ließ diese Großen vor meinem inneren Auge Revue passieren, ein Nachholbedürfnis!, vorneweg Wilhelm Lehmbruck, der in unmittelbarer Nähe unserer Heimatvororte zur Welt gekommen war, in Obermeiderich, in der heutigen Lehmbruckstraße 16, nur tausend Meter vom Altenheim meiner Mutter in der Bonhoefferstraße 18 entfernt, endlich wieder der Blick zurück ins Jetzt, zur Mutter, die, einige Zeit in Quarantäne wegen des auf ihrer Etage grassierenden Norovirus, jetzt, ja jetzt, wieder besucht werden darf, aber doch noch sehr schwach ist, sehr schwach, eine Liegende zumeist, eine unruhig Ruhende, naturgemäß keine Kniende mehr (Lehmbruck), keine Kauernde (Kolbe), eher, wenn sie sich im Bett aufrichtet, eine Erscheinung wie die großartige und aufs schönste faltenreich gewandete Bronzefigur *Still allein* von Gerhard Marcks, mein Großonkel Hermann aus Marxloh hat im olympischen Jahr 1936 von einem Freund eine Kunstpostkarte aus Berlin zugeschickt bekommen, die ich jetzt in Händen halte an diesem eisigen, aber schönen Januartag 2017, Rauhreif schmückt die Bäume, ich betrachte die silbern glänzende Skulptur des Gerhard Marcks, die zu der Zeit, da Paul Hindenburg noch Reichpräsident war, in der National-Galerie ausgestellt wurde, ich sehe die Briefmarke mit dem Hindenburg-Kopf, ich sehe, sie ist verkehrt herum aufgeklebt, wie ist all das, Kunst und Leben, Vergangenheit und Gegenwart, Stille und Alleinsein, Anfang und Ende zu vereinbaren?

Öffnest du die eine Vergangenheitstüre, tun sich sogleich mehrere andere auf und Fügungen werden sichtbar, die dich verwundert die Augen reiben lassen. So war Georg Kolbe zur gleichen Zeit wie mein Großonkel in Konstantinopel, auch für Kolbe war Konstantinopel ein militärischer Ersatzort, ein Schonort, um ihn vor dem Einsatz an der Front zu schützen, er hatte sein Atelier im Botschaftspalais, wo er jungtürkische Politiker porträtierte und Brunnenfiguren für den Botschaftspark entwarf; sein wesentlicher Auftrag aber war, an der Gestaltung des Soldatenfriedhofs Tarabya mitzuwirken und ein Denkmal für gefallene Matrosen zu schaffen.

Sie sind sich natürlich nicht begegnet, der privilegierte Bildhauer und der unbekannte Angestellte der Bagdadbahn. Oder vielleicht doch auf einer Barkasse, die sie durch den Bosporus schipperte zu den Ufern von Üsküdar auf der asiatischen Seite; auf einem der vielen Friedhöfe, die, von keiner Mauer umschlossen, zu Spaziergängen einluden, zu Mußezeiten unter Zypressen, in deren dichtem Gezweig die türkischen Tauben nisten. Minarette, Maulbeerbäume, Schwermut im Antlitz der Stadt. Als sei dies alles eine Theaterkulisse. Kolbe schwärmt noch Jahrzehnte später von diesem schönen Zwangsaufenthalt zwischen den Welten. Und Hermann, mein Verwandter? Konstantinopel hat mich verdorben, ruft er, du hast es doch schon gesagt, für immer untauglich gemacht für das brave bornierte biblische Beeck meines Bruders, wer von uns war denn der Pascha, doch wohl eher mein ehrenwerter Betbruder, sein allerliebstes Lisbettchen hat ihr Lebtag kein einziges Widerwort geben dürfen, meine Else war dagegen richtig frech, für den Dietrich und seine Leibeigenen hat nichts anderes gegolten als das *ora et labora*, sind sie jemals im Theater gewesen, in einem Konzert, in einer Kunstausstellung?, er entblödete sich nicht, mir nicht nur einmal einen der dümmlichsten Sprüche überhaupt, nämlich *Die Kunst ist verhunzt* ins Gesicht zu sagen, zwei schöne Jahre waren das in der Türkei, wo es bisweilen etwas ungerade hergehen soll, weißt du, wer das gesagt hat?, ja sicher, weißt du das, gerade du.

Wenige Jahre vor seinem Tod habe ich als Chauffeur der Großeltern den Hermann im Krankenhaus besucht, als er mit einer mir nicht mehr erinnerlichen Krankheit darniederlag im

St. Johannes-Hospital, auf dem Beistelltisch eine geöffnete Flasche Wein. Seine Frau Else sagte auf meine Frage, wieviel der Kranke davon am Tag denn wegtrinke, spöttisch lachend, nein, nicht ein, zwei Gläschen, sondern die ganze Flasche! Hermann fixierte mich, erhob seine Hände und bewegte sie künstlerisch, als forme er meinen Schädel aus unsichtbarem Ton, und lobte dabei mein Profil. Ich war ein junger Mann, war vielleicht 24 Jahre alt, ich hatte weder einen wachen Blick noch überhaupt das Gespür für das Eigentümliche einer solchen Szene, meine Augen, sage ich bibelforsch, waren noch *gehalten.*

Da lag der Mann, der es nach Konstantinopel in der Heimat etwas ungerade hatte angehen lassen, seine junge Familie, sein Unternehmen beschäftigten ihn nur am Rande, er suchte nach dem Wesen der Dinge, dem Wesen der Natur, und das war nach einem Wort Lehmbrucks die Skulptur! In den schöpferischen Pausen zog es ihn ins Zentrum des Orts, ins Caféhaus im *Euro-*

päischen Hof, einem sechsstöckigen Hotel am Pollmann-Eck, um mit anderen Honorationen Hamborns zu palavern, er war ein starker Törtchen- und Windbeutelesser, trank türkischen Mokka, paffte edle Zigarren. Oder er saß im Gasthof nebenan auf der Weseler Straße mit Reinhard Pollmann beim Wein, mit Wilhelm Dorschel, Künstler auch er, Maler, Inhaber eines auf der Kaiser-Wilhelm-Straße gelegenen Haushaltswarengeschäfts, das ausschließlich von weiblichen Angestellten geführt wurde, so daß der Chef Zeit hatte für kreativen Plausch, fürs Kartenspiel außer Haus. Sie spielten Bézique, um sich vom Skatdreschen des gemeinen biertrinkenden Pütt-Malochers abzuheben. Manchmal schaute auch einer von den Grillos, der Betreiber der großen Marxloher Zinkhütte, herein.

Der Großonkel zeugte noch eine Tochter, die, im alliierten Luftkrieg verschüttet, hernach asthmakrank und depressiv (sanftmütig, möchte ich gleichzeitig sagen) durch ein unerfülltes Leben huschte, und einen weiteren Sohn, der so rasch es ging dem kunstzerrütteten Haushalt entfloh und sich aus dem Sinterstaub Marxlohs machte; er wurde Seemann und brachte es bis zum Kapitänspatent. Ob er auch die Meerenge zwischen dem Mittelmeer und dem Schwarzen Meer passiert hat? Der Vaterbruder Dieter hatte mir seine Telefonnummer gegeben, aber ich rief ihn nicht an, hatte auf einmal Skrupel, einem Verwandten, mit dem ich noch nie ein Wort gewechselt habe, zu einem Zeugnis wider seinen Nächsten zu bewegen.

Von dem wie immer auskunftsbereiten Dieter erfuhr ich indes, daß er, Dieter, seit langem eine Holzskulptur seines Onkels Hermann besitzt, per Email schickte er mir ein Foto der Lindenholzfigur, sie gefiel mir ausnehmend gut und mich überraschte das biblische Motiv, *Der Pharisäer* hieß sie, auffällig erhoben die rechte Hand des Mannes, deren gekrümmter Daumen auf den imaginären »Zöllner« deutet, wie wir, vertraut mit

dem vom Evangelisten Lukas über-
mittelten Gleichnis, zu ergänzen uns
berechtigt wähnen und schon sagen
wollen, mein Gott, ich danke Dir, daß
ich nicht bin wie dieser Pharisäer.

Aus der Kinderbibel waren uns
(Kindern) ja die farbigen Bilder
des Julius Schnorr von Carolsfeld
bekannt, unvergeßlich auch jener
bräsige beleibte Pharisäer, fünf Knöpfe vermögen kaum das Wams um seinen Wanst zu halten, widerwärtig,
wie selbstgefällig er seine Silberlinge
in den Opferstock wirft, während der
dünne arme Sünder zerknirschten
Angesichts ihm unsicher in den Tem-
peleingang folgt. Dagegen der Pharisäer des Hermann: ein schlanker
Mann, ein eleganter Herr, als trüge
er einen glatten, rotbraunen, bis auf
den Boden reichenden Talar, sehr dis-
zipliniert hält er seinen linken Arm an den Körper geschmiegt,
eine buchstäblich glänzende Erscheinung, dies ist nicht das
abschreckende Bildnis eines Heuchlers, der Jesu Zorn verdient,
sondern ein kultivierter Demonstrant gegen jede kriecherische,
demütig winselnde Christlichkeit. Und der Daumen? Verweist
auf etwas, das er hinter sich gelassen hat, auf Vergangenes,
Abgetanes. Hat der im Alter korpulente Großonkel Hermann
sich hier mit einer *Idealfigur* verewigt? Ars longa, vita brevis.
Beinahe engelhaft steht er da, sehr aufrecht, mit verklärtem
Leibe, scheint mir. Aber er blinzelt, scheint mir, seitwärts ins
Leben zurück. In welchem er ein Gourmet und Connaisseur

(sagen die einen), ein Vielfraß und Weinsäufer gewesen ist (die anderen), ein Freund der Zöllner und Sünder (nach Luther). Ein Künstler, sage ich – und doch auch ein *marchand-tailleur*, der die vorzüglichsten Tweedstoffe feilbot, handgefertigt auf den Äußeren Hebriden, die feinsten Seidenschals, und, Knöpkes-Hermann!, Knöpfe, Knöpfe, Knöpfe, Straßknöpfe, Metallknöpfe, Perlmuttknöpfe, Holzknöpfe, Hornknöpfe, Glasknöpfe, Knöpfe aus Leder, Steinnuß, Kokos.

Die Vaterschwester Helmi erinnerte sich noch lebhaft an ihn, der ja so ganz anders gewesen sei als ihr Vater, bei dem Hermann habe sie in der großzügigen Wohnung in der Elsa-Brandström-Straße 9 auf einem roten bequemen Diwan gesessen, auf dem Rauchtisch davor stand bei ihren Besuchen sogleich eine Flasche Wein bereit, Weißwein vom Mittelrhein, merkwürdig, daß ich mich daran erinnere, der Onkel bot mir sogar eine Zigarette an, mit vergoldetem Mundstück!, rief Helmi in den Hörer und lachte, und es gab ein Grammophon im Hause, der charmante Hermann forderte mich auf, mit ihm ein Tänzchen aufs Parkett zu legen, und erzählte dabei vom Wirbeltanz der Derwische in Istanbul. Oder von der schönen Reise 1934 nach Ulvik, er zeigte mir seine Skizzen von den Fjorden dort im hohen Norden, ich beneidete ihn, unser Vater war mit uns nie über Borkum hinausgekommen, tatsächlich?, hatte Hermann gefragt, das habe ich gar nicht gewußt, ihr seid aber doch hoffentlich in einem christlichen Erholungsheim gewesen, wo es am Morgen eine Andacht gegeben hat und am Abend einen Singkreis? Und waret tagsüber am Strand allezeit fein züchtig bedecket?

Nun gut, das ist eine Zugabe von mir, das hat die Helmi nicht gesagt, aber so hätte er sich äußern *können*, er konnte sich in Rage reden gegen seinen leiblichen Bruder, der keineswegs so tat als ob, sondern überzeugt war von seiner auf Erden

vorzubereitenden Gottseligkeit, es erboste den Hermann,
daß sich auf meinen Buchseiten diese ererbte fundamentale
Geistesgestörtheit weiter aus-
breiten sollte, der Dietrich hat
doch das unsinnlichste, lust-
loseste Dasein geführt und als
geschäftstüchtiger Weltflücht-
ling einzig vorsorgen wollen
für einen sicheren Platz im
Himmelreich. Und du, Nach-
geborener, gib acht auf deine
Sprache, sie scheint mir doch
arg verluthert und stellenwei-
se ausgeborgt vom heiligen Tersteegen.

Große Worte des Großonkels – mir aber wollte es scheinen,
als wären die Brüder letztlich gar nicht weit auseinander, so
äußerlich sich der eine auch gab, so in die Innerlichkeit versenkt der andere. Und auch ich empfinde dieses *Innige Seh-
nen nach der Stille des Geistes* als das meinem Wesen Gemäße-
re, nähre mich aber, o Stern und Blume, mit Freuden wieder
und wieder vom Weltfutter und schaue bisweilen scheel auf
die zeitgenössischen Lebenskünstler, Traumtänzer, Schaustel-
ler, In-die-Luft-Schreibenden. Mit dem Großonkel, dem Tuchherrn und Bildhauer aus Marxloh, bin ich nicht nur verwandt,
sondern buchstäblich verbunden dank unserer gemeinsamen
Initialen HF.

Über der Kreuzung am Pollmann-Eck hing in meiner Kindheit eine richtige Ampel mit einem wandernden Zeiger, und
auch ein Schutzmann stand hier und regelte den Verkehr. Vor
fünfzig Jahren hat der Großonkel noch die ersten türkischen

Gastarbeiter ankommen sehen, nicht ahnend, daß sein Marxloh schon bald, nachdem er gestorben, den Beinamen Klein-
Istanbul tragen und hier Deutschlands größte Moschee erbaut
würde. Am Pollmann-Eck regelt schon lange kein einzelner
Schutzmann mehr den Straßenverkehr, sondern eine Vielzahl
von Videokameras überwacht den Strom der Passanten. Überwacht wird das Kommen und Gehen der ansässigen Türken
und verbliebenen Deutschen, der Libanesen, Rumänen und
Bulgaren sowie der vielen auswärtigen Kunden, die entlang
der Weseler Straße die islamischen Brautmodegeschäfte aufsuchen. Von türkischen Tuchherren mit allergrößtem Erfolg
betrieben, sind die Hochzeitsläden eine überregionale Attrak-
tion, vormalige Kaufhäuser wie Kepa und Sinn sind vergessen. Nichts im schönen, von hohen Linden gesäumten Teil der
Elsa-Brandström-Straße erinnert heute an das frühere Stoff-
und Futtergeschäft des aus Beeck gebürtigen Marxloher Bür-
gers Hermann Feldhoff.

Weißwandreifen, Grünkohl

Und wieder fuhr er zurück nach Duisburg. Übernachtete im zweiten Bett neben dem leeren Mutterbett, eine Einübung in das Mutterseelenalleinsein über kurz oder lang. Die Mutter lag dehydriert in der Geriatrie der Sana-Klinik. Am Abend hatte er sich mit alten Jugendfreunden getroffen. Ein schönes Gruppenbild, freilich dezimiert um Fehlende, Weggezogene oder gar bereits Abgeschiedene. Überdeutlich das Verschweigen, Ruhenlassen, Beiseitelassen der naturgemäß unvollkommen vollendeten Vergangenheit: ein jeglicher auf seine Weise immunisiert gegen das Leid, das er erlitten, das er anderen zugefügt.

Nach dem dritten oder vierten Glas Bier war von den immer wichtiger werdenden Vorsorgeverfügungen die Rede gewesen, alle Welt, die Ärzte, die Klinik, die betroffene Familie, wolle sich vor jeder nur denkbaren juristischen Verantwortlichkeit absichern. Er hatte von der Vorsorgevollmacht erzählt, die er seine Mutter jetzt unterschreiben lassen wolle, er als sogenannter Sorgeberechtigter mache sich Sorgen, hatte er gesagt und genüßlich in der hausgemachten Gulaschsuppe gelöffelt, ob sie, die fast gänzlich ihre Sehkraft eingebüßt habe, diese Unterschrift noch einigermaßen lesbar und glaubwürdig leisten könne, dasselbe gelte für die Patientenverfügung, bei der es einen Passus gebe, der ihn trotz des tödlichen Ernstes, welcher dem Ganzen innewohne, belustige: daß nämlich der seinen letzten, seinen lebensbeendenden Willen Bekundende ausdrücklich jene Personen beim Namen nennen könne, die *auf gar keinen Fall* als Betreuer zu bestellen wären, sofern dies amtsgerichtlich erforderlich sein sollte. Er ließ eine Schriftprobe seiner Mutter herumgehen, einen Zettel, auf dem sie einen Liedwunsch für die kommende Geburtstagsfeier notiert hatte, er ließ die Freunde raten, was da stand, sie taten sich schwer mit der Entzifferung, selbst *Got* war als Wortbild zerbrochen:

Beinahe hätte er ihnen auch ein Foto gezeigt von der Mutter im Krankenhausbett, er hatte das Smartphone schon aufgeklappt, sich aber doch noch rechtzeitig zurückhalten können, das Bild zeigte die Mutter in ihrer ganzen Misere, eine mater dolorosa, auf einmal war ihm diese Aufnahme als digitaler Übergriff vorgekommen und ein Befingern des Displays zwecks Vergrößerung eine die Mutterwürde aufs gröbste verletzende Perversion. Noch in der Nacht hatte er das Foto gelöscht.

Am Morgen, vor sich hin dummelnd, würde die Mutter sagen, dachte er an den Vater, der ein leidenschaftlicher Fotograf gewesen ist. Oft waren seine Fotos aber unscharf beziehungsweise verwackelt, was ja nicht dasselbe ist, oder die Abgebildeten schauten gekünstelt in die Kamera, mit aufgesetztem Lächeln, schnitten Grimassen. Beim Betrachten der Diapositive im Familienkreis wurde gejohlt, es war, als entdeckte man erst jetzt den Makel, die Eigenart des Verewigten, und der Betroffene fuhr erschrocken zusammen, schwieg peinlich berührt oder wußte selber nicht recht, was er von dem im Projektorenlicht an die Wand Geworfenen halten sollte. Und doch empfanden wir die Menschenbilder als Erlösung, beschlich die im Eßzimmer, im Vorführraum Versammelten einerseits ein Gefühl der Fremdheit, aber auch das der Vertrautheit des Unsereins, der Menschen wie du und ich, wie eine Rubrik in *Das Beste aus Reader's Digest* hieß, uns Kinder langweilten die Naturbilder, die Parks und Blumenbeete aus Bad Pyrmont, das Alpenpanorama, der Weißensee, die Sonnenuntergänge, die Zwiebelturmkirchen, Bad Salzschlirf. Manchmal blieb ein einzelnes Diabild zu lange im Vorführgerät stecken, wenn es ausschweifend kommentiert wurde, und begann zu schmoren, so daß erst der Geruch den Vater alarmierte, was in den Anfängen bei den Glasrähmchen nicht so schnell passierte, wenn ich das richtig sehe, dachte er. Ein andermal brach der gesamte Diavortrag zusammen, weil der Apparat streikte, er war, wie es hieß, überhitzt, und im verdunkelten Raum wurde Licht gemacht. Naturgemäß war der Vater als Fotograf selber nur selten abgelichtet; einmal, eigenartige Erinnerung, hat er sich von einem Straßenkehrer fotografieren lassen oder war's ein Parkwärter, der Papierfetzen aufspießte?

Auch die Mutter war kaum je auf den Fotos, sie ließ sich schlecht fotografieren, wie sie selbst sagte, fast immer machte sie ein schiefes Gesicht, sah *unvorteilhaft* aus, schaute befangen, betreten, verkrampft zur Seite, offenbar war sie, wenn der Auslöser gedrückt wurde, sich sogleich des Scheiterns ihrer Pose bewußt und hatte bereits resigniert, nein, es würde ihr wieder nicht gelingen, *natürlich* in die Kamera oder sonstwohin zu schauen, und wieder ein unnatürlicher, trüb verwirrter Anblick zurückbleiben. Da war so etwas wie Scham dabei. Als hätte sie den alten Fluch abwehren wollen, daß das Fotografieren einem die Seele stehle. Dieses Aufnehmen war ihr sichtlich verleidet. Was half es ihr, fragte er sich heimtückisch, daß sie ihre Seele rettete und doch Schaden nahm an ihrem Antlitz? Wollte sie deshalb nie selber fotografieren? Jemandem Scham zu ersparen, ist das Höchste, wie er heute weiß, Nietzsche hat das gesagt, da spricht ein Bruder, hat er sich sofort gedacht.

Seine Mutter sei ja praktisch gleichalt mit Joseph Beuys, hatte einer der Freunde, mit denen er über viele Jahre Bowling gespielt hatte, eingeworfen, bewundernd, wie er fand, die

Lebenszähigkeit seiner Mutter bewundernd, nicht das Künstlertum des Joseph Beuys, der sei nun schon dreißig Jahre tot, er, der Freund, kenne Verwandte von Beuys in Dinslaken, die ihn, Beuys, regelmäßig zum Grünkohlessen eingeladen hätten. Joseph Beuys ißt Grünkohl bei seinem Vetter in Dinslaken, kein schlechter Titel für eine Geschichte, für einen Film, dachte er, also ich, doch jetzt bekam Beuys von allen Seiten, von weiblicher wie von männlicher, sein Fett weg. Er nahm sich vor, den Freunden demnächst jene Kunstpostkarte zu schicken, auf die Beuys geschrieben hatte: Dies ist meine Axt und dies ist die Axt von meiner Mutter.

Er griff, noch immer im Bett liegend, in eine Kiste, die neben dem Nachttisch stand, und fischte aus der Hundertschaft jahrzehntelang hier bestatteter Fotografien wahllos, auf gut Glück einen Abzug heraus, ein Farbfoto, das der Vater gemacht hat und auf welchem die Mutter naturgemäß nicht zu sehen ist.

Es zeigt ein holländisch anmutendes einstöckiges Haus in der Vorderansicht, vor dem ein Auto (der oberen Mittelklasse) geparkt ist, ein Jugendlicher, er mag 16 sein, lehnt sich vorne gegen den Kotflügel, ein Mädchen, zwei, drei Jahre jünger, sitzt auf dem geschlossenen Kofferraum und lächelt in Richtung des Fotografen. Das Auto ist ein Opel, der Namenszug Rekord ist deutlich lesbar oberhalb der geschwungenen Zierleiste, als hätte sich der junge Mann absichtlich so hingestellt. Der Wagen hat Weißwandreifen, auf den glänzenden Radkappen spiegelt sich verzerrt, verkleinert, abstrakt die nahe Natur. Ein zweites Mädchen schaut aus dem Fenster der Etage, und jetzt sieht man auf einmal auch die vierte Person, einen kleinen Jungen, der sich hinter seiner Schwester auf die Kofferraumklappe gelegt hat und nur mit Kopf und Beinen zu sehen ist, da das weit ausgreifende weiße Kleid des Mädchens seine Körpermitte verdeckt. Vier junge Menschen, elternlos auf dem

Bild, als Schwestern leicht zu identifizieren, da sie zwillinghaft frisiert sind in einem kompromißlos kurzen Pony-Sparschnitt, der große Bruder steht in legerer Haltung, das Jackett seines Anzugs zugeknöpft, halbstark, möchte man sagen, eine Hand in der Hosentasche, an der Beifahrerseite. Das Mädchen oben hat den Kopf auf die Hände gestützt, nicht grüblerisch, eher still häuslich, sie ist ja als einzige Person im Haus, halb sehnsüchtig vom Draußen angezogen, halb dem Drinnen vielleicht aus Schüchternheit verhaftet, es hat den Überblick, soweit ein träumerisches Auge das zuläßt – oder es ist vom strengen Vater ans Fenster beordert, um das Ferienmotiv, das Familienidyll zu komplettieren. Die Schwester unten, nur sie lacht in die Kamera, hält die Arme verschränkt, ihre nackten dünnen Beine baumeln herunter bis vor die chromblitzende Stoßstange, auch ihre Füße, in Sandalen und weißen Söckchen, sind verschränkt. Der junge Mann blickt als einziger zur Seite, zur

Schwester hin, sein seitliches Profil absichtlich zur Geltung bringend, die in die Stirn gekämmten Haare, eine Frisur, die an Elvis, an James Dean oder Alain Delon denken läßt. Auffällig die fleckigen Fensterläden, als sei sich der Anstreicher noch nicht schlüssig, ob er sie, und wenn, in welcher Farbe, streichen soll.

Der kleine Junge hat sein ohnehin kurzes Haar rechtsseitig mit einem Klämmerchen gebändigt (bekommen). Die unsichtbare Mutter ist hinter dem zweiten geöffneten Fenster der ersten Etage zu vermuten, bei einer hausfraulichen Tätigkeit, die ihr Erscheinen am Fenster verhindert. Auch diesmal hat sie sich erfolgreich gegen jedes Festgehaltenwerden auf einem Lichtbild gewehrt, das fehlte noch, wird sie gedacht haben, daß ich schon wieder schief und verlegen dreinblicke. Es ist eine sehr schöne Fotografie, die, fünfzig Jahre nach ihrer Entstehung durchaus zu einer fünfzigminütigen Betrachtung anregen kann. Der Fotograf, der seine vier Kinder verewigt hat, ist vor über vier Jahrzehnten – wenn wir etwas wissen, dann dies – in die Ewigkeit abberufen worden, wie man in frommen Kreisen (der oberen Mittelklasse) gesagt hat.

Das satte Rot der Dachpfannen, das leuchtende Türkis der Karosserie.

Die Agende

Schließlich zieht die Familie in Erwägung, für die uralte Mutter eine polnische Haushalts- und Pflegehilfe zu engagieren. Zuvor muß aber die Wohnung umgestaltet und teilweise ausgeräumt werden, eine nützliche Vorstufe für die spätere endgültige Auflösung. Die Mädels, sage ich hier in deren Ausdrucksweise, werden sich um das Geschirr kümmern (die eine), die überfüllten Kleiderschränke (die andere), die abgelaufenen Lebensmittelvorräte (beide), die Brüder tragen die Berge der verjährten Dokumente, Prospekte und Photographien ab, ich selbst soll in der Hauptsache den Buchbestand im Wohnzimmerschrank sichten.

Den überlangen, harten und zuweilen eisigen Winter hatte die Mutter unbeschadet überstanden, abgesehen von einer leichten Erkältung im Januar, als alle Welt mit hohem Fieber darniederlag und die Arztpraxen und Krankenhäuser überfüllt waren, gegenwärtig, wir schreiben in diesem Kapitel das Jahr 2013, laboriert sie noch ein wenig an einer Blasenentzündung, und auch der Ischias plagt sie beim Gehen. Sie läuft ansonsten immer noch wie ein Döppken, wie im Rheinland gesagt wird, jedenfalls was das Auf und Ab im Treppenhaus betrifft, auf der Straße dagegen benötigt sie den Arm eines Begleiters, geht sie mit Hilfe des Schirmstocks oder des Rollators. Im Furor der vernünftigen, aber naturgemäß gefühllosen Entrümpelung ihres Haushaltes, was, wie ich es habe nachempfinden können, zu Lebzeiten eine brutale Zumutung darstellt, war mir also die Aufgabe zugefallen, die Wohnung von überflüssigem Bücherballast zu befreien, die schwachen Versuche der Mutter, immer wieder zum Beispiel die Erlesenheit der von ihr früher abonnierten Reader's Digest-Auswahlbände herauszustreichen, für die sich gewiß, wenn man nur hartnäckig genug im Verwandtenkreis oder in der Gemeindebücherei nachfrage, noch dankbare Interessenten fänden, hatten wir jedesmal überhört oder vom Tisch gefegt, ich selbst verbarg nicht länger meinen literarischen Abscheu gegen eine Edition, welche die Werke nicht in der Weise präsentiert, die der Autor vorgesehen hat, sondern in einer auf das gewalttätigste gekürzten Fassung. Zudem habe ich inzwischen begriffen, daß es der Mutter, deren Sehschwäche sie längst das Bücherlesen hat aufgeben lassen, nur mehr um den dekorativen Anblick des Wohnzimmerschrankes geht, in ihrer dunklen Einheitlichkeit rufen die Reader's Digest-Bände hinter den Glastüren jenen vertrauten, heimeligen Eindruck hervor, den die Mutter für ihr Wohlbefinden, ihr Wohnbefinden benötigt.

Andererseits sind es gerade die leicht gewölbten Glasscheiben, die unerwartet zum Problem geworden sind, denn sie sind der Ort, an dem die Anderen, die Seltsamen, die verschwiegenen Geistwesen ihre unheimliche Präsenz an den Tag legen, Gesichter unbekannter Frauen und Männer, die eigens für die Mutter sich hier zu versammeln scheinen, ihr Unwesen treiben, nein, berichtigt mich die Mutter, so könne man das nicht ausdrücken, sie fühle sich in keiner Weise bedroht, ich könne also nicht einfach sagen, daß die Unbekannten in den Spiegelungen des Glases herumspuken, keines dieser Wesen bewege sich, still und stumm seien sie nur einfach da, und sie, die Mutter, überlegt bereits, ob sie nicht Gardinchen vor die Bücherschranktüren hängen solle. Testweise, auf meinen Vorschlag hin, tun wir das sogleich, hängen Tücher davor, doch der Spiegeleffekt setzt sich fort, in den Augen der Mutter erscheinen dieselben Gesichter, tauchen auf aus sprachlosem Ungrund, aus immaterieller Unzeit, verziehen keine Miene, da ist kein Lachen, kein Augenzwinkern, kein finsterer Blick, gar nichts, im Unterschied zu den Gespenstern, die meine Mutter schon seit vielen Jahren nachts durch ihre Schlafzimmer schweben sieht und mit denen sie gelernt hat zu kommunizieren, indem sie in die Hände klatscht, das Licht anmacht oder mit ihnen ein ernstes Wörtchen spricht, so daß sie sich zumeist alsbald verziehen.

Wir sprechen ruhig und vernünftig über diese Phänomene des Unvernünftigen, blicken gemeinsam auf die Glastüren des Eichenschranks, wir sehen jetzt durch einen Spiegel ein dunkles Bild, höre ich mich sagen, die Mutter, aus ihrem Sessel heraus, erkennt aber ihre Leute immer sofort, während ich mich zu fragen beginne, ob nicht das fiktive Personal aus den Büchern schüchterne Versuche ätherisch-okkulten Erscheinens unternimmt, sich ins richtige Leben einzumischen, dem sie sonst immer nur den Rücken zuwenden. Sind es Mitglieder der Familie Pfäffling, ist es Leberecht Hühnchen oder ein zu kurz gekommener Reader's Digest-Held? Öffnen sie ihrerseits der Mutter in halluzinatorischer Tarnung, denn auf dem Felde der Tarnung waren diese 92jährige und ihre alterslosen Un-Bekannten Komplizen, einen Spaltbreit den Einblick in eine Anderswelt, von der wir alle insgeheim träumen? Ist dieses *wir alle* nicht aber bereits jene Erkenntnisfalle, in welcher wir lebenslang, selbst als Philosophen, herumzappeln? Wer zieht die Grenze zwischen real und irreal Existierenden, wer diejenige zwischen Lebenden, Sterbenden, Verstorbenen, Toten und Auferstandenen? Ist die Mutter vielleicht, ähnlich wie große Denker, aber auch wie Kinder, Geisteskranke, Meditierende, in Trance Versetzte, einer tieferen Wahrnehmung des Da-Seins auf der Spur? Ich öffne die Schranktüre einen Spaltbreit, zwei Fingerbreit, denn die Mutter fragt nach dem genauen Maß, und siehe da, die fremden Wesen sind fort, ungläubig blickt die Mutter ins Leere.

Siehst du denn nicht das herabhängende Haar der Frau, die Nase, den geschlossenen Mund des Mannes? hatte sie mich immer wieder gefragt, ihren halb neugierigen, halb verstörten Blick auf die im Zwielicht der Spiegelreflexe verharrenden Gesichter. Indem ich die Glastüre öffne, schließe ich damit nicht zugleich die offenbar nur für die Mutter bestimmte Erkenntnistüre?

Unter den Büchern finde ich ein Kleinstexemplar des Neuen Testaments, das man in den alten Zeiten, als der Mann als Herr sich noch klassisch korrekt gekleidet hat, bequem in die Westentasche stecken konnte. Wie immer forsche ich nach dem Erscheinungsjahr, nach einer Widmung oder nach anderen Menschenspuren, denn das Exemplar hatte dem Vater gehört. In dem Neuen Testament des am 1.9.1919 geborenen, im April 1939 also 19jährigen Vaters entdecke ich gleich auf dem ersten Vorsatzblatt mit flüchtigem Bleistift hingekritzelt: Du sollst deinen Nächsten lieben als dich selbst. Entdecke in diesem quer über das Blatt geschriebenen Spruch das unscheinbare *als*, das mich immer schon hatte aufmerken lassen, und erst sehr spät, in die Weisheiten Indiens vertieft, verstand ich dieses Wörtchen aus der christlichen Kernbotschaft, in früherer

Zeit mochte es grammatisch gar keinen Unterschied gegeben haben zum heute üblichen *wie*, aber die Sprache, gemäß indischer Deutung göttlichen Ursprungs, birgt von jeher einen tieferen Sinn, mag er sich auch erst Jahrhunderte, Jahrtausende später offenbaren. Entdecke den Nächsten als dich selbst, das bist du, *tat tvam asi.*

Ich bitte die Mutter, mir die mit schwarzer Feder in Sütterlin geschriebene Widmung auf der Folgeseite vorzulesen, es ist der Vers 15 aus dem 3. Kapitel des 2. Briefes an Timotheus, und schon nach den ersten Worten beginnt sie zu schluchzen, muß das Lesen unterbrechen vor Rührung, *Und weil du von Kind auf die Heilige Schrift weißt, kann dich dieselbe unterweisen zur Seligkeit durch den Glauben an Christum Jesum,* zum Andenken von deiner Oma Feldhoff steht noch dabei und auch das Datum.

In Mülheim, wo man nahe dem Haus meines Bruders einen öffentlichen Großbehälter aufgestellt hat, ist der Papiercontainer offenbar soeben erst geleert worden, er ist vollkommen leer, die geschlossene, abgeschirmte Leere beeindruckt mich, und als ich die Bücher, jeweils nur zwei, drei Exemplare gleichzeitig, hineinwerfe, sehe ich vom Reihenhaus gegenüber einen alten Mülheimer mit einem Mülleimer heraustreten und, mit einer einzigen Zeitung in der Hand, zu mir auf die andere Seite der kleinen Straße herüberschlurfen, um das zur Mittagszeit bereits ausgelesene Exemplar des Tages zu entsorgen, ein Kontrollgang wohl auch wegen des Unbekannten da draußen, oder eine der wiederkehrenden Verrichtungen, die im starren Tagesablauf des Ruheständlers den Rang einer unverzichtbaren Ordnungsmaßnahme angenommen haben, und gleichzeitig eine Vergewisserung, daß das öffentliche Leben in seiner Sackgasse unversehrt und gesichert sich fortsetzt.

Die der hereinbrechenden Papierflut entgegengähnende Dunkelkammer des Containers hat meine letzten Bedenken, hier die mütterlichen, über Jahrzehnte gehüteten Bücherschätze zu versenken, zerstreut, hat im Gegenteil ein körperliches Vergnügen ausgelöst, wenn nacheinander die verbannten Werke im Irgendwo dumpf aufschlagen und für immer verstummen. Zu den von mir beiseite geschafften, in einem Wäschekorb geretteten Büchern gehört der Roman *Die Großmutter* von Bozena Nemcova, er erinnert mich an W.G. Sebalds Erzählung *Il ritorno in patria* und den Tagtraum des Erzählers, der in seinem Zugabteil auf einer Bahnfahrt entlang des Rheins die englische »Winterkönigin« Elizabeth Stuart zu erkennen glaubt, die in ein Buch vertieft ist, welches den Titel *Das Böhmische Meer* trägt. Später, gleich beim ersten Hineinlesen in das Buch der Böhmin, war ich mir sicher, daß Sebald an dieses Buch gedacht haben muß.

Auch ein anderes Erbstück, die offizielle Sammlung liturgischer Leittexte der evangelischen Kirche, ist nicht dem Mülheimer Altpapier zugefallen. Auch die sogenannte Agende hätte ich beinahe weggeschmissen, habe sie aber dann doch, woher dieses plötzliche Zögern?, mit in den Westerwald genommen, wo ich, entkräftet, übermüdet, das dicke schwarze Ding gleich wieder habe loswerden wollen, weg damit in die blaue Tonne – doch am anderen Morgen fischte ich es wieder heraus, mußte mich tief hinunterbeugen, es lag bereits unter Prospekten und zerrissener Pappe, aber im Trockenen. Mit dem nachtkalten Buch in der Hand schritt ich würdevoll, quasi pastoral ins Haus. Im Abschnitt »Taufe eines Kindes« fand ich in der Agende die von des Vaters Hand eingefügte Liedzeile »Hirte, nimm dein Schäflein an«, und ich dachte daran, daß der Hilfsprediger Heinrich F. seinen eigenen Enkel Jens Adrian, meinen Erstgeborenen, in der Schloßkirche zu Diersfordt bei Wesel getauft hat.

Hirte, nimm dein Schäflein an,
Haupt, mach es zu deinem Gliede,
Himmelsweg, zeig ihm die Bahn,
Friedefürst, sei du sein Friede,
Weinstock, hilf, daß diese Rebe,
auch im Glauben dich umgebe.

Diese Strophe aus *Liebster Jesu, wir sind hier*, das die Taufgemeinde damals in der Schloßkirche gesungen haben muß, hatten wir in der Kindheit immer wieder auch im Kindergottesdienst angestimmt. Bei dem Wort Weinstock ging die Melodie in den Keller, in den Weinkeller sozusagen. Als Kind hatte ich wohl noch nie einen Weinstock gesehen, erst in den 60er Jahren begann der Vater Wein zu trinken, süße Spätlesen aus Oppenheim, ich erinnere mich an Krötenbrunnen und Eselspfad.

Das Schäflein dagegen hatte für das Kind schon früh eine greifbare Bedeutung: als Osterlamm in einer gußeisernen Backform, wie es nach dem Vorbild der Großmutter Elisabeth, die Form und Sitte an uns weitergegeben hat, am Auferstehungsmorgen zur Welt kam mit dunklen Rosinenaugen. Doch vorerst brachte der Neugeborene in jenem unruhigen 68er Jahr, die Faust geschlossen aus Protest, schreiend in Dreieckswindeln, alles herrlich durcheinander.

In dem kirchlichen Tauftext, den der Vater vorgetragen haben wird, obwohl ich mich nicht mehr daran erinnern kann, war die Rede davon, daß der himmlische Vater dieses Kind, als dessen Vater ich dastand vor meinem eigenen Vater, mit Seinem Heiligen Geiste regieren möge, damit es im Leben *wider Satan, Welt und Sünde ritterlich streite und siege*. Gut erinnern kann ich mich indes, wie unheimlich mir, als ich selbst ein Kind war, zumute war, wenn am Ende des eigentlich so schönen Abendlieds *Nun ruhen alle Wälder* Satan persönlich auftauchte, der, was angeblich aber singende Englein verhinderten, ein Kind zu verschlingen drohte. Und mein Bruder will bei dieser Taufe der Orgelspieler gewesen sein, keine 16 Jahre alt, ich mußte ein zweites Mal nachfragen, *Hirte, nimm dein Schäflein an*, das wisse er genau, es war sein erster offizieller Auftritt.

Vier farbige Lesebändchen baumeln aus der geretteten Agende heraus, ein grünes, ein rotes, ein gelbes und ein violettes, und da ich alle Bücher fast immer auf den letzten Seiten beginne, lese ich mir, violett gelenkt, die Schlußseiten durch, lese laut das von meinem leiblichen Vater zigmal verkündete Bekenntnis des Glaubens an den himmlischen Vater und an dessen eingeborenen Sohn, der, wie es damals noch hieß, niedergefahren sei zur Hölle, dann aber aufgefahren gen Himmel, von dannen er kommen werde, zu richten die Lebendigen und die Toten. Und wir alle glaubten mit diesen amtskirchlich vorge-

schriebenen, schon bald aber geänderten Worten an die Auferstehung des Fleisches.

Der unsichtbare, altväterliche, etwas strenge Gott, der alles
sah: ja, das war für uns in jungen Jahren noch irgendwie glaubwürdig, und der sympathische Herr Jesus war sowieso ein
Mensch, der konnte einem sogar leidtun, nicht nur wegen
der tristen Geburtsumstände und des jämmerlichen, brutalen
Todes, sondern weil er trotz zahlreicher Anhänger so allein
wirkte, ein Liebender, dessen Liebe nur von wenigen wirklich
erwidert wurde. Der Heilige Geist dagegen wehte in Sphären,
die jenseits kindlicher Vorstellungen lagen. Doch nachdem auch
ich zugenommen hatte – ich sagte es wohl schon – an Weisheit
und Alter, wenn auch nicht so recht an Gnade bei Gott und den
Menschen, wie es im Evangelium hieß, wurde mir der Heilige Geist *immer undeutlicher* zur überzeugendsten Instanz des
Göttlichen, eben weil er auf etwas Unfaßbares verwies, von
den drei grammatischen Geschlechtern war Gott das männli-
che, Jesus das weibliche und der Heilige Geist das sächliche,
nicht das Neutrum, nein, eher das Ur-Sächliche, das Eigentliche, das große Unbekannte. Daß der Heilige Geist auf Bildern
als Taube dargestellt wurde, wollte mir nicht einleuchten, dafür
war die Taube im Ruhrgebiet ein allzu profanes Haus- und
Hoftier, überall gab es in den Hinterhöfen und Kleingärten
die Taubenschläge, die Taubenväter, Tauben waren die Renn-
pferde des kleinen Mannes, sagten diese selber, Tauben waren
also, sagte ich mir ohne Worte, etwas Kleingeistiges und keineswegs etwa das Sinnbild für das allerhöchste Geistwesen,
ganz abgesehen davon, daß mich das unaufhörlich murrende
Gurren dieser Tiere abstieß.

Ich selbst habe mich immer gefragt, ob dann, wenn es darauf
ankommt, also aufs Sterben hin, all diese schönen Sätze der
Gottvertrauten, aber auch jene heiteren Weisheiten der großen

Denker mich getröstet zur Grenze trügen, von der aus ich gelassen ins Morgenrot der Ewigkeit blicken könnte. Oder ob man nicht lernen könnte, wider den zu Tod sticheln. Und schließlich (»Du Narr!«) sich in den Tod hineinzukichern. Bei der Mutter erleben wir jetzt, und wir tun so, als seien wir perplex, daß eine lebenslang praktizierte Frömmigkeit keineswegs die erhoffte finale Gemütsruhe hervorruft, Gefaßtheit, Angstfreiheit oder gar Vorfreude aufs Kommende. Sie sei doch, rufe ich ihr entgeistert zu, mich an die Worte des Katechismus klammernd, des getreuen Heilands Jesu Christi eigen und ohne den Willen ihres Vaters im Himmel könne kein Haar von ihrem Haupte fallen, und überhaupt müsse alles zu ihrer Seligkeit dienen, darum er sie auch durch seinen Heiligen Geist des ewigen Lebens versichere. Vor allem der mütterliche Widerstand gegen das Alleinsein, gegen die Einsamkeit, gegen das bewegungslose Warten lehrt uns, daß nicht der reine Geist, nicht der Glaube allein den Seelenfrieden stiftet, sondern der spürbar anwesende andere Mensch.

Und doch will sie noch eine Weile so weiterleben, ohne Polin, wie sie mir anvertraut hat, ein wenig fühle ich mich jetzt als ihr heimlicher Verbündeter, will ihr Leben fortsetzen auf der Gerhart-Hauptmann-Straße, die hohe Hausnummer hat sie vom Alter her längst übertroffen, wir tun nur so, habe ich zu ihr gesagt, als wenn du dich auf deine letzten Tage in der Obhut einer Polin vorbereitest, die Wohnung wird umgestaltet, wie mit den Schwestern und dem Bruder besprochen, ja gut, ein zweites Bett ins Wohnzimmer gestellt, die Diele neu eingerichtet, und dann, ist alles fertig, denn das ganze ist doch schon aufregend genug, machst du erst mal so weiter wie bisher, mit deiner Schwester Edith, die donnerstags bis sonntags über Nacht bei dir bleibt, tagsüber mit der freundlichen Ayla, die mir dir einkaufen geht, zum Akustiker geht, zum Arzt, zum Friseur, hörst du?, und Frau Hagengut kommt weiter zum Kartenspielen vorbei, auch Frau Jatzkowski, die Vorleserin, besucht dich. Und dann und wann ein eigenes Kind. Doch was machen wir mit den nächtlichen Spukgestalten? Bedenke den biblischen Anfang allen Lebens, laß Licht werden, Mutter! Sprich, erscheinen sie dir, ein Machtwort!

Und tatsächlich schleudert sie ihnen Bannsprüche entgegen, zum Beispiel »Keine Augen, kein Gesicht, Gott will das nicht!« Bei dem Wort Gott würden sie zurückzucken, es dauere manchmal eineinhalb Stunden, bis sie verschwinden und nicht mehr aus den Ecken hervorquellen, Hunderte seien es gestern nacht gewesen, so sie heute am Telefon, sie werde aber mit den Dämonen fertig, wenn das Widersprechen sie auch sehr anstrenge. Einer sei ihr besonders unangenehm, der schreibe unentwegt etwas auf zahllose Zettel, doch wenn sie sie lesen wolle, würden sie im letzten Moment weggezogen. Du bist bestimmt neugierig, was da draufsteht, sagte ich, ja, gab sie zu, ja, sagte ich, das wäre ich auch.

Einen Tag nach der großen Bücherentsorgung ist uns zu unserer Überraschung ein letzter Reader's-Digest-Band in die Hände gefallen, der sich in der dunklen Tiefe des untersten Faches ins Unauffällige verdrückt hatte, einer der ersten Bände dieser Serie, noch ein wenig schmucklos im Buchdesign, welches Wort Anfang der 60er Jahre auf dem deutschen Büchermarkt noch gar nicht verwendet wurde. Wir ließen ihm lachend seinen Stellplatz, schenkten ihm einstweilen das Überleben (Überlesen, dachte ich), nicht zuletzt, weil es doch einen enormen Kahlschlag in ihrem Bücherschrank gegeben hatte, Lichtungen, die wir aber rasch auffüllten mit Fotoalben und den überall, ob auf dem Beistelltischchen, dem sogenannten Teewagen oder der Nachtkonsole, herumliegenden frommen Geschenk- und Trostbüchlein mit den immer gleichen herrlichen Fotos von der Schönheit der Schöpfung nebst poetischen Weisheiten der üblichen Bedächtigen von Carossa über Goethe und Schopenhauer bis Turgenjew und Saint-Exupéry. Der alte Reader's-Digest-Band war also gerettet, eine Ausnahmeregelung hatte ihn vor der Deportation bewahrt, er wurde in die Reihe der anderen Davongekommenen eingefügt, zu Gustav Freytag, zu Gulbranssons Gesang aus der Waldewigkeit. Von den von mir selbst mit ernsten Absichten heimgebrachten, d.h. in das eigene Heim überführten Büchern gehörte neben einer uralten Ausgabe des *Cherubinischen Wandersmanns* von Angelus Silesius auch Gerhard Tersteegens *Weg der Wahrheit*, mit den Besitzervermerken »Hch Feldhoff 1912« und darunter »Dietr. Feldhoff 1959«. Auf dem Nachsatzblatt, mit Bleistift notiert, finden sich, finde ich vier, fünf Seitenangaben, also seit über hundert Jahren hier verborgene Fingerzeige. Es berührt mich seltsam, ja es bekümmert mich beinahe, wie lange nun schon meine Generation wie auch die mir vorausgehende sich von solchen Geistes- und Seelenübungen abgewandt haben und heute, wären wir auch guten Willens, gar nicht mehr in der Lage sind, geistliche Sätze dieser Art in ihrer Gesamtheit zu begreifen, geschweige uns in ihren Gehalt zu versenken, geschweige denn sie zu beherzigen und weiterzuempfehlen. In dem sechsten Stück seiner Ausführungen, die von dem *Fortgang in der Gottseligkeit* handeln, von der Gefahr des geistlichen Stillstands nach der einmal erfolgten Bekehrung, sagt Tersteegen im 10. Abschnitt, dessen Wichtigkeit für ihn der Großvater Dietrich handschriftlich überliefert hat:

›Dann, weil man von den Züchtigungen der Gnade und des Geistes Gottes sich zu viel abziehen und herauslocken lässet und nachdem man einmal dessen Ruf und Zug in der ersten Buße gefolget, aus dem Hertzen (daß ich so rede) in das verständliche oder vernünftige Theil ausgehet und nach dem schwachen und unzulänglichen Licht, so man bekommen, durch die Wircksamkeit seiner eigenen Vernunft sich einen Concept oder Begriff von den Göttlichen Wahrheiten und dem Christenthume machet oder machen lässet (welcher Begriff nothwendig auch gar schwach, vernünftig und unzulänglich seyn muß); und sodann folglich nach diesem einmal gefaßten Begriff sein Christenthum so in guter Meynung einrichtet und einschräncket, worin sich mancher so feste setzet, daß er alles, was damit nicht überein kommt oder weiter gehet, für unrecht hält und verwirft; und man so von seinem Inwendigen ins Äußere und von dem Licht und der Zucht des Geistes in die Vernunft ausgewandt lebet: so kommt man nie weder zu recht gründlicher Erkenntniß seines inneren Verderbens und so unzähliger verborgener Eigenheiten in allen Stücken; noch auch zur Einsicht des rechtschaffenen Wesens in Christo und des genauen, heiligen, abgeschiedenen und verborgenen Lebens, so in einem wahren Christen erfordert wird; noch zur Erfahrungs-Erkenntniß der Kraft des Geistes Jesu Christi in seinen wahren Nachfolgern, wodurch sie zu einem so heiligen und Göttlichen Leben zubereitet werden.‹

So der Wortlaut in der noch nicht von Bearbeitern verstümmelten, einen jeglichen zum Überspringen einladenden Urfassung.

Gespräch mit der Mutter. Mit einem Vater

In einem der zahlreichen Weisheitsbüchlein der Mutter entdecke ich beim zufälligen Durchblättern das Gedicht *Seele, wirf
den Kummer hin* des wunderbaren Johann Christian Günther,
in dem es in der zweiten Strophe heißt: *Unsers Lebens Alphabet / ist ja noch wohl auszusprechen*; mich freut es, von neuem
und beinahe unerwartet zu lesen, daß die Seele um so leichter
jedweden Kummer abschütteln könne, wenn sie sich mit dem
lebendigen Alphabet eines Dichters verbinde – nicht gänzlich
unerwartet, denn immer wieder hatte die Mutter mich überrascht mit schönsten Gedichten, die sie auswendig hersagen
kann. Wobei, das muß ich ihr wohl einmal gesagt haben, das
deutsche Wort *auswendig* eigentlich falsch ist und das Gegenteil meint: daß man nämlich das dichterische Wort *inwendig*,
wie Maria das Engelswort, im Herzen bewahre. Und deswegen
es im Französischen *apprende par coeur* heiße, im Englischen *to
learn by heart*, mit dem Herzen lernen.

Daß die Mutter auf englisch *mother* genannt wird, weiß sie
bis heute nicht. Sie könnte es auch nicht aussprechen. Die Welt
der fremden Sprachen blieb ihr fremd, wie auch die Welt der
Wissenschaft. Die Literatur dagegen bedeutete ihr viel, sie las
sie mit dem Herzen, deren *Form* blieb ihr verborgen. Einige
Bücher konnten sie ermüden, aber das war für sie eher ein
Qualitätsmerkmal: so lesen, daß einem die Augen zufallen,
und in der Stimmung des Gelesenen dahinschlummern. Später übernahm das Fernsehen dieser Einschlafrolle – dann aber
schlief sie meist ein aus Protest, die Filme waren oft zu laut,
zu obszön, sie schlief sich von ihnen fort. Nunmehr nahezu
erblindet, weder lesen noch fernsehen zu können: das läßt sie
ihre Einsamkeit immer stärker spüren, selbst wenn jemand sie
besucht oder mit ihr telefoniert, ja, sie spricht eine Weile mit

dem »Gesprächsteilnehmer«, aber wie hinter Glas, wie aus einer sie isolierenden Kabine heraus, die Urenkel werfen ihr einen scheuen Blick zu. Dafür freut sie sich über das kindliche Stimmchen der Zeitansagerin aus ihrem Zeitansagegerät, sie drückt auf eine Taste und das Mädchen sagt, wie spät es ist. Einige Male funktionierte diese Uhr nicht, ich sagte ihr, ruf mich doch an, ich sage dir dann die Uhrzeit.

Sie liebt es, wenn Ayla sich neben sie setzt, auf Tuchfühlung, und sie ihren Kopf an ihre Schulter lehnen kann. Ayla, die Kurdin, liest ihr dann aus dem Neukirchener Kalender oder den Herrnhuter Losungen vor. Wenn ich mit ihr telefoniere, redet sie *andauernd* dazwischen, nutzt das geringste Zögern, die kleinste Atempause, um den Satz zu vollenden, so daß manchmal drei, vier Varianten im Raum stehen, es entstehen geradezu Ratespiele, zum Beispiel wenn ich ansetze: Unser Sohn hat gestern von seinem Chef erfahren …, dann will sie bereits wissen, daß er eine Gehaltserhöhung bekommt, nein?, daß die Firma pleite ist, nein?, daß der Chef sich scheiden läßt, auch nicht?, die Firma umzieht? und so weiter. Auch sich selber berichtigt sie unentwegt, fragt sich, wenn sie zum Beispiel sagt, sie habe einen teuren Strauß Trockenblumen gekauft: Was heißt teuer?, oder: Ich bin gestern noch lange aufgeblieben: Was heißt lange? Dieses Sich-in-Frage-Stellen gefällt mir.

Meine Schwester sagt immer häufiger, ich sei Mutters Prinz, Mutters Prinz Heinrich, ich erinnerte mich, daß es in Beeck in unserer Nähe tatsächlich eine Prinz-Heinrich-Straße gab, sie, sagt Hanna, müsse den Kopf hinhalten, sie sei die Böse, die die Mutter in ihrer verzweifelten Lage allein lasse, die ja gar keine verzweifelte sei, so Hanna, die diese aber als solche empfinde, die sie als solche zu Recht empfindet, so ich, die, so Hanna, in Wahrheit eine luxuriöse sei, ja, fünfzig Euro koste die Köchin am Tag, so ich wieder, eine vergleichsweise beneidenswerte

Betreuung also, sie sei zwar beinahe erblindet, ja sicher, aber da sie in ihrer Wohnung bleiben könne, mit allem, das sie umgebe, vertraut, sie könne buchstäblich ihrer Umgebung blind vertrauen, und des Nachts, das bestätige die Mutter immer wieder, in aller Ruhe die für andere oft peinigenden einsamen Stunden im tiefen Schlaf verbringen, und am Morgen erscheine dann ihr Personal, wie sie sich immer noch ausdrücke, der Pflegedienst, die kurdische Hilfskraft, die Köchin, und nachmittags dann und wann eine Unterhalterin, der Sohn gelegentlich, und ich, der Prinz, rufe regelmäßig an und festige meine in ihrer Wertschätzung privilegierte Stellung. Ich wende ein, daß der Erstgeborene keineswegs der Bevorzugte sei, er trage die Last der in der Erziehung debütierenden Eltern, ihrer Fehler, ihrer Strenge, ihrer Enttäuschungen, da sie sich das Liebesleben zu zweit und dann so bald zu dritt ganz anders vorgestellt haben, der materiellen Zwänge, die damit verbunden seien in aller Regel, der Besserwisserei durch die eigenen doppelten Eltern, von anderen, den Verwandten und Nachbarn ganz zu schweigen, auch von den wechselnden Moden der Aufzucht: ob man ein Kind, das schreit, ignorieren solle eine Weile oder sogleich aufspringen müsse, ob man es im Bett anbinden müsse oder es strampeln lasse, ob man unbehandelte Milch nehmen solle oder pasteurisierte zur Sicherheit, ob das Kleinkind schon früh mitgenommen werden könne in laute Gesellschaft oder man es beiseite lasse in stillen Räumen, wie abgedunkelt es sein müsse im Kinderzimmer, ob man es mitnehme im Flugzeug.

Ich erzähle meiner Mutter von unseren Reiseplänen, schon wieder in die Provence? ruft sie, und ich spüre genau, wie lächerlich ihr dieses immer gleiche Reiseziel vorkommt, sie spricht das Wort »lächerlich« naturgemäß nicht aus, aber es ist unüberhörbar im Raum, ja, die Provence mag schön sein, aber es gibt doch so viele schöne Ecken, ich stoße mich an dem

Wort Ecken, sie nennt die Seiler Alm in den Dolomiten, sie nennt Langeoog, dann Interlaken, Orte, wo sie und der Vater gewesen sind, mit meinem Bruder, den Schwestern, nur ich bin schon früh nicht mitgekommen, es war ein leichtes, sie davon zu überzeugen, daß ich besser mit einer Jugendgruppe in Ferien fuhr, einer christlichen zunächst, später auch mit einem kommerziellen »Jugendfahrtendienst«, mit zunehmendem Alter vier Kinder im Fond des Autos unterzubringen wäre unmöglich und auch unstatthaft gewesen, ich fuhr nach Innsbruck und Grainau, wo die Nachrichten vom Bau der Berliner Mauer auch unter uns Jugendlichen Angst und Schrecken verbreiteten, nach Eisenerz in der Steiermark, wo ich im Schloß Leopoldstein ein Ritterbett hatte, nach Diano Marina und Feld am See, sämtlich Himmelsorte und Asyle der Freiheit und der Verliebtheit und der Trunkenheit, auch der poetischen Frühversuche in sogenannten Bierzeitungen für den Abschlußabend.

Und dann Paris, 1964, Versailles, avenue de St. Cloud in einer Familie mit drei Töchtern Hélène (22), Geneviève (18), Odile (17), ich war 19 und übersetzte ein Gedicht von Baudelaire, La mort des amants, Der Tod der Liebenden, ich übersetzte: Wir werden Betten voll duftreicher Quellen / Und Sofas haben tief gleich den Grüften / Und seltene Blüten auf den Gestellen, / Geöffnet für uns in den schönsten Lüften. Die französischen Betten waren weich und tief, wie auch die Autositze in der Déesse von Citroën, im Peugeot 404, den die vaterlose Familie Celier fuhr. Zwei Jahre später lag ich mit Anne-Marie im Grand Lit in Paris im Hotel Des Arts. La vie des amants. Das war das Leben, wir blickten vom Triumphbogen hinunter ins Gestirn der Straßen, lasen unten die Inschriften in den Pfeilern, in einem den Namen Altenkirchen, ahnten nicht, daß es uns dorthin verschlagen würde, wenige Jahre später.

Ich schrieb, zurück aus Paris, eine Seminararbeit über die Figur des Pädagogen in Sartres Stück *Les mouches*, eine gute Arbeit, sagte die Dozentin Brigitta Coenen-Mennemeier, blickte bei der Rückgabe vom Pult zu mir auf, sich vergewissernd, wer der Verfasser war, und sagte: Auch einer von denen, die nichts sagen.

Ma mère a quatre-vingt-douze ans, französisch hört sich's jünger, hüpfender an, vier zwanzig zwölf, wir reden heute vom Hier und Jetzt, willst du dir deine Pantoffeln anziehen?, fragt sie und meint natürlich, daß sie es will. Damals nannten wir die Pantoffeln Schluffen. Von der Feinkosttheke im Kaufhaus habe ich eine Portion Linsensalat mitgebracht, dreierlei Linsen, ein Linsengericht, aber sie ißt doch lieber ihre Lauchsuppe und nimmt, nachdem sie einen Löffel von den Linsen probiert hat, noch einen zweiten Teller Suppe, schläft ein beim Fernsehfilm, während ich gebannt hinschaue; in einer beeindruckenden Sequenz beobachtet der Hauptdarsteller (Ulrich

Tukur), wie von der obersten Etage eines Hochhauses gegenüber ein weißes Hemd ungemein langsam und in immer neuen fantastischen Luftmanövern heruntersegelt. Schön trostlos das Ganze. Zufällig erfahre ich später, daß das Hemd an einem unsichtbaren Faden befestigt war und nach Belieben gelenkt werden konnte; sich selbst überlassen, wäre es sofort und auf Nimmerwiedersehen davongeflogen.

Auf einmal trägt Ayla kein Kopftuch mehr, bisher hat sie es auf der Straße und in fremder männlicher Gegenwart, also auch wenn ich bei der Mutter bin, stets getragen. Bevor Ayla zum Putzen eintrifft, muß alles aufgeräumt sein, jedes Ding an seinem Platz. Sie hat schweres welliges Haar, schwere weibliche Formen an der Grenze zur Korpulenz, schöne dunkle Augen, die jetzt, ohne Kopftuch, weniger auffallen, dafür, unerwartet, öffnet sich in kurdischer Morgenfrische ein fraulich-fröhliches Dekolleté, sucht sie sich einen neuen Mann? Die Mutter spekuliert schon in dieser Richtung, sie ist in ihren Deutungen ja immer vorschnell, mit der Mutter reden heißt, sich in Halbsätzen vortasten, beziehungsweise zwei Satzschritte vor, einen zurück, ich sagte es. Ayla, sagt sie, müsse jede Nacht um halb drei aufstehen, um ihren Mann zur Arbeit zu fahren, zum Bahnhof nach Oberhausen. Aylas Mann hat keinen Führerschein, und jetzt spekuliere ich selber: Ob er Alkoholiker ist?, war er wiederholt in Unfälle verwickelt?, so daß man ihm den Lappen abgenommen hat, gar auf Lebenszeit? Ach, ich korrigiere mich: seitdem es zum Nachweis der Fahrerlaubnis eine Chipkarte gibt, tragen nur noch die Älteren (wie ich) den grauen Lappen bei sich, ihr Bild zeigt sie (mich) im Look der frühen Jahre. Und dann die Pointe: Aylas Mann ist Lokomotivführer! Also hat er doch einen Führerschein, den Triebfahrzeugführerschein, wie er genannt wird, ich habe mich schlau gemacht.

Ich habe Ayla heute zum Abschied Ayla genannt, kann mir ihren Nachnamen einfach nicht merken, vorher hat sie mir noch die Handhabung des akkubetriebenen, schön leise laufenden Teppichkehrers erklärt. Jetzt erst fällt mir auf, welche Besonderheit unsere Ayla und die Mutter verbindet, es ist das Ypsilon als zweiter Buchstabe ihrer Vornamen. Ayla bringt Leben in die Bude der Sybille F.

Auf einmal trägt unsere Mutter keine Perücke mehr. Auf einmal trägt sie ein Kopftuch. Ich küsse, als ich sie endlich wieder besuche, die alte Dame, die sie immer noch ist, auch ohne Perücke, auf die Wange, wärme ihre eiskalten Hände, überhöre ihre barsche, grollende Stimme, übersehe die Böswilligkeiten, die wie das Knochengerüst unter dem verfallenden Fleisch zutage treten. Der Bruder am Telefon: nein, er könne die Mutter nicht füttern, und auch nicht beim Abschied, obwohl von ihr aufgefordert, umarmen, »drücken«, die Mutter: die Hanna auch nicht, dabei habe sie solch ein Bedürfnis nach etwas Liebe, beide gäben ihr nur die Hand. Ich kann es nicht, wiederholt der Bruder. Manchmal wird sie, die Greisin, wieder zum Kind, beschimpft ihre, wie gesagt wird, um sie rührend bemühte Tochter, die verärgert zurückschimpft, sitzt danach weinend, ein Häufchen Elend, in der Küche und ruft, halb trotzig: Ich bin böse gewesen!

Habe das meinem Sohn erzählt. Und schreibe es jetzt auf, den eigenen Tod näher, nein nahe vor Augen, nicht länger mit umgekehrtem Fernglas, die vielen vor mir Verstorbenen im »Hinterkopf« (oder wo?) und die nun sich verstärkende Verwirrtheit der Mutter hier festhaltend, aber eben nicht aufhaltend. Und betreibe wieder nur mein verlogenes, selbstbetrügerisches Spiel der ästhetischen Auflösung des Schrecklichen. Schreibe ich *meine Mutter*, dann ist es weniger meine Mutter, als wenn ich nur *die Mutter* schriebe.

Ich erzählte den Geschwistern von unserem Zusammensein im Biergarten der *Lindenwirtin* vor ein, zwei Jahren, als sie noch einigermaßen hat sehen können, wir sitzen da, sie nimmt die Brille ab, blickt sich um und sagt: So eine alte Frau wie mich gibt es hier sonst nirgends, und: ohne Brille sehe ich besser, mit Brille sehe ich besser aus. Und ich schaue in ihr brillenloses Gesicht. Tatsächlich sind da tiefe Furchen unter ihren Augen, die das Horngestell verdeckt. Ja, es ist ein anderes Gesicht. Wir spielen in der *Lindenwirtin* Mutter und Kind, ich esse Herings-stipps nach Art des Hauses, die Mutter einen Blaubeerpfann-kuchen. Sie spricht kein stilles Tischgebet mehr (was mir erst einen Tag später bewußt wird, als ich mir Notizen zum Vor-tag mache), aber sie sucht, mit mir zusammen, für die näch-ste Geburtstagsfeier Kirchenlieder aus, wir mögen beide das sechsstrophige *Ach bleib mit deiner Gnade*, die Schlüsselwör-ter, sagt sie, helfen ihr beim Memorieren, etwa das Reimwort »trutze«, Ach bleib mit deiner Gnade (deinem Worte / Glan-ze / Segen / Schutze), Ach bleib mit deiner Treue. Auf dem Rückweg kommen wir am Botanischen Garten vorbei, wo sie die weißen Blütenblätter des Taschentuchbaums bewundert. Hier, im Café-Restaurant des Botanischen Gartens, würden sie und ihre Schwester Edith so gerne gebratene Kalbsleber essen mit Röstzwiebeln, sagt sie, aber aus der Pfanne, nicht aus der Friteuse wie bei Dobbelstein, dem Café auf der Kö.

In diesem Café in der Innenstadt, nachdem ich die Mutter in der Mittagspause allein gelassen habe, höre ich ein Gespräch am Nachbartisch mit, das ich den Geschwistern naturgemäß nicht nacherzählt habe, ein Alter redet in wohlgesetzten Wor-ten, druckreif geradezu, laut, im Predigerton, im leicht verwirr-ten Tonfall freilich des Schwerhörigen, auf seinen erwachsenen Sohn ein, der schon etwas ermüdet scheint oder gereizt, der Belehrung, so tolerant sie sich auch gibt, überdrüssig. Der Alte preist den 1. Johannes-Brief, der Sohn Drewermann, Drewermann bleibe im Vorhof, so der Alte, der Junge nuschelt Unverständliches ins schwerhörige Vaterohr, der immer wieder Wie? fragt und mit einem »Jedenfalls« eine nur erahnte Antwort kommentiert, ich weiß nicht, wo du eigentlich stehst, sagt der Vater, ich sehe, wie der Sohn, der mir den Rücken zukehrt, sich windet, der Generationenkonflikt neben mir läßt mich die Zeitung aus der Hand legen, die Redenden, der Laute und der Leise, sind einander fremd, denke ich, der Vater spricht auf einmal von der »Mutti« und fragt ihn nach seinem Verhältnis zu ihr, wörtlich gibt der Junge eben diese Fremdheit zu, in einer Deutlichkeit jetzt, die mich als Angesprochenen verletzt hätte, abrupt, als das Gespräch wieder ins Theologische, in die Vergangenheit – Bekennende Kirche, Niemöller – rutscht, verläßt er das Café, wirft dem Vater noch ein knappes Dankeswort zu und rennt fort, ohne jeden Blick zurück.

Ich spreche den alten Mann an. Der sitzt da in seinem unvollendeten inneren Monolog, zahlt, versteht die Kellnerin nicht, die bei mir bereits »abkassiert« hat, entschuldigen Sie, ich bin unfreiwillig Zeuge Ihres Gesprächs geworden, sage ich, er bittet mich spontan an seinen Tisch, spricht von Martin Luther, die Augen von Katholiken würden beim Namen Luther aufleuchten, dann von Kierkegaard, Sokrates, Deussen (ja, er kennt ihn) und Tersteegen, geschrieben habe er selber nichts. Mit Bloch antworte er, auf die Frage nach der Auferstehung des Leibes, mit einem kleinen Peut-être. Vielleicht – das sei schon viel. Mehrfach spricht er von der Heiligen Schrift als der *norma normans.* Nehmen Sie mich als alten einsamen Menschen, der dankbar ist für jedes Gespräch, seine Mutter habe ihn vor aller Theologie mit ihrer schlichten Gläubigkeit geprägt, auf einmal bekommt die *Mutti,* von der er zu seinem Sohn gesprochen hat, einen anderen Klang,

Zurück zur Mutter. Ihr unwirscher Anruf unlängst bei mir, vielleicht hat sie sich aber vertan und den Bruder anrufen wollen: Warum rufst du nicht an? Immer wenn ich bei dir anrufe, rufst du nicht zurück. Im komischen Tonfall einer Telefon-Domina: Ruf sofort an!! Nach einer Pause: Es ist nichts Besonderes.

Ein andermal ruft sie an und meint mich auch und fragt nach dem Wortlaut eines Abendlieds, eines Schlaflieds, ob ich nicht im Internet nachsehen könne, ihre Schwester Edith sei da, der das Lied in Gänze nicht mehr einfalle, nur, ein, zwei Zeilen, ich finde es auf Anhieb und die beiden Schwestern lachen vor Freude, dieses Lied habe ihr Großvater gesungen, noch kurz vor seinem Tod, *Schon die Abendglocken klangen*, Trakl? frage ich mich ungläubig, könnt ihr es denn noch singen, frage ich, und ich habe noch nicht ausgesprochen, da höre ich durchs Telefon die beiden alten, leicht zittrigen, im Singen sich erinnernden Stimmen die erste Strophe singen. *Schlummert süß*, heißt es darin, es ist natürlich nicht Trakl.

Am Abend telefoniere ich mit Emma. Vorhin habe ich mit der Uroma gesprochen, sage ich, habe sie gefragt, ob sie sich noch an den Satz mit *Matratze* erinnern kann, den sie uns in der Kindheit beigebracht hat. Und stell dir vor, sie wußte ihn noch: Eine Maus lief durch die Küche, Emma tratse tot. Opa, du bist verrückt, sagt Emma. Ich weiß gar nicht, ob das nun ein Lob ist oder ein Tadel. Gute Na-hacht, flüstert sie noch, mehrere Male, gute Na-hacht, bis morgen, so süß, als singe sie schon im Schlaf, mein dunkles Prinzeßchen.

Und hernach in meinen Mitternachtsmühen um den ersehnten Schlaf denke ich an an die vielen guten Worte, mit denen Dichter und Mütter und Herzensgute überhaupt einen erquicklichen Schlaf wünschen, schlafet sanft und wohlriechend und träumt von Sozialismus und Frieden, sagte der Klassenleh-

256

rer, als er im Schlafsaal des Schullandheims das Licht löschte. Guten Abend, gut' Nacht, mit Rosen bedacht. Oder im CVJM, bevor wir auseinandergingen: Nun Brüder, eine gute Nacht. Das Wehmütige an den Lagerfeuern, wo die Gitarrenspieler das gemeinsame Abendglück ausklingen ließen in eine sanfte und doch auch schwere Süße, da das Unwiederbringliche des so jungen Zusammenseins im schwächer prasselnden Feuer verknisterte, verrauchte, zerstob. Gute Nacht, ich sage es täglich, ich höre es täglich. In den alten Fahrtenliederbüchern nachsehen. Die Fröhlichkeit der fast 90jährigen Tante, der weit über 90 Jahre alten Mutter. Aber auch meine, innere, über den Tag hin anhaltende Fröhlichkeit, auf der Suche nach verlorenen Worten behilflich sein zu können. Dank Computer und Internet, dank den beiden Alten, die mir das abverlangt haben.

Anderntags die Angst der Mutter vor dem Tod, die Tante hat das *verraten,* am Telefon, und ich sage mir, daß in der Tat der Tod bei einer Mutter nichts zu suchen hat, die das Leben Schenkende dürfte der Tod nimmermehr treffen. Sie rächt sich an dem Unausweichlichen, indem der Glaube an einen gütigen Gott in ihr schwächelt, stümperig wird, unfroh, wackelig, nur noch im Singen stark bleibt, auf der letzten Geburtstagsfeier hatten Emma und ich gleichzeitig an dem Liedblatt gezogen (*Herr, deine Güte ist wie Gras und Ufer ...*), da riß es entzwei, wir lachten uns schimmelig.

Einer von Mutters Lieblingsausdrücken. Du bist nicht mehr ganz bei Trost!

Heute ihre Klage am Telefon, daß die Vorleserin noch immer nicht erschienen sei, sie warte nun schon vierzig Minuten, vor nun bereits vierzig Minuten habe die Alte, schimpft meine viel ältere Mutter, ihren Besuch angekündigt, nun sei sie erschöpft, nun könne sie eigentlich keinen Besuch mehr vertragen, kannst du denn, während wir hier telefonieren, hören, ob es an der

Türe schellt? frage ich, ja, sie sitze im Flur, sie warte gleich neben der Flurtüre, ihr Leben sei jetzt nichts anderes als Warten, sie warte und warte, sie warte am Morgen, bis die Kurdin komme, sie warte nachmittags auf meinen Anruf usw., gestern habe Martin sie nach Mülheim geholt, das sei sehr schön gewesen, er hat die schönen alten Choräle auf dem Klavier gespielt, *Du meine Seele, singe* zum Beispiel. Und sie habe endlich, nach Wochen, wieder einmal gesungen, *der Herr allein ist König*, erst unsicher, dann aber mit immer festerer Stimme, *ich eine welke Blum*, das habe ihr gutgetan, hat Martin mitgesungen? frage ich, nein, sie allein, ich hätte mitgesungen! rufe ich in den Hörer, ich singe diese alten Lieder gerne, sage ich, da schellt es, und die Mutter legt auf.

All diese Zeilen auf ihren Tod hin, auch wenn ich ihn immer wieder verdränge, ganz in ihrem Sinne!, sie selbst will absolut nichts von ihm wissen, aber ich bin ja nicht blind, ich sehe, wie abgemagert sie ist, ich sehe, wie sie mehr und mehr abbaut, wie gesagt wird, *sie* ist blind, auch das verdränge ich ununterbrochen, sonst hätte ich nicht leichtfertig hinschreiben können: ich bin ja nicht blind. Madame La Mort, die Tödin. In vorauseilender Besorgnis denke ich immer öfter an *letzte Dinge*, an die Aussegnung, die Kondolenzvorgänge am offenen Grab, an das übergriffige Händeschütteln, das zigfache Erwidern des Händedrucks, die Nachfeier. Ich sollte jetzt endlich den Totenbrief vorbereiten und die Adressenliste überprüfen.

Immer öfter liege ich mit diffusen Schmerzen darnieder, so elend fühle ich mich, daß mir der Gedanke kommt, jetzt dürfte meine Mutter nicht sterben, dies wäre der ungeeignetste Zeitpunkt, lieber sterbe ich selber. Dazu die Ahnung, daß in den Gesprächen mit der Mutter das Wichtigste ungesagt bleibt. Es ist im übrigen nicht ausgemacht, ob ich mit meinen Aufzeichnungen nicht das Leben meiner Mutter verlängere, wirksam vielleicht wie ein Fürbittengebet, welches mich, den Betenden, mit erhebt, wer weiß? Sie hat mich ins Leben gerufen, ins Leben geschrieben, damals in ihrem Tagebuch, in den Frieden!, sollte ich sie dafür in den Tod schicken? Viel lieber wiederholte ich, gegebenenfalls und wüßte ich nur, daß es so wäre, einen ihrer Schlußsätze aus diesem Tagebuch: *Die Verdunkelung war aufgehoben.*

Im Heim

Wen erschießen wir denn jetzt, soll sie bei der Ankunft im Altenheim gefragt haben.

Zwei Monate später sage ich mir, du mußt nun endlich wieder persönlich nach Duisburg in die Bonhoefferstraße fahren und im Christophorus-Werk ins Albert-Schweitzer-Haus gehen und dort die Mutter besuchen. Während der zweistündigen Fahrt suche ich vergeblich nach einem Zusammenhang zwischen Bonhoeffer und Albert Schweitzer, zwischen Christophorus und den Heiminsassen. Das Wort Heiminsassen gefällt mir wegen seiner Häßlichkeit. Dieser Albert-Schweitzer-Hausbesuch wird dich wieder deprimieren, sage ich mir, wie er andererseits die Mutter animiert, das Albert Schweitzer-Haus ist eine Absterbenshaus, ein Lebensnachtasyl, so ist es doch, ach Unsinn, für die Mutter war der Umzug hierher eine lebensverlängernde Maßnahme, endlich nicht mehr allein. *So* ist es.

Denn sie teilt sich das Zimmer mit der Cilly, sie heißt, glaube ich, Cäcilie, Cäcilie Roßmannek, eine ehemalige Ziegenmelkerin aus den Karpaten. Auf dem Etagenflur läuft mir eine Frau entgegen, freudestrahlend, sie hält mich für ihren Sohn, hält mich fest, schön, daß du deine alte Mutter besuchst, sagt sie, du bist ein guter Junge. Später höre ich sie durch die geschlossene Zimmertüre in Intervallen gräßliche Schreie ausstoßen.

Auch Herr Schmuck, dem ich hier wiederbegegne, läuft dauernd durch die Flure, auch er auf der Suche nach seinem Sohn. Er trägt Jeans, mit Hosenträgern. Herr Schmuck ist sehr groß und hat auffällig breite Hände, geradezu Pranken, die aber inzwischen erschreckend kraftlos, nein: ganz sanft geworden sind. Wie langsam und steif er durch die Flure läuft. Findet er eine leere Couch, legt er sich gerne eine Weile hin. Beim Aufstehen benötigt er Hilfe, doch oft muß der Hilfsbereite neben ihm sich erst selber mühsam aus dem Stuhl herauskämpfen, um Herrn Schmuck die Pantoffeln richtig hinzustellen und ihn dann an beiden Händen hochzuziehen. Bei dieser Prozedur ist Herr Schmuck schon mehrmals weggerutscht und ganz langsam zu Boden gesunken, merkwürdig klaglos, lautlos. Er hat meistens Tränen in den Augen und Speichel in den Mundwinkeln. Er spricht sehr undeutlich, ängstlich, wird manchmal wütend. Doch wenn er mit den anderen Alten Volkslieder singt, klingt seine Stimme leicht und klar, zum Weinen innig.

Die Cilly bekommt von ihren beiden Töchtern, die nicht weit weg wohnen, unentwegt Besuch, sie bemuttern ihre Mutter, ihr Muttchen, unsere Mutter, die wir nur Mutter nennen, ist richtig eifersüchtig, sie habe vier Kinder, ruft sie immer wieder, und es kommt keiner. Für eine Cilly-Tochter habe ich ein Buch mitgebracht, es hat den Titel: Waffelbruch oder Was allen in die Kindheit scheint. Ich will eine Widmung hineinschreiben und suche im Zimmer nach einem Stift. Cilly ruft: Wer suchet, der findet. Während ich meinen vorbereiteten Satz hineinschreibe: Was immer in die Brüche geht – im Dichterwort es aufersteht, ruft Cilly weiter: Wer scheißet, der stinket.

Meine Mutter schaut indigniert zur Seite. Aber wir sind uns alle einig, daß diese Cilly unsere Mutter aufmuntert. Die Mutter nennt die Cäcilie, nennt die Cilly keck. Sie selbst hat sich niemals einen Fauxpas erlaubt, gar einen sogenannten Fehltritt zuschulden kommen lassen, ist niemals aus der Reihe getanzt, hat de facto kaum je das Tanzbein geschwungen, lebenslang coffeinfreien Kaffee getrunken, alkoholfreies Dunkelbier, und in erzwungen geselliger Runde nur widerwillig mitgeschunkelt, und bemuttert hat sie uns auch nicht, sagt eine meiner Schwestern oft, zu oft, finde ich, paß auf, habe ich der Schwester Ruth einmal gesagt, immerhin hat ihr Mangel an Zärtlichkeit, uns, mich jedenfalls, in eine vorzeitige Autonomie gestoßen, und deswegen, habe ich das wirklich gesagt, bin ich nicht einer der Männer, die in jeder Frau nur ihre Mutter suchen. An dieser Stelle ergänze ich: Nicht meine Mutter suche ich, sondern meine Großmutter. Das war eine liebevolle Frau, ich habe das ja schon erzählt, am liebsten würde ich das noch einmal erzählen, noch mehr erzählen von ihrem leisen Leben, ihrer Erdengeduld. Aber ich bin ja ein guter Junge und rede jetzt von meiner Mutter, rede mit unserer Mutter. Ich frage mich hier in diesem Altenheimzimmer, welche Gegenstände ihres früheren Lebens mit ihr in diese letzte Bleibe gekommen sind, außer ein paar Wäschestücken und Anziehsachen, praktisch nichts, letztlich rein gar nichts, keine eigene Tasse, kein gesticktes Taschentuch, als einzige persönliche Dinge aus abgelebten Zeiten eine Kette, eine Armbanduhr, die sie aber nur als Schmuck anlegt, denn sie sieht ja nichts mehr. Kein Fernsehen, kein Buch, keine Illustrierte. Auch ihr püriertes Essen sieht sie nicht, ihre Augen essen nicht mit.

Und sie verliert mehr und mehr die Worte, ich merke ihr die Mühe an, Menschen und Dinge beim Namen zu nennen, ich lege sie ihr dann in den Mund, und sie sagt: Ja, das stimmt. Aber es bleiben ihr und auch der Cilly noch Lieder zu singen jenseits der Dinge. Die Cilly schmettert Heimatlieder aus den Karpaten, und die Mutter kennt das halbe Gesangbuch auswendig.

Aber keinerlei Nachrichten mehr *von draußen*, von Erdogan, Trump, Kim-Yong-un, ich bedaure sie deswegen überhaupt nicht, die Größenwahnsinnigen unserer Tage mit Unkenntnis zu strafen ist wirkungsvoller als Verachtung und Widerstand, Emmanuel Macron, wer soll das denn sein, lasse ich sie, ohne daß sie ein Wort hätte sagen müssen, hier fragen. *Bundestag:* für die Mutter mittlerweile ein Fremdwort, fremd für sie wie eh und je ein Kunstort wie Kassel, ein Musikort wie Bayreuth, während Naturkatastrophen sie naturgemäß erreicht, ja berührt haben, von Hungersnöten und Erdbeben erfuhr sie nicht zuletzt durch die immer wieder den Briefkasten verstopfenden Spendenappelle der bekannten Hilfsorganisationen, für die Mutter moralische, wenn nicht gar göttliche Forderungen, die es zu erfüllen galt.

Jahrelang schenkte sie jedem Kind, jedem Kindeskind, ja jedem nahen und auch einigen entfernten Verwandten zum Geburtstag und zu Weihnachten hundert Mark, später 60 Euro, solange bis die Guthabenzinsen immer tiefer sanken und schließlich auf nahezu Null fielen, so daß sie die Zuwendungen an die Nachkommen nach und nach einstellte. Die letzten Nutznießer waren die Urenkel; sie registrierten das Ausbleiben des urgroßmütterlichen Geldgeschenks genauso gleichmütig, wie sie es vom Kleinkindalter an jahraus, jahrein kassiert hatten – nein, das darf ich so nicht stehen lassen, denn mit größtem Behagen, wenn dieses Wort zur Wiedergabe der kindlichen Gemütsverfassung überhaupt zutrifft, legten sie das Geld in ihre lackrote Geldkassette, schlossen diese wieder und wieder auf und zu, zählten nach und versteckten dann den kleinen Schlüssel an einem noch geheimeren Ort.

Auf meinem Besucherstuhl neben ihrem Bett fällt mir jetzt ein, was mir die Schwester Hanna erzählt hat, die wieder einmal eine unzufriedene Mutter auszuhalten gehabt hatte, welche am Ostersonntag ihre Familie um sich geschart sehen wollte, obwohl sie doch, so die Schwester, noch am Karfreitag mit der Tante Edith und der selbst schon vom Tod gezeichneten Brigitte im Café Dobbelstein gewesen seien, eben jener Cousine, die ihre eigene Mutter viele Jahre lang, über das hundertste Lebensjahr hinaus, gepflegt hat und nun, kaum daß die Mutter Maria gestorben war, selber aufs schwerste erkrankt ist. Die Tante Edith habe beim Anblick der großen, der hohen Kuchenstücke gesagt: Die haben auch noch nichts davon gehört, daß der Krieg zu Ende ist.

Dabei wäre die Mutter viel lieber ins Café Heinemann auf dem Sonnenwall gegangen und nicht nach Dobbelstein, während ich selbst, bin ich in Duisburg, lieber das Café Dobbelstein auf der Königstraße aufsuche und das Café Heinemann auf dem Sonnenwall links liegenlasse. Die Mutter hat aber im Café Heinemann niemals Kaffee getrunken, sondern dort immer nur, wie gesagt wird, ein deftiges Essen zu sich genommen, eine Kartoffelsuppe oder einen Eintopf oder einen Sauerbraten, während ich niemals in einem Caféhaus zu Mittag esse, dieser Mischgeruch von Kuchen und Süßigkeiten einerseits, von Wirsing und Mettwurst andererseits ist mir zuwider.

Otto Dobbelstein, der sogenannte Seniorchef, der noch immer, zuweilen mit grimmigem Gesicht, in seiner Konditorei auf der Königstraße hinter der Theke auftaucht, ein wahrer Kuchen-König, muß ein Faible haben für junge Serviererinnen vorderasiatischer Herkunft, ausnehmend attraktiv mit ihrem zusammengebundenen, die Stirn freihaltenden schwarzen Haar und der enganliegenden schwarzen Bedienungstracht, Bedienerinnen also, die mich immer beeindruckt haben nicht zuletzt wegen der Kühle, mit der sie sich mir und meinem Caféhaustischchen nähern, und ihrer bei aller Annäherung deutlich spürbaren Unnahbarkeit, ganz anders als die rheinisch redselige Frohnatur ihrer Kolleginnen, und dann, wie mir scheint, auf einmal für immer verschwunden sind, als habe sie ein Verehrer vom Fleck weg geheiratet, und grimmig lasse ich mir ein Stück Schwarzer Herrentorte servieren aus urdeutscher Hand. Bei Heinemann ist es beinahe immer zugig, ich hasse nichts mehr als Zugluft, schlimmer als aufgesperrte Fenster und Türen sind für mich aber die sogenannten Klimaanlagen, die permanent verseuchte Kaltluft um meinen Kopf zirkulieren lassen, die beinahe tödliche Bronchitis der Mutter im letzten Winter führe ich auf das verantwortungslos und hinterrücks geöffnete Fenster (hinter dem Sessel) in ihrem Zimmer zurück. Andererseits bedarf die schwer atmende Cilly der frischen Luft, will sie nicht ersticken, beide husteten sich im Januar und Februar sozusagen die Seele aus dem Leib.

Ich hole inzwischen der Mutter ein Stück Sahnetorte aus dem Café Jück im Parterre. Auf dem Korridor, die Türe eines der Nachbarzimmer steht offen, kriege ich Lärmfetzen von einer Fußballübertragung mit, ich ertappe mich bei dem Gedanken an die Nachspielzeit beim Fußball, wenn die Heimzuschauer schon ungeduldig den Abpfiff erwarten und vorwurfsvoll zum Schiedsrichter blicken. Geradezu gierig führt die Mutter das Kuchengäbelchen zum Mund, das ich jeweils für sie auffülle, eine komplette Fütterung, die ihr lieber wäre, vermeiden wir. Ich höre ihre Mitlaute wie Mhm oder Huh, ich höre die Selbstlaute der Mutter.

Es gibt hier im Altenwohnpark auch ein Jochen-Klepper-Haus; ich hatte ihr noch in ihrer Gerhart-Hauptmann-Wohnung Kleppers *Trostlied am Abend* vorgelesen, von dessen Wortlaut sie heute naturgemäß nichts mehr weiß, dagegen will sie fast alle zwölf Strophen des Liedes *Sollt ich meinem Gott nicht singen*, noch auswendig kennen, ich glaube es ihr, frage sie aber nicht ab, sondern lasse sie sich begnügen mit dem schönen Refrain *Alles Ding währt seine Zeit,/Gottes Lieb in Ewigkeit,* zum Schluß aber, ruft sie, heißt es anders, da heißt es: *Bis ich dich nach dieser Zeit,/Lob und lieb in Ewigkeit.* Zu Hause lese ich den kompletten Liedtext von Paul Gerhardt nach und bin spätestens bei den Versen *Alsobald im Mutterleibe,/da er mir mein Wesen gab,/und das Leben, das ich hab,/und noch diese Stunde treibe* beinahe zu Tränen gerührt.

Die Mutter selbst hat keine Tränen mehr, ist nicht mehr erschütterbar. Als wir ihre jüngste Schwester Elfriede erwähnen, die vor wenigen Monaten verstorben ist, fragt sie, beinahe gleichmütig im Tonfall, so scheint es: Ist die tot?

Ich denke hier im Heim heimlich, quasi beiseite gedacht: *Das gehört sich nicht,* das alles hier, die alle hier, die da sitzen oder schleichen, schlurfen, schluchzen, gehören sich nicht mehr, Hörige, Schwerhörige, in Erwartung ihrer Angehörigen, die doch selber schon zum alten Eisen gehören, ich erzähle der Mutter von meiner Schweizer Reise, von meinem Aufenthalt in St. Moritz, einer Reise, die ich gewonnen hätte bei einem Schreibwettbewerb für über 70jährige, den die Zürcher Stiftung Kreatives Alter jedes Jahr veranstalte, ich weiß ja, wie gern die Mutter sich erinnert an ihre eigenen Reisen in die Schweiz nach Interlaken, nach Wilderswil, genauer gesagt, ich sage ihr nicht, daß ich dort im Oberengadin in Gegenwart von sieben anderen wildentschlossen und unbeirrt Schreibwilligen bei diesem sogenannten Ü70-Seminar über sie, die uralte Mutter, und ihr Leben im Heim zu schreiben begonnen habe und auch drei fertige Seiten am letzten Tag in St. Moritz im Hotel Laudinella vorgelesen hätte, nachdem ich nachmittags noch im Café Hanselmann gewesen sei, im Café Heinemann?, fragt die Mutter, nein, im Hanselmann, das ist ein ganz berühmtes Café, da sind sie alle gewesen, Thomas Mann und Coco Chanel, was weiß ich, und jetzt auch dein Sohn. Freut sich die Mutter für mich? Und die Reise hat dich nichts gekostet? fragt sie. Nein, keinen Cent, sage ich. Das imponiert ihr, der alten Kauffrau. Die Literatur ist wohl doch nicht gänzlich unrentabel.

Ich denke an all das, was ungesagt geblieben ist zwischen uns. Und daran, daß es ja nicht ungeschrieben bleiben muß.

Mein Blick fällt auf die neue blaßgelbe Matte, vor Cillys und Sybilles Bett, jetzt erst sehe ich sie, das sei eine Kontaktmatte, eine Klingelmatte, erklärt mir eine der Albert-Schweitzer-Schwestern, die sich in fröhlicher Korpulenz vor mir aufpflanzt; wenn jemand zu Boden stürzt, schrillt ein Alarmton im Schwesternzimmer; die Matte bestehe aus einem High-Tech-Schaum, der im Ernstfall die Sturzheftigkeit mildert, ohne aber die Gehstabilität zu beeinträchtigen, erfahre ich später beim Googeln. Ein leichter Schwingbodeneffekt schone die Gelenke. Die Matte verfüge über die Rutschfestigkeit Klasse 11, das Material ermüde niemals und sei extrem langlebig. Ich bin beeindruckt.

Hier, naturgemäß, kommt sie zu Fall, hier wird sie von Rettungssanitätern weggebracht ins nächstgelegene Krankenhaus, ins St. Johannes-Hospital in Alt-Hamborn, ein mit der Lebenszeit der Mutter gleichaltriger, also uralter und auf den ersten Blick abschreckender gruseliger Kasten, der alles andere als Heilung zu versprechen scheint, bei verweilendem Hinsehen ein halbelliptisch geschwungener mächtiger Backsteinbau, der dem Gesunden ein Aufmerken oder gar Bewunderung abverlangen könnte, wenn ihn nicht die Diagnose für die hier eingelieferte Mutter zutiefst verschreckt hätte, die klassische Diagnose: Oberschenkelhalsbruch.

Nun also doch ein Fehltritt.

Ins Krankenzimmer dringt unausgesetzt das Geräusch der nahen, selbsttätig sich öffnenden und schließenden Flurtüre, ein motorisches Surren, es weist den Weg in die Zimmerflucht der Kranken oder umgekehrt aus dem Erdgeschoß heraus vor ein gewaltiges Baugelände, zwischen Rohbauten und Betonblöcken ein riesiger, in den Alt-Hamborner Himmel aufragender Kran, der singend seine Schwerstarbeit verrichtet in ungemütlichem Dezembergraupel, grell erleuchtet das im Kern bereits erkennbare neue Haus für mehr und mehr Kranke. Der wenige Wochen zuvor gelegte Grundstein enthält eine kupferne Zeitkapsel mit Dokumenten und Euromünzen. So steht es in der Zeitung, die in der Patienten-Lounge ausliegt.

Gestern an der Bettstatt der Mutter; es ist bereits spät, sie will etwas sagen, sie kann es nicht, sieht mich nur an, sieht mich an aus ihren blinden Augen. Weißt du noch, wie du heißt, rückwärts gesprochen? frage ich. Da lächelt sie ganz leicht, ein anmutiges, fast schelmisches, kindliches Lächeln. Sibille lächelt. Sibille, wieder ohne Ypsilon, und doch angekommen beim vorletzten Buchstaben im Alphabet des Lebens.

Ihre trockenen Lippen. Meine feuchten Augen.

Draußen hat es zu schneien begonnen.

Vertrauen. Vergessen. Verschlafen. Eia susani.

Beim Weggehen, nach einem bangen Kuß auf ihre Wange, denke ich den Satz einer Dichterin: Ob wir uns nicht wiedersehen oder ob wir uns wiedersehen, wir sehen uns wieder.

Bildnachweis

Soweit nicht anders angegeben: privat

S.   9 Evangelische Kirche 1905, Arbeitskreis Historisches Beeck
S. 16 Rudolf Holtappel / Fotoarchiv Ruhr Museum, An der August-Thyssen-Hütte, 1959
S. 19 Charlotte Reihlen, Der breite und der schmale Weg, Lahrer Fassung 1960, Landeskirchliches Archiv Stuttgart
S. 41 Marktplatz 1940, Arbeitskreis Historisches Beeck
S. 43 Kaiserstraße 1910, Arbeitskreis Historisches Beeck
S. 67 Pumpwerk Alte Emscher, Archiv Emschergenossenschaft
S. 72 Rudolf Holtappel / Fotoarchiv Ruhr Museum, Gläserner Hut, 1959
S. 74 Andreas Biniasch, Matena-Tunnel, Bruckhausen
S. 78 Rudolf Holtappel / Fotoarchiv Ruhr Museum, Sonntagsspaziergang, 1960er Jahre
S. 133 Aus: Paul Theodor Hoffmann, Neues Altona, Jena 1929
S. 146 Ruhrorter Badeanstalt, 1950er Jahre, Stadtarchiv Duisburg
S. 148 Rudolf Holtappel / Fotoarchiv Ruhr Museum, Trinkhalle in Laar, ca. 1959
S. 159 Arne Houben, Panzersperren bei Hollerath
S. 176 Wilhelm Hartung, »Die Welt« v. 9.3.1963
S. 191 Do X, Ruhrort, Stadtarchiv Duisburg
S. 203 Josef Stoffels / Fotoarchiv Ruhr Museum, Kindergarten Zeche Mathias Stinnes, 1955
S. 222 Archiv Karl-Heinz Konopka, Oberhausen
S. 264 Heike Dobbelstein, Duisburg
S. 267 St. Johannes-Hospital, wikipedia, BlackIceNRW